AF458600

MÉMOIRES

ET CORRESPONDANCE

POLITIQUE ET MILITAIRE

DU

ROI JOSEPH

Par A. du CASSE

AIDE DE CAMP DE S. A. I. LE PRINCE JÉRÔME NAPOLÉON.

Prospectus.

L'ouvrage dont nous commençons la publication est un des plus importants qui aient paru depuis bien longtemps.

Les documents qu'il contient ont été mis en ordre par M. du Casse, officier à qui la littérature militaire et l'histoire sont redevables déjà de plusieurs publications sérieuses.

Les Mémoires du roi Joseph formeront huit forts volumes in-8°. Cet ouvrage ne renferme pas moins de HUIT CENTS LETTRES inédites de Napoléon, de DOUZE CENTS du feu roi Joseph, et de CINQ A SIX CENTS des personnages ayant joué les plus grands rôles sous la république, le consulat et l'empire. La publication en sera terminée en quelques mois. Les volumes paraîtront successivement.

Nous ne croyons pouvoir mieux faire, pour en donner une idée exacte, que de reproduire ici une partie de la préface :

« Le petit-fils et l'héritier du roi Joseph, le prince de « Musignano, dit l'auteur, ayant daigné mettre à notre « disposition d'immenses et magnifiques matériaux histo- « riques, nous avons cru pouvoir entreprendre de publier « les Mémoires de son grand-père.

« Ce dernier a rédigé lui-même, quelques années avant « sa mort, le commencement de ses Mémoires. Nous avions « songé d'abord à utiliser les pages sorties de sa plume, en « les fondant dans une rédaction plus large, accompagnée « de pièces justificatives nombreuses, et à continuer ainsi « cet important travail; mais nous avons reculé devant la « pensée d'ôter à ce précieux fragment historique son ca- « chet véritable.

« Riche en documents irrécusables, nous pouvions, ou « bien en extraire la substance, et rédiger, d'après cela, un « ouvrage historique; ou, nous bornant à une méthodique « classification, donner aux lecteurs une série de matériaux « à consulter, soit pour écrire, soit pour juger les événe- « ments passés.

« Ces deux méthodes nous ont paru avoir des inconvé- « nients. La première mettait en garde contre l'ouvrage : « on n'aurait pas manqué de croire qu'il ne renfermait « que nos propres appréciations, nos propres jugements. « La seconde rendait notre travail facile, mais elle le ren- « dait aussi trop sec, trop aride.

« Après mûres réflexions, nous avons résolu de n'adop- « ter d'une manière absolue ni l'une ni l'autre de ces deux « méthodes, et d'emprunter à chacune d'elles ce qui nous « paraîtrait avantageux.

« Nous n'avancerons rien sans preuves à l'appui. On « conçoit, en effet, que ce que le roi Joseph pouvait écrire « avec une véritable autorité, sortant de notre plume sans « être appuyé sur des documents authentiques, n'aurait « plus la même valeur. C'est donc en agglomérant ces

« preuves, en classant avec le plus d'intelligence possible
« les documents dont le frère aîné de Napoléon se fût servi
« lui-même pour ses Mémoires, s'il les eût continués, que
« nous obtiendrons, vis-à-vis du lecteur, cette autorité
« dont nous parlions plus haut, et sans laquelle un ou-
« vrage sur l'histoire n'a aucune signification. »

Ces Mémoires comprendront :

« 1° Une notice historique sur Joseph Bonaparte, notice
« destinée à servir de jalons pour guider dans la lecture
« de l'ouvrage.

« 2° Le fragment historique écrit par le roi Joseph lui-
« même, avec des notes, et les pièces justificatives que
« nous avons jugé nécessaire d'y ajouter.

« 3° La correspondance de Napoléon avec Joseph de-
« puis 1795 jusqu'au commencement de 1806, époque
« où ce dernier reçut l'ordre de prendre le commandement
« de l'armée destinée à agir contre le royaume de Naples.

« 4° L'histoire de la guerre de Naples et du règne de Jo-
« seph sur cette partie de l'Italie, suivie de sa correspon-
« dance avec l'empereur son frère.

« 5° L'histoire de la guerre d'Espagne, de 1808 à 1813,
« et de ce nouveau règne de Joseph, suivie de sa corres-
« pondance avec Napoléon pendant cette période.

« 6° Le précis de la campagne de 1814, et la correspon-
« dance de Joseph, lieutenant général de l'empire, alors à
« Paris, avec Napoléon, à la tête des troupes pendant
« cette époque mémorable et funeste; l'histoire des événe-
« ments de Paris.

« 7° La correspondance de Joseph avec son frère en
« 1815, son départ pour l'Amérique, son séjour dans le
« nouveau monde jusqu'à la révolution de 1830.

« 8° Le récit des nombreuses démarches de Joseph en
« faveur du duc de Reichstadt, après la révolution de

« Juillet ; sa correspondance avec un grand nombre de per- « sonnages importants, jusqu'à sa mort, en 1844. »

Nous n'ajouterons qu'un mot à ce fragment de la préface de M. du Casse :

Les Mémoires du roi Joseph s'adressent à toutes les classes de la société :

Aux hommes qui dans le passé recherchent des enseignements pour l'avenir, et qui aiment la vérité avant tout dans l'histoire, car ils ne reposent que sur des *matériaux incontestables* ;

Aux militaires, car ils contiennent le récit des guerres de Naples, d'Espagne et de 1814 ; aux hommes qui s'occupent de politique, car la correspondance de Napoléon et de Joseph est plus encore peut-être une correspondance politique qu'une correspondance militaire ;

A ceux qui ne désirent dans un ouvrage qu'une lecture intéressante, car ils donnent sur les grands personnages de la république, du consulat et de l'empire, et sur les événements, des aperçus aussi nouveaux qu'attachants. On y trouvera en outre beaucoup de réfutations des principaux ouvrages écrits sur Napoléon et son époque.

CONDITIONS DE LA SOUSCRIPTION.

Les Mémoires du roi Joseph formeront huit forts volumes in-8°.
Il paraîtra un volume le 1er de chaque mois, à partir du 1er août.
Prix de chaque volume.............................. 6 fr.

Les personnes qui désireront recevoir l'ouvrage aussitôt la mise en vente peuvent souscrire sans rien payer d'avance,

A PARIS,

CHEZ PERROTIN, LIBRAIRE-ÉDITEUR,

RUE FONTAINE-MOLIÈRE, 41 ;

ET CHEZ TOUS LES LIBRAIRES DE FRANCE ET DE L'ÉTRANGER.

Paris. — Typographie de Firmin Didot frères, rue Jacob, 56.

MÉMOIRES

DU

ROI JOSEPH

TOME I

Paris — Typographie de Firmin Didot frères, rue Jacob, 56.

MÉMOIRES

ET CORRESPONDANCE

POLITIQUE ET MILITAIRE

DU

ROI JOSEPH

PUBLIÉS, ANNOTÉS ET MIS EN ORDRE

PAR A. DU CASSE

AIDE DE CAMP DE S. A. I. LE PRINCE JÉRÔME NAPOLÉON

TOME PREMIER

La figure de Joseph était gracieuse, et ses manières élégantes ..... Aux habitudes de sa vie, et à la manière dont il tenait sa cour, on l'eût pris pour un Roi des anciennes races, mais sa conversation méthodique et riche d'observations indiquait une habitude de la parole et une connaissance des hommes qui ne s'acquièrent qu'au sein de l'égalité.

Le général Foy.

PARIS

PERROTIN, LIBRAIRE-ÉDITEUR

41, RUE FONTAINE-MOLIÈRE

1853

PRÉFACE.

Joseph Napoléon Bonaparte, prince de Musignano, petit-fils aîné du roi Joseph, ayant bien voulu mettre à notre disposition d'immenses et magnifiques matériaux historiques, nous avons cru pouvoir entreprendre l'ouvrage dont nous commençons aujourd'hui la publication.

Après avoir pris connaissance des documents laissés par le frère aîné de Napoléon, nous avons cherché longtemps quelle serait la forme la meilleure à adopter pour un ouvrage d'une aussi grande importance. Joseph a rédigé lui-même, quelques années avant sa mort, le commencement de ses Mémoires : nous avions songé d'abord à utiliser les pages sorties de sa plume, en les fondant dans une rédaction plus large, accompagnée de pièces justificatives nombreuses, et à continuer ainsi cet intéressant travail ; mais nous avons reculé devant la pensée d'ôter à ce précieux fragment historique son véritable cachet.

Riche en documents irrécusables, nous pouvions, ou bien en extraire la substance, et rédiger d'après cela un ouvrage historique, ou, nous bornant à une méthodique classification, donner au lecteur une série de matériaux dans lesquels chacun eût pu puiser, soit pour écrire, soit pour juger les événements passés.

Ces deux méthodes nous ont paru avoir des inconvénients. La première mettait en garde contre l'ouvrage : on aurait pu croire qu'il ne renfermait que nos propres jugements, nos propres appréciations. La seconde rendait notre travail facile, mais elle le rendait aussi trop sec et trop aride.

Après mûre réflexion, nous avons résolu de n'adopter, d'une manière absolue, ni l'une ni l'autre de ces deux méthodes, et d'emprunter à chacune d'elles ce qui nous paraîtrait propre à remplir le double but que nous nous proposons, savoir :

D'utiliser de la manière la plus avantageuse pour la vérité de l'histoire les matériaux qui nous sont confiés, et de satisfaire les intentions du roi Joseph, en éclairant la postérité sur les grands faits auxquels il a pris une part si large et si active.

Nous n'avancerons rien sans preuves à l'appui. On conçoit, en effet, que ce que le roi Joseph pouvait écrire avec une véritable autorité, sortant de notre plume sans être appuyé sur des documents authentiques, n'aurait plus la même valeur. C'est donc en agglomérant ces preuves, en classant avec le plus d'intelligence possible les documents dont le frère aîné de l'empereur se fût servi lui-même pour ses Mémoires, s'il les eût continués, que nous obtiendrons vis-à-vis du lecteur cette autorité dont nous parlions plus haut, et sans laquelle un ouvrage sur l'histoire n'a aucune signification.

Ces Mémoires comprendront :

1° Une notice historique sur Joseph Bonaparte, notice destinée à guider dans la lecture de l'ouvrage ;

2° Le fragment historique écrit par le roi

Joseph lui-même, avec des notes et les pièces justificatives que nous avons jugé nécessaire d'y ajouter;

3° La correspondance de Napoléon avec Joseph, depuis 1795 jusqu'au commencement de 1806, époque où ce dernier reçut l'ordre de prendre le commandement de l'armée destinée à agir contre le royaume de Naples ;

4° L'histoire de la guerre de Naples et du règne de Joseph sur cette partie de l'Italie, suivie de sa correspondance avec l'empereur, son frère ;

5° L'histoire de la guerre d'Espagne de 1808 à 1813, et de ce nouveau règne de Joseph, suivie de sa correspondance avec Napoléon pendant cette période ;

6° La correspondance de Joseph, lieutenant général de l'empire, avec Napoléon, alors à la tête des troupes, pendant la campagne de France en 1814; l'histoire des événements de Paris ;

7° La correspondance de Joseph avec son frère en 1815, son départ pour l'Amérique, son séjour dans le nouveau monde jusqu'à la révolution de 1830 ;

8° Le récit des démarches de Joseph en faveur du duc de Reichstadt après la révolution de Juillet, sa correspondance avec un grand nombre de personnages importants, jusqu'à sa mort en 1844 (1).

Chaque fois que l'occasion s'en présentera, nous rectifierons les erreurs que beaucoup d'écrivains ont commises, soit volontairement, soit faute de documents.

L'ouvrage que nous nous décidons à publier sous cette forme pourra détruire bien des notions fausses sur l'histoire politique et militaire de la révolution et de l'empire, réformer bien des jugements erronés.

Nous ne changeons rien aux lettres de l'empereur; elles ont un trop grand cachet pour qu'il soit permis d'en *rien retrancher*. Dans les lettres de Joseph et des autres personnages, nous tâchons d'éviter des répétitions inutiles, sans toutefois les *altérer* en rien. Nous nous servons de ces lettres, de ces pièces officielles, de ces documents inédits, pour expliquer les faits, les commenter, re-

(1) Il y a, dans la carrière de Joseph Bonaparte, une époque très-importante, et que cependant nous avons négligée à dessein dans cet ouvrage : c'est la période pendant laquelle il fut chargé de négocier les grands traités de paix de Morfontaine, de Lunéville et d'Amiens.

Notre intention est d'écrire par la suite l'histoire complète des négociations curieuses auxquelles ces trois traités ont donné lieu; cette histoire, placée dans cet ouvrage, l'eût rendu trop volumineux.

chercher la vérité historique, réparer les omissions ou combattre les erreurs contenues dans les ouvrages les plus importants qui traitent des mêmes matières.

On trouvera souvent, dans la correspondance de l'empereur, des parties de lettres acerbes, violentes, et même quelquefois injustes ; il ne faudrait pas juger du cœur de Napoléon par les quelques phrases dictées par lui dans un moment d'humeur bien vite passé. L'empereur avait coutume de dire à ses frères qu'il voulait pouvoir leur écrire tout ce qui lui venait à la tête.

En dernière analyse, nous voulons qu'après avoir lu cet ouvrage, chacun croie voir se dérouler sous ses yeux les grands événements qu'il explique, et le considère, grâce aux matériaux qu'il renferme, comme l'histoire prise sur le fait.

MÉMOIRES

ET CORRESPONDANCE

POLITIQUE ET MILITAIRE

DU

ROI JOSEPH.

NOTICE HISTORIQUE.

Le génie immense de Napoléon, génie à qui la famille du grand homme dut son élévation et son éclat, fut souvent un lourd fardeau pour les membres qui la composaient.

Les frères de l'empereur, tout en grandissant à l'ombre de ce nom gigantesque, ont été éclipsés par lui.

La réputation de plusieurs d'entre eux eût été peut-être plus éclatante, si, au lieu d'avoir été élevés sur le trône par suite des victoires de leur frère, ils n'eussent dû leur couronne qu'au hasard de la naissance.

Sans doute ils se sont formés à l'école du génie de Napoléon; sans doute les conseils du grand capitaine, la direction qu'il savait imprimer à tout ce qui gravitait dans son centre, leur ont été d'un puissant secours; mais, écrasés par ce génie, absorbés, gênés quelquefois dans leurs projets par un homme qui voulait être tout lui-même, parce qu'il se sentait la force de supporter le poids du monde, ils ont disparu dans l'ombre d'un tableau trop vivement éclairé.

Joseph, l'aîné des Bonaparte, est un de ceux auxquels s'applique le mieux ce que nous venons de dire. Il a laissé la réputation incontestée d'un homme de bien, d'un philosophe ami de l'humanité, aimant les arts et les lettres. S'il fût né sur les marches d'un trône, et qu'il eût fait la moitié des choses dont sa longue carrière est remplie, il eût été cité comme un prince plein de sagesse, chez lequel la bonté du cœur n'excluait en rien l'énergie du soldat.

Sa vie fut, du reste, un perpétuel sacrifice à sa famille, à son frère, à la gloire du nom qu'il portait. S'il n'eût consulté que ses goûts, ses instincts, il eût vécu simple, ignoré, en véritable philosophe plus amoureux du bonheur de ses semblables que de l'éclat d'une grande renommée; il se fût livré à l'étude des lettres, pour lesquelles, dès sa jeunesse, il montra un penchant irrésistible. Mais, jeté malgré lui et par amitié pour Napoléon, dès l'âge de vingt-six à vingt-sept ans, dans le tourbillon des affaires politiques, il se résigna à accepter une existence complétement en dehors de celle qu'eût choisie son cœur (1).

(1) Comme nous pensons qu'il est très-important de faire connaître le caractère de Joseph Bonaparte, et que nous voulons que nos asser-

L'ambition n'eut jamais accès dans son âme; il fut ministre plénipotentiaire pour rendre la paix à son pays et au monde; roi de Naples et d'Espagne,

tions soient bien prouvées, nous allons mettre sous les yeux de nos lecteurs deux lettres qui ne pourront laisser aucun doute sur son peu d'ambition, et sur une vérité qui pourrait sembler extraordinaire à beaucoup de lecteurs: c'est que *chaque nouvelle dignité accordée par Napoléon à son frère aîné était pour ce dernier l'occasion d'un sacrifice réel fait à sa famille, à ses devoirs et à son nom.*

Ainsi, à l'occasion de la présidence de la Cisalpine, il écrivait, le 6 janvier 1802, à Murat :

« Amiens, le 6 janvier 1802.

« Je reçois, mon cher Murat, ta lettre d'hier. Je regrette beaucoup que tu aies fait un séjour à Paris durant mon absence : tu vas encore voyager : Caroline reste-t-elle à Paris ? Je reconnais tes sentiments sur moi à tout ce que tu m'as dit sur la Cisalpine; mais cela ne change pas ma manière de voir. Le bonheur est une chose relative que chacun trouve où il croit le trouver, quand la possession ne le détrompe pas. Quant à moi, je l'ai trouvé autant que possible dans ma vie privée, les affections douces de ma famille, et les occupations non tumultueuses de la campagne. Pourquoi voudrais-tu que je changeasse de vie sans de fortes et solides raisons ? Elles ne peuvent être tirées de mon bonheur actuel, puisqu'il dépend de mon imagination, et que je m'estime heureux. Faudrait-il tirer ses arguments de notre position future, si nous éprouvions le plus grand des malheurs ? Mais crois-tu bonnement qu'un président de la Cisalpine résisterait à un flot révolutionnaire qui, parti de la Seine, ne serait pas arrêté par les Alpes, d'où il se précipiterait si facilement sur un État sans défense ? Cette chance de malheurs est d'ailleurs hypothétique : né avant mon frère, n'est-il pas dans l'ordre que je meure avant lui ? Et pourquoi serais-je assez peu sage pour sacrifier le présent à l'avenir, le certain à l'hypothétique, surtout lorsque, dans cette hypothèse, l'état que tu voudrais me faire embrasser ne serait pas un rempart contre l'adversité ? J'ai dit tout cela à Napoléon ; je l'ai dit plus en détail encore à Louis : aucun ne m'a persuadé que j'eusse tort. Mon frère part-il en même temps que toi ? Adieu. Je t'embrasse et désire beaucoup te revoir bientôt, et te renouveler l'assurance de toute mon affection. »

Le 14 mai 1804, il écrivait à sa femme, du camp de Boulogne :

« Si mon frère pouvait avoir la moindre défiance ; s'il ne fait pas

pour seconder les projets d'un frère dont cependant il fut loin d'approuver toujours la politique; prince français et lieutenant de l'empereur, pour veiller sur les jours d'un enfant à qui les destins firent entrevoir un trône, et ne donnèrent que l'exil et la tombe. Exilé lui-même, il vécut pour alléger de respectables infortunes; sa maison fut celle des nobles proscrits qui avaient servi sa famille; et si, en 1830, il éleva la voix pour revendiquer, en faveur de l'enfant du frère qu'il avait tant aimé, une couronne que la France devait, quelques années plus tard, mettre sur la tête d'un neveu du grand homme, ce fut pour obéir à un devoir sacré, et nullement par des motifs d'intérêt personnel.

C'est de lui que l'on peut dire avec raison : Il fut le plus honnête homme de l'empire.

Joseph Bonaparte naquit, en 1768, à Corté (île de Corse); il y passa ses premières années.

Son père ayant été député à Paris par les états

pour moi ce que l'on attend, ce qu'il m'a dit lorsque j'ai consenti à partir pour l'armée, ce que mérite ma confiance et mon affection pour lui; s'il y a à ses concessions des restrictions, je pense, ma chère amie, que nous ne devons pas sacrifier notre bonheur et celui de nos enfants, et qu'il est tout simple que nous nous retirions avec nos amis à Morfontaine : et si cela même devenait impossible, nous vivrions ailleurs. Sacrifier ses goûts, ses affections contre rien, contre un pouvoir éventuel, et l'ennui résultant d'une espérance déçue, c'est l'acte d'un fou ou d'un intrigant.

« La nature m'a fait sans ambition; accepter la grandeur est une *grande vertu dans moi;* l'accepter avec le déshonneur, ce serait une folie. Vivons plutôt sans elle, et mourons sans remords comme nous aurons vécu, n'importe où : nous léguerons à nos enfants une réputation sans tache, etc. »

de Corse, il le suivit en France, et fut placé au collége d'Autun, où il fit d'excellentes études.

Son intention était d'abord d'entrer au service militaire; mais il en fut détourné par son père, qui, au moment de mourir à Montpellier, *témoigna le désir de lui voir embrasser une autre carrière; il obéit à sa volonté*, et revint en 1785 dans son pays natal.

En 1792, encore fort jeune, il fut nommé membre de l'administration du département, dont le fameux Paoli était président, et fut mis à la tête d'un bataillon de volontaires nationaux.

Quelque temps après, lorsque les Anglais, à la faveur des troubles de la France, se rendirent maîtres de la Corse, Joseph se retira sur le continent. Il fut employé, avec son grade de chef de bataillon, au siége de Toulon, et, quelques mois après, à l'armée d'Italie, en qualité de commissaire des guerres de première classe, sous les ordres de Chauvet, commissaire ordonnateur. Deux années plus tard, il épousa à Marseille l'une des filles d'un riche et honorable négociant de la ville, mademoiselle Julie Clary.

Il profita de sa nouvelle position, et des relations qu'il avait avec plusieurs membres de la convention, pour solliciter des secours et chasser les Anglais de la Corse; mais en 1796 seulement, après les victoires de Napoléon au delà des Alpes, il put mettre ce projet à exécution.

Se trouvant à l'armée d'Italie, il fut dépêché au gouvernement par le général en chef, pour démontrer la nécessité de faire la paix avec la Sardaigne.

Ici commence la vie politique de Joseph. Napoléon, dont le prestige grandissait de jour en jour, et qui avait l'immense mérite de savoir employer les hommes d'après leur spécialité, ayant reconnu dans son frère aîné autant de talent et de droiture que d'affection et de dévouement, lui confia successivement, de 1797 à 1804, des missions de la plus haute importance. Nommé ambassadeur pour négocier auprès de Pie VI une intervention officieuse dans la guerre de la Vendée, il se trouva à Rome lors de l'assassinat du général Duphot : triste et terrible circonstance, dans laquelle il montra une énergie et un courage qui lui valurent de grands éloges.

A la suite de cette ambassade, on voulut lui donner celle de Berlin; mais, appelé par le vœu de ses concitoyens à l'honneur de siéger au conseil des Cinq-Cents, il préféra ce mandat au poste éminent auquel on le destinait.

Sous le consulat, Joseph accepta les fonctions de conseiller d'État, et fut chargé de terminer les difficultés entre la France et les États-Unis d'Amérique, de négocier la paix avec l'Autriche et avec l'Angleterre.

Il fit preuve de beaucoup d'activité, de talent, dans ces différentes missions, et eut le bonheur de signer en deux années les trois traités de Morfontaine (30 septembre 1800), de Lunéville (9 février 1801), d'Amiens (25 mars 1802).

Quelque temps après, il attacha son nom au

grand acte du concordat; et, presque à la même époque, il eut les pleins pouvoirs de la France pour négocier, avec l'Autriche, la Russie, la Prusse et la Bavière, le traité de garantie relatif aux changements politiques survenus dans l'empire germanique.

Jusqu'en 1804, Joseph, homme privé ou homme politique, avait pris peu de part aux opérations militaires de nos armées. Le camp de Boulogne ayant été formé, et son frère ayant témoigné le désir de le voir à la tête d'un régiment, il accepta le commandement du 4e de ligne. Encore assez jeune, et quoique sénateur et membre du grand conseil de la Légion d'honneur, il ne crut pas déroger en se faisant immiscer au noble métier des armes (1).

Lors de l'avénement de Napoléon au trône *de France*, Joseph et ses enfants légitimes furent déclarés héritiers de la couronne, dans le cas où l'empereur n'aurait pas d'enfants mâles (2). Cette nouvelle position fut une des causes qui lui firent refuser la couronne de Lombardie. Il ne voulut ni renoncer aux liens nouveaux et récents qui l'attachaient à la France, ni contracter des engagements qui lui paraissaient onéreux pour le pays dont on voulait le faire roi.

Pendant l'immortelle campagne de 1805, *alter*

(1) Ce fut le colonel Mouton, plus tard célèbre sous le nom de comte Lobau, qui devint l'instructeur du prince Joseph.

(2) Voir au *Moniteur* de cette époque le sénatus-consulte qui établit les droits de la famille Bonaparte à la couronne de France (28 floréal an XII, ou 18 mai 1804)

ego de Napoléon, il resta à la direction des affaires à Paris; puis, quelques jours après la victoire d'Austerlitz, il reçut de l'empereur le commandement en chef d'une armée destinée à s'emparer du royaume de Naples.

Le 8 février 1806, Joseph entra en campagne à la tête de quarante mille hommes, s'empara de Capoue, y fit huit mille prisonniers, marcha sur la capitale, tandis qu'un corps de troupes se portait sur Gaëte qui refusait de se rendre, et qu'un autre corps poursuivait jusque dans les Calabres les forces napolitaines en pleine retraite.

Napoléon l'avait nommé roi de Naples. Il accepta cette nouvelle marque d'estime et de confiance plutôt pour l'empereur que pour lui. Un trône était tellement en dehors de ses goûts pleins de simplicité et de véritable philosophie, qu'en plaçant cette couronne sur sa tête il fit preuve d'affection fraternelle, plus peut-être que Napoléon en la lui offrant.

Le 15 février, le nouveau monarque fit son entrée à Naples. Il y fut bien accueilli : le peuple semblait pressentir en lui les vertus qui devraient toujours être l'apanage des rois.

Joseph s'appliqua à tout organiser ; le bonheur de ses sujets fut l'objet constant de sa vive sollicitude. Lorsque l'ordre fut à peu près rétabli dans les différentes administrations, il résolut de se rendre compte par lui-même des besoins de son peuple, et de consacrer quelques semaines à visiter les provinces, afin d'avoir une idée bien nette et bien précise de l'état dans lequel se trouvaient les habitants, et de reconnaître si une expédition en Sicile avait alors quelque chance de succès.

Il partit de Naples dans ce double but, escorté par un corps de troupes commandé par le général Lamarque. La misère régnait partout dans le plus beau et le plus riche pays du monde, et le roi put se convaincre de l'impossibilité d'entreprendre en ce moment quelque chose de sérieux contre la Sicile.

De retour dans sa capitale, il chercha à bien comprendre et à bien suivre les instructions de son frère, et réussit, en peu de temps, à changer la face de ce magnifique royaume, en y ramenant le calme et la prospérité.

Nous aurons trop souvent à revenir sur les divers actes, la conduite politique et militaire de Joseph, roi de Naples, pour nous étendre davantage sur cette partie de sa vie.

Il commençait à recueillir les fruits de sa sagesse, de sa bonté paternelle et de ses travaux incessants; il s'était attaché à ses peuples comme ses peuples s'étaient attachés à lui, lorsque les exigences de la politique de son frère le firent quitter le trône de Naples pour celui de Madrid.

Vers le milieu de 1808, Joseph partit pour Bayonne, et bientôt entra en Espagne pour aller ceindre le diadème de Charles IV. Jamais encore il n'avait été appelé à faire un aussi grand sacrifice aux idées de Napoléon. La malveillance avec laquelle les peuples l'accueillirent dès qu'il eut mis le pied dans les provinces basques, les intrigues par lesquelles on avait dû passer pour obtenir de deux faibles monarques la renonciation à la couronne de leurs aïeux, répugnaient à sa loyauté, à sa générosité, à ses nobles instincts. Il s'en exprima avec courage à son frère. Pendant le cours de son règne; tout en faisant acte du plus entier dévouement à Napoléon, aux intérêts de sa famille, il tint à honneur de ne rien laisser ignorer à l'empereur. Plusieurs fois il témoigna le désir de ne pas gouverner des peuples qui le repoussaient, et à qui le fanatisme politique ne permettait pas de comprendre et d'apprécier ses louables intentions. Plusieurs fois il redemanda ce royaume de Naples, dont les habitants avaient si vite et si bien deviné son cœur; plusieurs fois il démontra jusqu'à l'évidence la faute que l'on commettait en luttant avec un peuple héroïque butté contre la France : rien ne put faire céder Napoléon. Joseph conserva le trône d'Espagne jusqu'au moment où, contraint par la force, il dut repasser les Pyrénées; et l'empereur paya de ses plus belles armées, de ses plus braves guerriers, et nous oserions presque dire de sa couronne, sa persévérance dans une faute dont il nous sera peut-être possible de donner l'explication, grâce aux documents inconnus qui sont entre nos mains.

Après la bataille de Vittoria, Joseph rentra à Paris, où il reprit le titre de prince français.

L'empereur, qui avait apprécié son noble et beau caractère, confia à ce frère bien-aimé son fils et sa femme, au moment suprême où il partit pour se mettre à la tête de ses dernières phalanges, lorsque déjà les innombrables armées ennemies envahissaient de toute part le sol de la France. Il le nomma son lieutenant général, et lui laissa le commandement des forces chargées de préserver la capitale de l'empire, de protéger, au besoin de sauver la régente et l'héritier du trône.

Cambacérès et lui furent en outre désignés par Napoléon à l'impératrice comme conseillers. Marie-Louise eut pour instruction de suivre les avis de ces deux princes.

Dans les graves circonstances où l'on se trouvait, Joseph accepta tout. Il se fit donner des instructions très-nettes, très-positives, et reçut entre autres, *de vive voix* et *par écrit*, de l'empereur, celle de faire partir le roi de Rome et l'impératrice de Paris, dans le cas où toutes communications entre le quartier impérial et la capitale de l'empire seraient coupées, et où l'ennemi s'approcherait de cette capitale. Dans ce cas, il devait se porter avec sa belle-sœur et son neveu sur la Loire, se faisant accompagner par les grands dignitaires, les ministres, les membres du sénat, du corps législatif et du conseil d'État.

Le cas prévu ne tarda malheureusement pas à se présenter. Lorsque Mortier et Marmont rentrèrent à Paris avec une poignée de soldats, suivis de près par des masses ennemies, toute communication étant interrompue entre l'empereur et la capitale, Joseph crut devoir parler à Cambacérès et à l'impératrice des dernières instructions de son frère. Un conseil, composé de vingt-deux membres, tous grands dignitaires, ministres et présidents des sections du conseil d'État, fut convoqué. On reconnut que le cas indiqué par Napoléon était celui du moment présent, et il fut décidé qu'on ne compromettrait pas le sort de l'impératrice et de son fils, d'autant que le duc de Feltre, ministre de la guerre, déclarait n'avoir pas d'armes à distribuer pour la défense, attendu qu'on les délivrait journellement aux troupes.

Il fut donc arrêté, *à l'unanimité*, que le gouvernement se transporterait à Chartres, et de là sur la Loire.

Toutefois, sur l'observation que fit Joseph, que l'on ignorait quels ennemis l'on avait devant soi, et sur l'offre qu'il fit de ne pas partir avec l'impératrice et son fils, afin de voir si on pourrait tenir encore, les ministres de la guerre et de la marine opinèrent pour cette détermination. Il fut donc convenu, en dernière analyse, que si l'on n'avait à lutter que contre un corps isolé qu'il fût possible de combattre sans exposer Paris, on aiderait les deux maréchaux par tous les moyens; mais que, si on reconnaissait la présence des armées alliées, on rejoindrait l'impératrice.

C'est dans l'espérance de la première hypothèse que l'on rédigea la fameuse proclamation signée par Joseph. Elle fut affichée le soir dans tout Paris.

On a reproché amèrement au frère aîné de l'empereur d'avoir quitté la capitale, lorsque lui-même avait affirmé dans cette proclamation qu'il restait dans les murs de la ville; beaucoup d'historiens lui ont fait un crime de sa conduite en cette circonstance, sans se donner la peine de s'expliquer un fait qui est cependant de la plus grande simplicité.

Le gouvernement ne pouvait mettre les Parisiens dans la confidence de ce qui se passait; il était impossible de livrer au public la décision du conseil. Il fallait exécuter les sages instructions de l'empereur, si l'ennemi se montrait en forces. Or, lorsque les deux maréchaux, avec quelques troupes de ligne, quelques grenadiers de la garde, quelques gardes nationaux et jeunes gens des écoles, se virent en face des armées de Blücher et de Schwartzemberg, et firent connaître leur position critique, il n'était plus permis de douter de la puissance de l'attaque, de l'impossibilité de continuer longtemps la lutte. Il n'y avait donc plus pour Joseph et le gouvernement d'hésitation à avoir; et cependant le prince, les ministres ne partirent pas avant quatre heures du soir, c'est-à-dire lorsqu'ils furent instruits que l'ennemi occupait déjà Saint-Denis et allait franchir la Seine.

Ces grands faits historiques, du reste, seront trop facilement expliqués par la correspondance précieuse que nous avons classée et commentée, pour qu'il soit nécessaire de faire autre chose ici que de les indiquer.

Après l'abdication de Fontainebleau, Joseph se retira en Suisse. Il y resta jusqu'au 19 mars 1815, jour où il apprit le retour de son frère à Grenoble. Il s'empressa de traverser l'est de la France, de se diriger sur Paris, où il arriva le 22 du même mois.

La bataille de Waterloo étant venue détruire les espérances de la famille de l'empereur, Joseph se disposa à partir pour l'Amérique, où il devait se réunir à Napoléon, qu'il avait laissé à l'île d'Aix faisant ses dispositions pour ce voyage. Le sort en ordonna autrement : les deux frères furent séparés pour toujours; mais dans son exil Joseph eut du moins la consolation d'être libre, et de faire du bien aux proscrits français qui étaient venus comme lui chercher le repos en Amérique.

Bien accueilli dans le Jersey, un des états de l'Union, le roi Joseph se vit l'objet d'une loi bienveillante, en vertu de laquelle, en 1817, il fut autorisé à acquérir des propriétés sans devenir citoyen américain.

En 1825, il obtint également l'autorisation d'acheter de nouvelles propriétés dans l'État de New-York, sans pour cela renoncer à son titre de citoyen français; et il se fixa à Pointe-Breeze, près de Bordentown. Il prit le nom de comte de Survilliers, et vécut dans sa belle propriété, sur les bords de la Delaware, s'occupant à faire du bien, et à mettre en ordre les papiers qui devaient lui servir à composer ses mémoires, et à réfuter les ouvrages publiés sur les événements auxquels il avait pris une si grande part. C'est ainsi qu'il rédigea le fragment historique que nous donnons à la suite de cette notice biographique, et plusieurs réfutations qu'on trouvera dans les autres volumes de cet ouvrage.

La révolution de 1830 le trouva livré à ces occupations. En apprenant ce qui se passait en France, il crut de son devoir d'envoyer à Vienne des personnes investies de sa confiance, pour réclamer en faveur de l'orphelin de son frère. En même temps, il adressa à la chambre des députés une protestation dans le même but. Cette double démarche n'eut aucun succès; bien plus, une nouvelle loi de proscription fut votée par la chambre de 1831 contre la famille de l'empereur, assimilée à celle de Charles X.

Le 22 juillet 1832, Joseph ayant reçu l'assurance qu'il trouverait à Londres des passe-ports pour l'Autriche, abandonna les rives hospitalières du nouveau monde, pour voler lui-même auprès du fils de son frère, esclave du devoir jusqu'à la dernière période de sa vie. Le jour où il quittait l'Amérique, son neveu rendait le dernier soupir au palais de Schœnbrunn.

Des tentatives furent réitérées à plusieurs reprises, en France, pour faire cesser la proscription des membres de la famille Bonaparte; mais longtemps cela fut inutile. Lorsqu'en 1840 les cendres de l'empereur furent rapportées en France, ces pétitions furent renouvelées pendant la session de 1842 et à la fin de celle de 1843. Le gouvernement de Juillet fut inexorable.

Joseph ne devait pas revoir sa patrie. Le 28 juillet 1844, il mourut à Florence, entre les bras de sa femme, la reine Julie, à l'âge de soixante-dix-sept ans.

FRAGMENT HISTORIQUE

ÉCRIT PAR

LE ROI JOSEPH.

Pointe-Breeze, 11 avril 1830.

Parvenu à un âge assez avancé, et jouissant encore d'une bonne santé, désabusé de bien des illusions qui font supporter les traverses de la vie, et les remplaçant aujourd'hui par la tranquillité d'âme qui résulte d'une bonne conscience, et par la sécurité que donne un pays véritablement bien constitué, je me regarde comme arrivé au port. Avant de débarquer sur les plages obscures de l'éternité, je me suis mis à me rendre compte à moi-même de cette longue traversée, et à rechercher les causes qui nous ont porté si haut, dans les rangs de la société, ma famille et moi, et ont fini par nous ôter ce qui appartenait au moindre mortel, une patrie qui nous fut chère, et que nous avons tous servie avec bonne foi et dévouement. Ce n'est ni une apologie, ni une satire que j'écris; je me rends compte à moi-même des événements, et je veux fixer sur le papier les souvenirs qu'ils m'ont laissés. — Il est de ces événements que je condamne après les avoir loués; il en est que je loue aujourd'hui après les avoir blâmés autrefois. Telle est la faiblesse de notre nature, dépendante toujours des circonstances qui nous entourent et qui souvent nous dominent, pensée qui doit porter à l'indulgence tout homme vrai et réfléchi. J'ose affirmer que c'est l'amour de la vérité qui me fait entreprendre cet écrit. C'est un sentiment de justice que je me dois, que je dois aussi à l'homme qui fut mon ami, et que la faiblesse humaine a défiguré d'une manière indigne. Napoléon fut encore plus un homme ami des hommes, et dépouillé de tout préjugé, il fut encore plus un homme juste et bon, qu'il ne fut un grand guerrier et un grand administrateur. C'est un devoir pour moi qui suis né avant lui, et qui n'ai pas toujours partagé ses opinions politiques, de dire ce que j'en sais, et à exprimer une conviction qui est dans mon âme. Je suis plus en mesure d'apprécier aujourd'hui quelles furent les causes étrangères à sa nature qui le forcèrent à se donner un caractère factice, caractère qui le fit craindre par les instruments qu'il dut employer pour soutenir contre l'Europe la guerre que l'oligarchie avait déclarée aux principes de la révolution, et le cabinet britannique à cette France dont il ne put empêcher la suprématie qu'en la livrant aux guerres continentales, aux dissensions civiles, et à des principes de gouvernement qui ne sont plus ceux de la nation, au siècle où nous vivons.

Je dirai avec candeur ce que j'ai su; je rapporterai, des actes ou des paroles de Napoléon, ce que je croirai être encore inconnu au public, ce dont j'aurai la connaissance immédiate et directe. Ce n'est pas son histoire que j'écris, ce n'est pas même la mienne. Je fixe des souvenirs que chaque jour efface de ma mémoire. Une plume plus exercée pourra un jour en faire usage.

La famille Bonaparte.

Si mes ancêtres n'étaient pas en même temps ceux de Napoléon, je n'en parlerais pas. Ses flatteurs ont tant exagéré leur illustration, au temps de sa puissance; ses ennemis, à leur tour, l'ont tant dépréciée, qu'il me paraît convenable de faire connaître la vérité. Les pièces authentiques, qui se trouvent encore aujourd'hui en ma possession, constatent que, dès le XIe siècle, les ancêtres de Napoléon ont constamment rempli les premières magistratures, au choix du peuple, à Florence, à Parme, à Padoue, à Trévise, à Sarzanne, dans l'île de Corse, par une succession non interrompue jusqu'à Charles Bonaparte, notre père, qui fut lui-même élu membre de la commission intermédiaire des états, et député de son pays à la cour, en 1777 (1).

Charles Bonaparte, père.

Il avait alors trente et un ans : toujours ami de la liberté et de Paoli, dont il avait été idolâtre, il était cependant devenu bon Français, en voyant les avantages immenses que son pays retirait de son union avec la France. La Corse avait été assimilée, par la formation de ses états, à la province du Languedoc. Elle avait une cour souveraine de justice et divers tribunaux, dont quelques-uns des membres étaient des naturels de l'île.

(1) Pièces justificatives, n° 1.

Charles Bonaparte avait refusé de faire partie du conseil supérieur, parce qu'il siégeait à Bastia, loin de sa ville natale. Dans sa première jeunesse, il avait étudié le droit en Italie, où existaient encore plusieurs personnes de sa famille et de son nom, qui l'avaient accueilli. A cette époque il s'y rendit, et obtint du grand-duc Léopold des lettres de recommandation pour la reine de France, sa sœur. Il avait alors cinq enfants, dont j'étais l'aîné, étant venu au monde en 1768, à Corté. Napoléon était né à Ajaccio, le 15 août 1769. Les troupes françaises occupaient cette ville depuis 1764. Notre père nous plaça au collége d'Autun, et continua son voyage pour Paris, où il obtint une place d'élève à la maison royale de Saint-Cyr pour l'aînée de ses filles, et une pour Napoléon, à l'école militaire de Brienne. Je n'ai jamais oublié le moment de notre séparation. J'étais tout en pleurs; Napoléon ne versa qu'une larme, qu'il voulut en vain dissimuler. L'abbé Simon, sous-principal, témoin de nos adieux, me dit après son départ : « Il n'a versé qu'une larme, mais elle prouve « autant sa douleur de vous quitter que toutes les « vôtres. »

Joseph, né en 1768. Napoléon, né en 1769.

Napoléon me faisait part de ses lectures; elles se rapportaient à des sujets d'histoire ancienne et moderne. Je lui rendais compte des miennes : elles étaient moins sérieuses. Les poëtes épiques, Fénelon, Saint-Lambert, que j'avais obtenus comme prix, étaient sans cesse entre mes mains. Je ne doute pas de l'action toute-puissante des premières lectures sur les inclinations et le caractère de la jeunesse.

Amitié des deux frères. Leur jeunesse.

J'ai dû sans doute aux lectures clandestines auxquelles je me livrais pendant les récréations, à l'insu des maîtres, les succès que j'ai obtenus dans mes classes. Je me rappelle, à ce propos, un sujet de composition dont je remportai le prix; il était tiré d'une tragédie de Corneille qu'aucun de mes camarades n'avait probablement lue, mais que je savais par cœur. Je m'emparai des pensées et des sentiments, et abandonnai tellement les expressions, qu'on me fit honneur des unes et des autres : c'était le monologue de Cornélie tenant l'urne des cendres de Pompée.

Monseigneur le prince de Condé, gouverneur de la Bourgogne, allant tenir les états à Dijon, assista à la distribution des prix; et au spectacle, qui se terminait par une pièce de vers en son honneur, que je fus chargé de réciter, il me demanda à quel état j'étais destiné. L'évêque d'Autun, qui était en même temps ministre de la feuille des bénéfices, se hâta de répondre : « A l'état ecclésiastique; » mais je ne pus retenir mon dépit, et je répliquai au prince et au ministre : « Je veux servir le roi. » Le prince approuva mon enthousiasme. Le lendemain, j'écrivis à mon frère Napoléon que j'étais décidé à entrer dans le corps de l'artillerie, s'il renonçait au service de la marine, auquel il était destiné. Cette circonstance décida Napoléon pour l'artillerie, arme dans laquelle il fut reçu officier d'emblée à l'école militaire de Paris, deux ans plus tard. Je lui envoyai la pièce de vers, de la composition de l'abbé Simon, depuis évêque de Grenoble. Vingt ans après, elle fut sur le point de sauver le petit-fils du prince.

En 1784, revenu dans mon pays natal, je m'y trouvai déplacé par l'ignorance absolue où j'étais de ma langue maternelle, ce qui m'isolait au milieu de mes compatriotes. La langue française n'était pas alors celle du pays, comme on m'assure qu'elle l'est devenue aujourd'hui; et je ne savais pas un mot d'italien. Mon père, tout en me disant que j'étais libre dans le choix de mon état, me faisait sentir qu'il aurait préféré me voir prendre goût au pays, où j'aurais pu espérer d'entrer dans le conseil supérieur. Il avait refusé cette place pour ne pas s'éloigner de ses affaires domestiques, qui le fixaient dans sa ville natale. Sa jeunesse ne lui permettait pas de prévoir qu'avant longtemps je dusse le remplacer dans l'administration des intérêts de sa famille. J'insistai donc pour la carrière des armes, qui me ramenait sur le continent, et pour le service de l'artillerie, où je me retrouverais avec l'ami de mon enfance. Pendant le peu de mois que je passai en Corse, je m'appliquai à l'étude de Bézout, afin de me mettre en mesure de passer l'examen. Mon père, qui sentait le besoin de retourner à Paris, où sa santé s'était rétablie l'année précédente par les soins de M. de la Sonde, médecin de la reine, alors en grande réputation, m'emmena avec lui; mais, jeté par la tempête sur les côtes de Calvi, il put difficilement atteindre la ville. Obligé de se rembarquer, et assailli de nouveau par le mauvais temps, il aborda enfin et non sans peine en Provence. Son état était tel, que, d'après l'avis des médecins, et surtout du professeur Tournatori, qui résidait à Aix et jouissait de la plus haute réputation, il se décida au voyage de Montpellier. Nous y fûmes rejoints par l'abbé Fesch, frère de ma mère, qui achevait alors ses études au séminaire d'Aix. Nous trouvâmes à Montpellier quelques amis et tous les secours de l'art. MM. de la Mure, Sabatier et Barthès lui prodiguèrent vainement leurs soins. Après une maladie de trois mois, il expira dans nos bras, dans la trente-neuvième année de son âge. Il reçut, à son dernier moment, la promesse formelle qu'il me demanda, de renoncer à la carrière des armes et de retourner en Corse, où sa femme encore jeune, et ses sept enfants en bas âge, auraient besoin de mes soins. Napoléon seul était hors de l'enfance, accomplissant alors sa quinzième année.

L'abbé Fesch.

La longue et cruelle maladie de mon père avait singulièrement affaibli ses organes et ses facultés : c'est au point que, peu de jours avant sa mort, dans un complet délire, il s'écria que tout secours étranger ne pourrait le sauver, puisque *ce Napoléon, dont l'épée devait un jour triompher de l'Europe*, tenterait vainement de délivrer son père du dragon de la mort qui l'obsédait.

Mort de Charles Bonaparte père, 24 février 1785.

Madame de Pernon, de la famille des Comnènes, née à Ajaccio, était de l'âge de ma mère. Établie à Montpellier, elle y jouissait des avantages d'une fortune prospère ; elle se rappela les soins qu'elle devait au mari et à l'enfant de son amie, et je conviens avec plaisir qu'elle m'apparut souvent dans ces lugubres circonstances un ange consolateur. Elle vint m'arracher de la maison où mon père n'était plus, et me prodigua dans son hôtel, où je passai quelques jours, tous les soins que j'aurais pu attendre de la mère la plus tendre et la plus passionnée. Elle est mère de madame la duchesse d'Abrantès, alors âgée de quelques mois; elle accorda sans doute souvent à l'enfant de la douleur les instants qu'elle dérobait au berceau de son propre enfant.

A Aix, où je passai les premières semaines après la mort de mon père, je trouvai accueil dans les maisons de MM. de Saint-Marc, de Baret, Ripert et d'Isoard. J'en ai conservé un reconnaissant souvenir, et le leur ai témoigné lorsque l'occasion s'en est présentée.

De retour dans ma ville natale, j'y trouvai un oncle de mon père, archidiacre du chapitre (1), vieillard justement respecté dans le pays, et notre mère, encore à la fleur de son âge. Nous n'avions aucun parent de notre nom. Napoléon venait d'être admis dans le régiment de la Fère (artillerie). Il ne put revenir en congé que l'année suivante, et il ramena avec lui notre sœur Élisa. Lucien était en éducation sur le continent. Mes autres frères et sœurs étaient encore dans l'enfance. Ma mère modéra l'expression de sa douleur, pour ne pas trop exciter la mienne. « Femme forte et bonne, modèle des mères, combien « tes enfants te sont encore redevables des exemples « que tu leur as donnés!... » Notre grand-oncle, accablé, à son âge avancé, par la perte de son neveu,

Napoléon, officier d'artillerie. 1786.

(1) L'archidiacre Lucien.

cherchait à me consoler par l'appui que je trouverais, disait-il, dans le grand caractère de ma mère; et elle aussi prétendait se consoler, en me parlant de l'appui qu'elle trouverait en moi. Je ne connus pas les plaisirs de l'enfance; et, tout entier à mes devoirs de famille, je cherchai à répondre à la confiance et aux besoins que les miens avaient de moi. Mais combien j'étais loin de pouvoir y répondre suffisamment! Etranger aux usages et à la langue du pays, j'eus beaucoup de peine à surmonter les premières difficultés. Le frère de ma mère venait d'arriver d'Aix, où il avait achevé ses études ecclésiastiques (1). Il avait quelques années de plus que moi; il se dévoua entièrement à la famille de sa sœur, et finit par embrasser l'état ecclésiastique. Il succéda à notre grand-oncle l'archidiacre quelques années après. Une sœur de mon père, mariée à un Paraviccini, n'avait pas d'enfants; elle fut une seconde mère pour nous, et contribua puissamment à me faire aimer le séjour d'Ajaccio. Elle montait souvent à cheval. Je l'accompagnais habituellement. Le peuple du faubourg que nous traversions pour visiter nos jardins et nos terres, exprimait si énergiquement la sympathie qu'il avait pour nous, que j'en pris aussi beaucoup pour lui; et insensiblement je trouvai du charme à m'occuper des travaux de la campagne, à mesure que je me familiarisais avec la langue du pays et que je connus davantage les diverses branches de culture, qui presque toutes sont propres à la Corse. L'olivier,

(1) L'abbé, plus tard cardinal Fesch.

le mûrier, l'oranger, la vigne, y réussissent également. Les prairies, les céréales de toute espèce, le bétail gras et menu prospèrent aussi dans cette terre fertile, et sous son climat enchanteur.

Parmi les personnes qui fréquentaient la maison, il y avait un jeune avocat, avec qui je me liai. A peu près de mon âge, il était fort habile dans sa profession; il me prêta souvent son appui dans mes intérêts de famille. Il est devenu depuis un des plus habiles diplomates de l'Europe (1).

1787. Napoléon en Corse. Mon frère Napoléon obtint enfin un congé. Il nous arriva, et ce fut un grand bonheur pour notre mère et pour moi. Il y avait plusieurs années que nous ne nous étions vus; mais nous correspondions habituellement par lettres (2). L'aspect du pays lui plut. Ses habitudes étaient celles d'un jeune homme appliqué et studieux; mais il était bien différent de ce que le représentent les auteurs de Mémoires, qui tous se transmettent religieusement la même erreur, dès qu'elle a été émise une fois. Il était alors admirateur passionné de Jean-Jacques, ce que nous appelions être *habitant du monde idéal;* amateur des chefs-d'œuvre de Corneille, de Racine, de Voltaire, que nous déclamions journellement. Il avait réuni les œuvres de Plutarque, de Platon, de Cicéron, de Cornelius Népos, de Tite-Live, de Tacite, traduites en

(1) M. Pozzo di Borgo.

(2) Cette correspondance a été perdue: les lettres de Napoléon à Joseph, dans le naufrage d'un bâtiment qui portait ses effets, après son ambassade de Rome; celles de Joseph, lorsque les chevaux et les effets de Napoléon furent pris en Vendée. D.

français ; celles de Montaigne, de Montesquieu, de Raynal. Tous ces ouvrages occupaient une malle de plus grande dimension que celle qui contenait ses effets de toilette. Je ne nie pas qu'il n'eût aussi les poésies d'Ossian, mais je nie qu'il les préférât à Homère.

Impatient comme moi de ne pas parler la langue du pays, il s'en occupa avec peu de succès la première année ; ce ne fut qu'à son second semestre qu'ayant résolu d'écrire un essai sur les révolutions de la Corse, il redoubla d'efforts, afin de se mettre en mesure de lire les auteurs originaux en italien. Ce petit écrit n'a jamais été imprimé. L'abbé Raynal, qu'il avait vu à son passage à Marseille, l'y avait beaucoup encouragé, et lui en demanda plus tard une copie manuscrite, qu'il envoya à Mirabeau. Je me rappelle avoir lu plus d'une fois dans sa lettre ces mots : « M. de Mirabeau a remarqué dans « ce petit essai des traits qui *dénotent un génie du* « *premier ordre*. Il engage le jeune auteur à se rendre « à Paris. » Il est à remarquer que Mirabeau lui-même avait écrit sur le même sujet quelques années auparavant, se trouvant en garnison en Corse. Cet essai a également été perdu. M. Mounier, que Napoléon avait souvent rencontré dans le monde à Valence, joignit ses félicitations à celles de ces deux hommes célèbres.

Napoléon rejoignit son régiment à Valence. Je me décidai aussi à faire un voyage en Italie, dans le triple but de me perfectionner dans l'italien, d'y étudier le droit, et de reconnaître l'état de nos intérêts de famille, abandonnés, dans ce pays, depuis la mort de mon père.

1787. Joseph en Toscane. Je fus présenté à Pise au cardinal de Loménie de Brienne. Il m'offrit l'occasion d'être connu du grand-duc Léopold, qui se trouvait alors dans cette ville. Quelques mois après, le ministre de France, le comte Louis de Durefort, me présenta au grand-duc à Florence, pour obtenir mon admission dans l'ordre de Saint-Étienne. La seule personne de notre nom qui vécût alors en Toscane attachait à cette admission la fin d'un procès intenté pour la succession de celui de ses parents qui avait appelé notre père à son héritage. J'obtins un rescrit favorable « *Si ita est, ita fiat,* » du grand-duc. Il voulut bien le remettre lui-même en ma présence au grand chancelier de l'ordre, le commandeur Inghirami, avec la seule condition que celui de ma famille qui entrerait dans son ordre s'établirait en Toscane. Mais nous étions alors en l'année 1787 ; je dus quitter Florence pour Pise, où je fréquentais l'université. J'étais surtout assidu au cours de Lamprédi, qui enseignait le *droit public universel,* et professait le dogme de la souveraineté du peuple. Je passais une partie de mes soirées chez Clémente Paoli, frère aîné de l'illustre général. J'y rencontrai Savelli, traducteur élégant d'Horace, Pietri, Salicetti, et d'autres patriotes corses, victimes de l'amour qu'ils avaient montré à la liberté et à l'indépendance de leur pays. Tous avaient connu mon père. J'étais dans un âge où l'on conçoit aisément, et où l'on sent vivement ce qu'on croit juste et vrai. Un enthousiasme plus solide s'empara de mon jeune esprit. Ces récits journaliers des efforts tentés pour soutenir l'indépendance de mon pays natal, par des amis de mon père, firent une impression d'autant plus vive sur moi, que les gazettes françaises et étrangères apportaient chaque jour de nouveaux aliments aux convictions patriotiques que je puisais le jour au cours de Lamprédi, et le soir aux éternelles lamentations de ces martyrs de la liberté. Dès que je pus les entendre sans qu'il y eût blâme indirect pour la France, où j'avais été nourri et élevé, et sur les Français, qui devenaient alors aussi amis de la liberté et de l'indépendance qu'ils l'étaient eux-mêmes, mon enthousiasme n'eut plus de bornes. Je m'y livrai tout entier, et en déposai l'expression dans un petit écrit que j'intitulai : *Lettres de Pasqual Paoli à ses compatriotes*. La première avait pour titre : « État de la Corse et maux de sa situation actuelle ; » la seconde, « Sa Régénération ; moyens d'y parvenir, en se conformant aux améliorations qui se préparent pour chacune des provinces de la France. » On tenait alors à Bastia une assemblée pour l'élection des députés à l'assemblée des notables ; je fis adresser mon écrit à M. Giubaya, secrétaire général des états de Corse, ami de mon père, parrain de Napoléon, généralement respecté par ses connaissances, son patriotisme et son éloquence.

Ayant fini mes études, je pris mes degrés à l'université, où je reconnus particulièrement Lamprédi, auteur d'un livre du droit public universel ; Vannucchi, savant distingué, qui avait plusieurs fois été Lamprédi.

sibellone avec succès, dans les conversations des amateurs des lettres et des sciences à Florence; Pignotti, qui a écrit des fables estimées, et a été historiographe de Toscane; Manzi, qui, quelques années plus tard, a été secrétaire de mon conseil d'État à Naples; Cervoni, mort général de division sur le champ de bataille de Ratisbonne, et l'un des hommes les plus éclairés et les plus braves dont s'honorent les armées françaises; Colonna d'Istria, mort évêque de Nice; Ciavatti, ecclésiastique éclairé, digne d'être ministre du Christ.

1788. Retour de Joseph en Corse.

En juin 1788, je fus reçu avocat au conseil supérieur à Bastia.

A Ajaccio, je ne plaidai qu'une seule et unique fois, et cependant j'eus le bonheur de faire absoudre et rendre à la liberté un jeune homme accusé d'un meurtre en défendant sa propre vie. Mais depuis je fus, sans interruption, élu à des fonctions publiques au choix du peuple.

Les esprits étaient vivement agités, et tout prétexte était bon; la masse populaire s'insurgea pour forcer l'évêque à faire reconstruire la cathédrale. Les moyens ordinaires de répression étant insuffisants, il fallut recourir à un comité général des trois ordres : ils existaient encore. Le lieutenant-général Rossi, homme justement respecté, fut le président de ce comité dirigeant, et j'en fus le secrétaire. J'étais bien jeune, et je me souviens que notre respectable président avait habitude de répondre à ceux des membres qui trouvaient que mes rédactions n'étaient pas assez révolutionnaires : « *Eh! messieurs,*

« *il a plus besoin de bride que d'éperons.* » Homme respectable, ton souvenir doit être cher à ta ville natale ; c'est à ton sage et vertueux patriotisme qu'elle doit peut-être de n'avoir point été souillée du sang de ses citoyens.

En arrivant en Corse, je trouvai Napoléon qui 1788-1789.
venait d'y débarquer quelques jours avant moi ; il était alors occupé d'un ouvrage en réponse à cette question : « Quels sont les opinions et les sentiments qu'il faut inspirer aux hommes pour leur bonheur ? » C'était le sujet de nos conversations dans nos promenades journalières, qui se prolongeaient sur le rivage de la mer, bien au delà de la chapelle des Grecs (1), en côtoyant un golfe aussi beau que celui de Naples, dans un pays embaumé par les exhalaisons des myrtes et des orangers. Nous ne rentrions quelquefois à la maison qu'à la nuit close. On trouvera dans ce qui reste de cet écrit les opinions et le caractère d'esprit de Napoléon, qui réunissait en lui des qualités qui semblent devoir se combattre : le calme d'une raison éclairée avec les élans d'une imagination orientale, une bonté d'âme, une sensibilité exquises, qu'il devait à son caractère naturel ; qualités précieuses, qu'il a cru par la suite devoir cacher sous un caractère factice qu'il s'était étudié à se donner lorsqu'il parvint au pouvoir, prétendant que les hommes avaient besoin d'être conduits par un homme fort et juste comme la loi, et non par un prince dont la bonté devait être prise pour faiblesse

(1) Chapelle célèbre près d'Ajaccio.

lorsqu'elle ne reposait pas sur l'inflexible justice. Aussi se dérobait-il aux demandes en grâce, aux pleurs d'une femme près de devenir veuve, de faibles enfants au moment de devenir orphelins; et il a presque toujours été vaincu, lorsqu'il a été attaqué par la faiblesse désarmée (1).

Napoléon, ses idées sur le jugement de la postérité.

Dès lors il n'avait en vue que le jugement de la postérité : son cœur palpitait à l'idée d'une grande et noble action qu'elle saurait apprécier. « *Je voudrais être ma postérité*, me disait-il un jour, *et* « *assister à ce qu'un poëte tel que le grand Cor-* « *neille me ferait sentir, penser et dire.* »

Elle seule est le vrai tribunal, et, avec le secours de l'imprimerie, il est à espérer qu'elle ne sera pas dupe des écrivains à la solde de ceux qui ont hâte de la popularité du moment, qui s'acquiert souvent au détriment de la vérité; car enfin, si le grand Frédéric a eu raison de dire que la victoire reste, en dernière analyse, au dernier écu, dans nos sociétés modernes n'est-il pas à craindre aussi qu'au dernier écu restent la voix et l'écrit prépondérants qui fixent et déterminent l'opinion de la génération actuelle? Il n'en sera pas ainsi du jugement de la postérité. S'il en était autrement, comment demander tant de sacrifices, tant de dévouement aux peuples libres et aux héros qu'ils enfantent? Le sentiment du de-

(1) Rien ne prouve mieux cette assertion de Joseph, que ce qui arriva à Berlin, à la princesse de Hatsfeld, en 1806. Cette malheureuse femme ayant été introduite presque de force par le prince Jérôme auprès de Napoléon, ce dernier ne sut pas lui refuser la grâce de son mari, coupable de trahison. Tout le monde connaît ce beau trait de l'empereur et de son plus jeune frère.

voir, l'estime du petit nombre d'amis qui nous connaissent comme nous nous connaissons nous-mêmes, ne peuvent-ils pas inspirer de nobles et consciencieuses actions ? « Avec de tels mobiles, me dit-il « un jour, on fait des sages, mais non des héros. Si « le mouvement donné se continue en France, elle « aura contre elle l'Europe entière ; elle ne pourra « être défendue que par des hommes passionnés pour « la gloire, qui consentiront à mourir aujourd'hui « pour vivre éternellement : c'est pour un but éloi- « gné, indéterminé, dont ils ne se rendent pas compte « à eux-mêmes, que les héros se multiplient, et « que la minorité inspirée triomphe des masses « inertes ; c'est ce qu'ont bien senti les législateurs « qui ont le plus influé sur les destinées du monde. » Mais je sens combien j'affaiblis des entretiens déjà si loin de nous.

A cette époque, j'étais membre très-actif de la municipalité, et mon temps était absorbé par des détails qui me permettaient cependant d'être au courant de tout ce qui se passait à Paris, étant le seul municipal qui connût parfaitement le français. C'est par mon canal que la municipalité recevait la connaissance des lois nouvelles qui devaient nous régir désormais, et dont nous étions tous très-enthousiastes. Le maire de la ville, véritable organe de l'opinion populaire, homme vénéré à juste titre, ne parlait pas le français ; il était très-ami de notre famille ; je lui étais utile, et il l'était beaucoup à la ville. Sans la considération patriarcale dont il jouissait, elle aurait pu souvent être troublée par les dissensions qui

Jérôme Lévie, maire d'Ajaccio. 1788.

eussent facilement éclaté entre les habitants du faubourg et ceux de la cité, soutenus par les anciennes administrations, et même par la garnison, cantonnée dans la citadelle, et ayant peu de communications avec les habitants du faubourg. Mais cet homme, nommé maire par le peuple, jouissait d'une grande fortune qu'il partageait avec le pauvre. Cet homme fut une véritable providence; son nom mérite d'être transmis à la postérité : il s'appelait Jean-Jérôme Lévie. Napoléon s'est honoré en se souvenant de lui à Sainte-Hélène, à sa dernière heure; il lui a légué cent mille francs. Ce souvenir vaut bien une bataille gagnée. De plus, il démontre la vérité de ce que j'ai dit plus haut, de la bonté et de la tendresse de son âme : c'est elle qui lui a fait se rappeler à ses derniers moments l'abbé Recco, professeur du collége royal d'Ajaccio, qui, dans notre première enfance, avant notre départ pour le continent, voulut bien nous admettre à sa classe, et nous donner ses soins. Je me rappelle que les élèves étaient placés vis-à-vis les uns des autres, aux deux côtés opposés de la salle, sous un immense drapeau, dont l'un portait les initiales S. P. Q. R, c'était celui de Rome; l'autre était celui de Carthage. Comme l'aîné des deux enfants, le professeur m'avait placé à côté de lui, sous le drapeau romain; Napoléon, impatienté de se trouver sous le drapeau de Carthage, qui n'était pas celui du peuple vainqueur, n'eut pas de repos qu'il n'eût obtenu notre changement, ce à quoi je me prêtai de bonne grâce; aussi m'en fut-il bien reconnaissant: et cependant, dans son triomphe, il était inquiété de

Souvenirs d'enfance.

l'idée d'avoir été injuste avec son frère, et il fallut toute l'autorité de notre mère pour le tranquilliser. Cet abbé Recco a aussi été porté sur son testament pour cent mille francs, sans que le souvenir amer d'un autre abbé Recco, son neveu, ait pu altérer la reconnaissance qu'il avait conservée pour l'oncle. Le neveu fut l'accusateur de Napoléon dans une émeute populaire, aux premiers temps de la révolution.

L'île de Corse. Mœurs de ses habitants.

Notre grand-oncle était confiné dans son lit par la goutte; il était souvent pris pour arbitre par les familles de l'intérieur de l'île, déchirées par de vieilles inimitiés héréditaires; habituellement il parvenait à les pacifier. On se trompe toutes les fois qu'on attribue aux habitants des villes maritimes de la Corse les mœurs et les usages des habitants des montagnes. Généralement, les villes sont habitées par des familles originaires d'Italie ou de France, dont elles ont conservé les mœurs. Toujours soumises au gouvernement dont les troupes ont occupé les citadelles, il ne faut pas chercher chez elles les traits caractéristiques des insulaires, ni la célébrité des guerriers qui se sont illustrés dans les longues luttes soutenues par les habitants de l'intérieur pour l'indépendance de leur pays. L'illustration des villes se borne aux charges municipales, militaires ou civiles, à quelques missions à l'étranger, et aux souvenirs antérieurs aux époques de leur établissement dans ces villes; des familles feudataires des provinces, après la chute de leur pouvoir, ont cherché la tranquillité dans les villes maritimes, ainsi que des familles étrangères, victimes des révolutions d'Italie, de Grèce, et d'autres parties du continent.

J'ai recueilli de la bouche de ce vieillard, né au commencement du siècle, quelques informations que je consigne ici. Il avait passé sa jeunesse en Italie, où il avait fait de bonnes études, et avait beaucoup accru ses connaissances par la lecture assidue des écrivains français et italiens; il m'a affirmé plusieurs fois que le fameux Fra-Paolo était originaire de Corté; qu'en Italie, il avait cru devoir cacher son véritable nom sous celui de Sarpi : il était de la famille Boério. Je parlai en 1791, à M. Boërio, membre de l'assemblée législative, d'un exemplaire de l'histoire du concile de Trente, que mon grand-oncle m'avait assuré être un de ceux qui avaient appartenu à l'auteur. M. Boërio m'en montra un semblable de la même édition, qui se conservait parmi les siens comme un souvenir précieux de l'auteur, qui en aurait fait l'envoi à sa famille à l'époque de sa publication.

Une autre assertion que je consigne ici est celle qui fait naître Sixte-Quint d'une des familles du Niolo, chassées en masse de la province Pieve, par le gouvernement de Gênes, en 1500. Le nom de Napoléon avait été introduit dans la famille par un Napoléon Zomellini, commandant des galères de Gênes dans le XVIe siècle. La maison que l'on montre à Ajaccio, dans laquelle Napoléon est né, appartenait originairement à la famille Bozzi, qui l'apporta en dot dans la nôtre. Notre maison paternelle était située au bout de la Grande-Rue, où est aujourd'hui bâti le rempart de la citadelle qui fait face à la ville. Elle fut démolie par les Français qui, sous Henri II, bâtirent la citadelle, qu'ils occupèrent pendant quelques années.

Notions sur la famille Bonaparte.

Dès l'an 947, un messire Bonaparte se trouve en Corse comme témoin dans un acte fait au nom du roi d'Italie Béranger, qui fut aussi marquis de Toscane. Depuis ce temps si reculé, il n'est plus question de ce nom en Corse jusqu'en 1560, qu'un Gabriel Bonaparte s'établit à Ajaccio, ayant obtenu des concessions de la république avec l'obligation de bâtir des tours, de les armer, et de défendre les côtes contre les débarquements des Barbaresques. J'ai moi-même fait détruire celle qui restait encore au fond du golfe, à un mille de la ville. Je l'ai fait servir à remplir un bas-fond où j'avais planté, en 1790, un jardin fruitier et une pépinière. Celui appelé *les Salines* est célèbre dans l'histoire des révolutions de la Corse. Ce fut là que se réunirent, presque en totalité, les habitants de la ville (1764) pour y saluer le général Paoli, et lui exprimer le vœu de faire partie du pays régi par le gouvernement national indépendant. C'est aux promenades que nous faisions dans ce lieu que les médecins attribuèrent une fièvre maligne dont nous faillîmes être victimes en 1791, Napoléon, Lucien, et moi.

La constitution donnée par l'assemblée constituante venait d'être proclamée, et je venais d'être nommé président du district. Je voulus témoigner ma reconnaissance au peuple qui m'avait élu, et je fis imprimer un livre élémentaire sur la constitution, à l'usage des citoyens du département de la Corse, en français et en italien. Cette publication fut appréciée, et je fus nommé par mes concitoyens membre d'une commission pour aller sur le continent complimenter le général Paoli, et l'engager à débarquer à Ajaccio. J'avais reçu, peu de jours avant, une lettre du général, qui m'envoyait, avec ses compliments sur la mort de notre père, son propre portrait, tracé au crayon sur une carte à jeu, qu'il avait reçu de son ami Charles en 1766, comme signe de reconnaissance pour l'homme qui était chargé de lui porter un avis salutaire pour la conservation de ses jours. Notre commission rencontra Paoli à Lyon, mais nous avions été prévenus par celle de Bastia. Nous arrivâmes ensemble à Marseille, où il s'embarqua directement pour Bastia, et nous retournâmes à Ajaccio.

Paoli. 1791. Mon frère Napoléon et moi partîmes bientôt pour visiter le général Paoli : nous le rencontrâmes au Ponte-Nuovo. Il nous accueillit comme les enfants d'un ami; il nous expliqua comment avait eu lieu cette affaire de Ponte-Nuovo, qui termina la carrière d'indépendance qu'il avait fait parcourir avec bonheur à ses compatriotes, et compléta la conquête de l'île par les Français, qui déjà étaient en possession des places fortes depuis 1764. Napoléon écoutait avec un bien vif intérêt le récit du général; cependant il ne put s'empêcher de me dire : « Le résultat de ces dispositions a été ce qu'il devait être. » Arrivés au sommet d'une élévation d'où l'on découvre la Piave et le village de Rostina, nous cherchions en vain des yeux la maison où étaient nés deux hommes justement célèbres, Hyacinthe et Pascal Paoli. On nous montrait une maison à trois fenêtres de façade avec des volets de bois, tandis que nous pensions trouver un château, ou au moins une grande maison. Le général, dont la perspicacité devinait ce qui se passait dans l'âme de deux jeunes gens sortis des colléges de France, se hâta de nous dire : « Si j'avais voulu une habitation somp-« tueuse et particulière, j'aurais perdu le droit de « me servir de toutes celles de mes concitoyens, « qui s'empressent aujourd'hui, comme au temps « de notre indépendance, de m'offrir à l'envi les « leurs. Malheur au chef national qui affiche les « passions rétrécies des particuliers ! La simplicité « est aussi le cachet de l'âme. » Ce que nous disait Paoli se vérifia lorsqu'il consentit à visiter la ville d'Ajaccio; et, pour mettre d'accord tout le monde, on le logea dans la maison commune.

Quelque temps auparavant s'était tenue l'assem- 1792.
blée d'Orezza. Paoli présida cette *consulta* (nom des anciennes assemblées souveraines révolutionnaires). La Corse avait été déclarée partie intégrante de la monarchie depuis que la constitution de 1791 avait été publiée. On nomma des députés dans chaque district. Je fus élu parmi ceux d'Ajaccio. Lorsqu'il fut question de prêter le serment à la nouvelle constitution, le président m'y désigna pour y préparer l'assemblée par un discours « dont le motif, me dit-« il, serait aussi sacré et la circonstance plus heu-« reuse que celui dans lequel mon père s'était servi

« d'expressions dont il avait conservé le souvenir, « ainsi que les compagnons de son exil : *Ombra « onorata de nostri majjori, etc.* Les ombres hono- « rées de nos aïeux renforceraient les lignes éclair- « cies par le feu de l'ennemi (1). »

Napoléon m'accompagna dans le voyage d'Orezza; il s'occupait toujours de recueillir des traits héroïques des anciens guerriers du pays. Je lui lus mon discours, auquel il ajouta quelques noms des anciens patriotes. Dans ces voyages, que nous faisions avec les mêmes chevaux, et assez lestement, son esprit était sans cesse tendu pour deviner les positions qu'avaient dû occuper les troupes des diverses nations qui, pendant tant d'années, ont combattu contre ce petit peuple. Mes rêves étaient d'une tout autre nature : la singularité et la beauté des paysages m'intéressaient beaucoup plus.

A l'assemblée électorale tenue à Bastia pour l'élection de l'évêque constitutionnel en 1791, Paoli fut nommé président : j'y étais secrétaire. Pendant l'une des séances, arriva un bateau de poste apportant la nouvelle de la mort de Mirabeau. D'après le désir du président, je l'annonçai à l'assemblée par un éloge dont je trouvai facilement les principaux traits dans les diverses feuilles publiques que je venais d'ouvrir : il fut assez bien accueilli par l'assemblée. Monseigneur Guasco fut nommé évêque constitutionnel. J'avais été nommé membre du directoire du département; il siégeait à Corté, mais je me trouvais encore à

(1) Pièces justificatives, n° 2.

Ajaccio au moment de la mort de notre grand-oncle. Ce qu'on a publié n'est pas exact. Peu de minutes avant d'expirer, il nous réunit tous près de son lit et nous annonça sa fin prochaine avec un calme que nous admirâmes : « Létitia, dit-il en s'a-« dressant à notre mère, cesse tes pleurs ; je meurs « content, puisque je te vois entourée de tes enfants. « Mon existence n'est plus nécessaire aux enfants « de Charles ; Joseph est aujourd'hui à la tête de « l'administration du pays : ainsi, il peut bien diri-« ger celle de la famille. Toi, Napoléon, tu seras un « grand homme. *Tu poi, Napoleone, serai uno-« mone.* » Mort du grand-oncle des Bonaparte.

Voilà l'exacte vérité (1).

Napoléon se trouvait au 10 août à Paris ; il avait été présent à l'action. Il m'écrivit une lettre très-détaillée, que je lus à mes collègues du directoire du département ; voici les deux traits principaux : « Si « Louis XVI se fût montré à cheval, la victoire lui « fût restée : c'est ce qui m'a paru, à l'esprit qui « animait les groupes le matin. 10 août. Lettre de Napoléon.

« Après la victoire des Marseillais, j'en vis un sur « le point de tuer un garde du corps ; je lui dis : « — Homme du Midi, sauvons ce malheureux ! Es-« tu du Midi? — Oui. — Eh bien ! sauvons-le ! »

Lors de la formation des gardes nationales soldées, Napoléon fut présenté par le directoire du département comme lieutenant-colonel. Il était alors capitaine d'artillerie. Il s'éleva une rixe assez sé-

(1) Pièces justificatives, n° 3.

rieuse entre ce bataillon et un régiment de la garnison d'Ajaccio; le département dut y envoyer des commissaires, qui rétablirent la paix.

Le général Casabianca.

Une escadre française, sous les ordres de l'amiral Truguet, portant six mille hommes de troupes commandés par le général Casabianca, relâcha à Ajaccio, avec l'ordre d'attaquer l'île de Sardaigne. L'attaque principale n'eut pas de succès; Napoléon, avec son bataillon et quelques artilleurs, parvint à s'emparer de l'île de la Madeleine, qu'il eut, peu de jours après, l'ordre d'abandonner.

Paoli et la Corse pendant la révolution.

Cependant, la révolution avait pris une teinte sombre qui lui avait suscité beaucoup d'ennemis dans l'intérieur. Après le 10 août, la monarchie n'existait plus que de nom; la commune de Paris, le parti de la Gironde d'abord, celui de la Montagne ensuite, la société des Jacobins de Paris, à laquelle étaient associées les assemblées populaires de France, avaient fini par porter dans les opinions l'effervescence et l'anarchie, qui bientôt ne connurent plus de point d'arrêt. Nous avions six députés à la convention nationale; la plupart d'entre eux correspondaient avec le directoire du département. Ils nous présentaient l'aspect des affaires tel qu'ils le voyaient. Nous étions tous jeunes; nous ne recevions d'impressions que par les feuilles des sociétés populaires, les circulaires et les écrits du gouvernement. Paoli était notre président, mais il n'assistait pas aux séances; nous nous contentions de lui rendre compte des affaires principales de l'administration, dans les visites que nous lui faisions. Son adhésion à la révolution n'était plus entière. Le roi l'avait nommé lieutenant général, et lui avait donné le commandement des troupes de ligne. Il lui avait écrit en lui recommandant son île de Corse. Les principaux membres de la constituante avaient aussi correspondu avec lui. La plupart étaient en fuite ou morts. Il voyait, je pense, les affaires telles qu'elles étaient, mais il n'avait encore mis personne dans sa confidence. Lorsque le procès de Louis XVI fut commencé, il manifesta davantage son éloignement du système du gouvernement de la France, se servit de l'ascendant qu'il avait sur nos députés à la convention, dont un seul vota la mort, et cinq furent favorables au roi. Fait étrange! le département le plus nouvellement annexé à la France, dont les citoyens avaient, en grande partie, porté les armes contre les Bourbons, est celui qui a montré le moins d'animosité contre la famille royale! c'est aussi celui où le sang français n'a pas coulé, où la guillotine est restée une invention inconnue. Paoli nous disait quelquefois, prévoyant la fin tragique de Louis XVI : « Nous avons été les ennemis des rois, n'en soyons « pas les bourreaux. » Mais que pouvions-nous contre l'orage qui avait déjà emporté tout ce qui avait voulu s'opposer au char révolutionnaire, selon l'expression du temps? Déjà Paoli, soupçonné, avait été nommé au commandement de l'armée d'Italie : il avait refusé, et avait agi sagement. Sa force n'était que dans l'enthousiasme de ses concitoyens pour lui. Mais la convention ne tarda pas à envoyer en Corse trois représentants du peuple, qui lui enlevèrent l'in-

Belles paroles de Paoli.

fluence que lui donnait sur les troupes françaises son commandement. Il refusa de se rendre à Bastia, où il se serait trouvé à leur disposition. Il avait auprès de lui un parti composé des personnes qui l'avaient accompagné dans l'exil, et dans sa rentrée de l'île, lorsqu'il y avait été appelé par la constituante. Ces patriotes étaient aussi reconnaissants et tout autant de bonne foi que lui, lorsqu'ils rentrèrent dans leur pays; mais c'était lui qui était pour eux le symbole de la patrie. Ils avaient passé leur vie, passionnés pour l'Angleterre, ennemis de la France; et lorsque cette France eut des torts envers leur ancien chef, ils reprirent naturellement leurs anciennes passions; ils l'entourèrent de leur dévouement, ils l'engagèrent à la résistance aux ordres du gouvernement français. Il se laissa aller à convoquer une assemblée générale, *consulta*, comme aux temps les plus critiques des guerres nationales contre les oppresseurs étrangers : la réunion eut lieu dans cette même ville de Corté, l'ancienne capitale de son gouvernement, où, à dire la vérité, il avait su réaliser le bien public. On voulait, disait-on, l'envoyer à l'armée d'Italie, pour lui faire éprouver le sort de Biron, de Brunet, d'Anselme, et de tous les autres généraux qui avaient commandé en chef cette armée.

1793. Rôle de Paoli et de la famille Bonaparte.

L'ancien père de la patrie insulaire avait aussi le mérite de paraître persécuté. Ses compatriotes le serrèrent dans leurs bras, l'entourèrent de leurs armes. Les populations se levèrent en masse pour sa défense; il ne resta aux commissaires de la convention nationale que les administrateurs, les habitants des villes, et les troupes françaises. Paoli se trouva ainsi avoir accompli une révolution entière contre la France, sans l'avoir voulue, sans l'avoir préparée à l'avance, presque à son insu. On crût facilement en France qu'il en était ainsi, tandis qu'on n'accusa les Girondins, les Lyonnais, les Marseillais, que de s'être insurgés contre la convention et contre les persécutions du pouvoir, qui n'avaient plus de contre-poids. Voilà ce qui amena insensiblement cette terreur, fantôme hideux qui s'entremettait sans cesse entre tous les individus, frères, parents, collègues, bourgeois, artisans, prêtres. Chacun avait peur de son ombre, parce que cette ombre donnait la mort, pour ne pas la recevoir.

J'avoue aujourd'hui que Paoli, dans ses fréquentes conversations avec moi, m'avait dépeint la convention telle que je la vis quelques mois après. Souvent, en nous rappelant les prévisions de Paoli, Napoléon s'écriait : « Le grand homme! il ne lui a « manqué qu'un grand théâtre. » Conformément à la constitution, de nouveaux membres nous avaient remplacés dans l'administration du département. Élus sous l'influence de l'ancien chef, ils restèrent avec lui à Corté, et firent partie de la *consulta* insurrectionnelle. Nous autres, au contraire, Français de cœur et d'opinion, nous nous rendîmes auprès des représentants de la France à Bastia.

Joseph juge du tribunal d'Ajaccio.

Au sortir de l'administration du département, je venais d'être nommé juge du tribunal d'Ajaccio. Je m'embarquai avec les représentants du peuple sur les frégates françaises qui mirent à la voile pour

Les Bonaparte persécutés en Corse.

cette ville. Paoli n'avait pas perdu un moment pour la faire occuper ; notre mère et ses jeunes enfants s'étaient soustraits avec peine aux poursuites des agents de Paoli, qui avaient ordre de les prendre comme otages (1).

Lucien, bien jeune encore, était parti avec M. de Sémonville, ambassadeur de la république près de la Porte, dont le navire avait touché à Ajaccio. Nous

(1) Voici à ce sujet un document des plus curieux :

Liberté, Égalité.

RÉPUBLIQUE FRANÇAISE.

Je soussigné, Louis Coti, procureur syndic du district d'Ajaccio, département de Corse,

Déclare que dans le mois de mai dernier, lorsque le général Paoli et l'administration du département envoyèrent dans la ville d'Ajaccio des troupes armées qui, d'accord avec d'autres traitres de la ville, s'emparèrent de la citadelle, chassèrent l'administration du district, emprisonnèrent un grand nombre de patriotes, et désarmèrent les troupes de la république, et, refusant de recevoir les commissaires de la convention nationale, tirèrent des coups de canon sur les bâtiments qui les escortaient ;

Ces rebelles cherchèrent alors à s'emparer de la famille de Bonaparte, qui eut le bonheur de se soustraire à leurs persécutions ;

Qu'ils dévastèrent, pillèrent et incendièrent les biens de cette famille, dont le crime était son inaltérable attachement à la république, et d'avoir refusé de tremper dans les projets d'isolement, de rébellion et de perfidie dont Paoli et l'administration du département se rendaient coupables.

Déclare, en outre, que cette famille, composée de dix individus qui avaient beaucoup de crédit dans l'île, jouissent d'une fortune la plus considérable du département, et qu'elle se trouve aujourd'hui dans le continent de la république.

En foi de ce, etc.

Signé COTI, proc. syndic.

Fait le 5 septembre 1793, an II de la république.

trouvâmes Napoléon près de la Tour de Capitello, dont il s'était emparé, et où il avait donné rendez-vous à nos amis et aux partisans de la France. Les commissaires de la convention jugèrent à propos de ne pas perdre un instant pour s'assurer de la possession de Calvi. Nous dûmes partir avec eux, après avoir recueilli notre famille et quelques amis, laissant forcément ce qui restait aux prises avec des circonstances au-dessus de leurs forces, auxquelles ils durent se soumettre. Notre maison, nos propriétés furent saccagées. L'insurrection s'étendit partout, sans trouver d'autre obstacle que les places de Calvi, de Bastia, et quelques autres points fortifiés, occupés par des troupes de ligne, qui ne tardèrent pas à se rendre, après le départ des représentants du peuple, et l'occupation de Toulon par les coalisés. Paoli, pressé par des événements dont il n'était pas le maître, se vit contraint de recevoir l'appui des Anglais contre les dangers qui le menaçaient du côté de la France. Ceux-ci ne tardèrent pas à prendre ombrage de son immense ascendant; il finit par accepter un dernier asile à Londres, où il a vécu jusqu'à la fin de ses jours.

Paoli se jette dans les bras des Anglais.

Débarqués à Toulon, après avoir établi notre famille à la Valette, nous fûmes forcés de l'y laisser. Napoléon, capitaine d'artillerie, dut rejoindre son régiment à l'armée d'Italie, dont il faisait partie. De mon côté, je me rendis à Paris, où je fus parfaitement accueilli par les personnages les plus influents du gouvernement et de l'assemblée, et plus particulièrement de nos députés, au nombre de six. Je

La famile Bonaparte gagne le continent.

me liai d'une véritable amitié avec un Casabianca, officier de marine, mort si glorieusement, quelques années après, à la bataille d'Aboukir, où il commandait le vaisseau amiral *l'Orient*. Il était alors député de la Corse à la convention; il n'avait pas voté la mort de Louis XVI.

Joseph à Paris.

Pendant mon court séjour à Paris, j'eus lieu de reconnaître la vérité des assertions de Paoli, assertions que j'avais crues jusqu'alors dictées par l'esprit de parti; mais il était trop tard pour reculer. J'étais encore à Paris lors de l'assassinat de Marat et de la mort de Charlotte Corday. J'étais à la veille de mon départ; nos députés avaient obtenu de la convention nationale toutes les mesures qui nous semblaient propres à faire rentrer notre pays sous les lois de la France; mais les barrières de Paris furent fermées par mesure de sûreté publique, et je ne dus qu'à la protection de nos députés de pouvoir partir avec la commission des représentants du peuple envoyée en mission dans le Midi. Arrêté à Lyon, alors assiégé par l'armée du général Kellermann, et à Avignon, par celle des Marseillais, je n'arrivai à Marseille que pour y apprendre la révolution de Toulon, où s'étaient retirés les débris des Marseillais, battus, entre Aix et Marseille, par le corps de la convention, commandé par le général Carteaux.

1793. Siége de Toulon. Joseph et Napoléon.

Toulon avait été livré aux coalisés; les six mille hommes qui devaient être employés à l'expédition de la Corse furent fondus dans l'armée destinée au siége de Toulon, où je fus aussi employé comme chef de bataillon à l'état-major général, par décision des représentants du peuple (1). Je fus légèrement blessé à l'attaque du cap Brun. Mon frère Napoléon avait été envoyé en mission par le général en chef, pour l'approvisionnement des objets d'artillerie de l'armée d'Italie. Il fut mis en réquisition par les représentants du peuple, pour être employé dans son arme à l'armée assiégeante. Il devint bientôt de fait commandant de l'artillerie de l'armée, le général divisionnaire de cette arme, général du Teil (2), ne pouvant plus porter un fardeau trop pesant pour son âge avancé.

La famille Bonaparte à Marseille.

Nous réunîmes à Marseille, où nous étions plus souvent appelés par la nature de notre service, notre famille, qui s'y trouva plus convenablement. Je ne tardai pas à m'y marier. Les représentants du peuple m'y chargèrent de plusieurs missions administratives auxquelles ils attachaient de l'importance. Je quittai l'état-major de Carteaux, et fus appelé à faire provisoirement les fonctions de commissaire des guerres à Marseille jusqu'à la prise de Toulon, moment où elles cessèrent.

Napoléon général de brigade.

Napoléon fut nommé général de brigade d'artillerie. Ses fonctions lui donnèrent des rapports assez intimes avec les représentants du peuple à l'armée d'Italie, surtout avec Gasparin, Salicetti, Robespierre le jeune, Ricord, Thureaux, etc. Il fut chargé par eux, près du sénat de Gênes, d'une mission dont

(1) Voir les états de service de Joseph Bonaparte aux pièces justificatives, n° 7.

(2) C'est ce général du Teil aux enfants duquel Napoléon laissa, par son testament, un legs considérable.

il s'acquitta parfaitement; il usa de son influence pour tempérer la rigueur et retarder l'exécution de la loi qui ordonnait l'éloignement de l'armée des officiers ci-devant nobles. Il conserva ainsi beaucoup d'officiers d'artillerie dont les services sous la république et sous l'empire sont assez connus, Caffarelli, Songis, Marmont, Duroc, et autres.

Après le 9 thermidor, les représentants du peuple qui restaient à l'armée d'Italie crurent se garantir du soupçon d'avoir été liés avec Robespierre le jeune, en livrant aux soupçons des vainqueurs le commandant d'artillerie, dont le crédit sur l'esprit de ce représentant était bien connu. Les scellés furent mis sur ses papiers, et bientôt levés, d'après le rapport du commissaire Dennié, nommé par ces représentants, dont les craintes avaient cessé dès qu'ils eurent connaissance de l'état des esprits à Paris, après le 9 thermidor.

Dans son voyage de Gênes, Napoléon avait vu plusieurs de nos amis, et avait pris avec eux des mesures pour faire réunir dans leurs mains et rentrer dans les nôtres les débris qui avaient été conservés lors du pillage de notre maison en 1793. Nous avions loué une maison de campagne, d'abord près d'Antibes, et depuis, plus près de Nice, où notre mère s'était établie avec ses plus jeunes enfants. Je me réunis à elle, ainsi que ma femme, en attendant le résultat de l'expédition projetée sur la Corse. Je m'embarquai sur le vaisseau amiral, et fus l'objet des plus bienveillantes attentions de la part du

Les Bonaparte près de Nice.

contre-amiral Martin. Sous l'écorce un peu rude d'un marin républicain, cet officier renfermait la meilleure âme que j'aie connue; il poussa la bonté pour moi jusqu'à me céder son lit. Nous rencontrâmes sur les atterrages de la Corse l'escadre de l'amiral Hood, beaucoup plus forte que la nôtre; et nous dûmes rentrer au golfe Juan, après avoir pris une corvette et un brick à l'ennemi.

1794. Napoléon et Aubry.

Napoléon avait été chargé de l'armement de la côte de Provence, mission dont il s'était acquitté à la satisfaction du gouvernement. Il se trouvait alors à Paris. Un capitaine d'artillerie, président du comité militaire de la convention nationale, nommé Aubry, s'était plu à le retirer de son arme, et à le faire passer dans la ligne, avec son grade de général de brigade. Napoléon était en réclamation pour rentrer dans l'artillerie : il n'est pas vrai qu'il ait été destitué et sans place à Paris (1); il conserva toujours son grade et son traitement d'activité : il était porté sur l'état de l'armée de la Vendée, et resta par permission à Paris jusqu'à sa réintégration dans son arme. Ainsi tombent toutes les fables du pain blanc dont le nourrissait Bourrienne, et les autres historiettes fondées sur son dénûment à Paris. Il ne tarda pas à être attaché aux comités de la convention, et à rentrer dans l'artillerie, comme il le désirait.

(1) M. Thiers a été induit en erreur lorsqu'il dit, à la page 360 de son VIIe volume de l'*Histoire de la Révolution,* que Bonaparte, *destitué par Aubry, était au* 13 *vendémiaire en non-activité, et réduit presque à l'indigence.* Les lettres écrites à cette époque à Joseph par Napoléon prouvent le contraire. (Voir la correspondance de 1795.)

Retour des Bonaparte à Marseille; ils attendent dans cette ville qu'ils puissent rentrer en Corse.

Notre famille était rentrée à Marseille. Elle y attendait impatiemment le moment où la fortune de la France lui rouvrirait son pays, occupé alors par les armes de l'Angleterre. Paoli avait été attiré à Londres; et la couronne de la Corse, offerte par une assemblée prétendue nationale, avait été acceptée par le roi de la Grande-Bretagne, qui s'y fit reconnaître par un vice-roi. Le ressentiment des amis de Paoli et des patriotes attachés à la France rendait cet instant propice pour réunir leurs efforts contre le gouvernement que les Anglais venaient d'y établir; mais l'essai que la France venait de faire de ses forces navales dans la Méditerranée n'avait pas été heureux, et l'acharnement du parti réactionnaire avait affaibli et déconcerté l'action du gouvernement, encore aux mains des conventionnels. Ils étaient à cette époque occupés d'une nouvelle constitution; celle qui régissait le pays, ayant été décriée tour à tour par tous les partis, n'était plus propre à le sauver.

1795. Joseph à Gênes.

Ce fut dans ces circonstances que je me rendis à Gênes. J'y vis quelques-uns de nos compatriotes, qui avaient rempli les commissions que leur avait données Napoléon pendant son séjour dans cette ville. Je fus convaincu qu'à l'apparition du drapeau tricolore, la Corse rentrerait d'elle-même dans le giron de la république.

Napoléon était apprécié par les membres les plus influents des partis qui divisaient la convention. Les uns et les autres avaient été répartis près des armées du Midi, des Alpes et d'Italie, et tous se réunissaient dans leur estime et leur bienveillance pour lui : aussi ne cessait-il pas de m'écrire de me rendre à Paris (1). Il voulait absolument que j'employasse en acquisitions territoriales une partie de la fortune de ma femme; je conserve encore quelques-unes de ses lettres, qui prouvent à quel point son âme était bonne et aimante : c'est bien de lui qu'on peut dire que ses grandes pensées venaient de son cœur.

Nous touchions au 13 vendémiaire, la nouvelle m'en arriva à Gênes; j'eus alors la preuve matérielle de la participation de quelques princes aux mouvements réactionnaires qui finirent par ensanglanter plusieurs parties de la France, et par introduire dans les assemblées populaires des agents contre-révolutionnaires, dont le travail, constamment dirigé vers le même but, donna naissance à la journée du 13 vendémiaire, et, quelque temps après, à celle du 18 fructidor. Ces deux journées empêchèrent le succès de la contre-révolution. Louis XVIII, appelé alors le roi de Vérone, où il résidait, avait des agents à Gênes et à Livourne. Les uns et les autres étaient chargés d'indiquer aux commandants des escadres anglaises, dans la Méditerranée, ceux des émigrés français qu'on devait laisser librement rentrer en France, surtout ceux de la classe bourgeoise qui avaient été victimes de la Terreur, et qui servirent la cause des Bourbons jusqu'au 18 brumaire, où ils se rallièrent de bonne foi et

(1) Voir la correspondance de l'année 1795.

furent si utiles aux gouvernements consulaire et impérial. Après le 13 vendémiaire, le général Bonaparte eut le commandement de l'armée de l'intérieur, dont le quartier général était à Paris. Il s'y maria à la veuve du général de Beauharnais, mort pendant la Terreur, après avoir présidé l'assemblée constituante et commandé l'armée du Rhin. Ainsi s'évanouit l'espoir que nous avions eu, ma femme et moi, de voir se réaliser le projet que nous avions formé, quelques années auparavant, pour le mariage de sa sœur cadette avec mon frère Napoléon (1). Le temps et l'éloignement en disposèrent autrement.

Mariage de Napoléon.

J'ai déjà dit que les comités du gouvernement avaient employé près d'eux le général Bonaparte. Il leur avait présenté le plan d'une campagne en Italie, après le mauvais succès du général Scherer. Le Directoire exécutif, qui venait d'être installé, remplaça ce dernier par mon frère, qui se fit annoncer à Gênes, où j'étais encore, par le commissaire ordonnateur Chauvet. Ce jeune homme, d'une grande espérance, notre ami commun, était fils d'un membre distingué de l'assemblée législative. J'eus la douleur de le voir s'éteindre dans mes bras peu de jours après son arrivée à Gênes.

1796. Napoléon en Italie.

Le capitaine Junot, aide de camp du général, vint à cette occasion à Gênes ; nous rejoignîmes le quartier général à Altierga, et j'accompagnai mon frère pendant les premières semaines. Il serait superflu

(1) Cette jeune personne, dont Napoléon fut, dit-on, quelque temps épris, épousa plus tard Bernadotte, et fut reine de Suède.

de répéter ici des détails imprimés cent fois. Après la bataille de Mondovi, le général jugea à propos de consentir à une suspension d'armes, dans l'espérance de détacher entièrement la cour de Turin de l'Autriche. Ce fut à Cherasco, le 5 floréal, qu'il me donna la commission de faire prévaloir, auprès des directeurs, ses raisons pour la paix la plus rapprochée possible, afin d'isoler les Autrichiens en Italie. Il chargea son aide de camp, Junot, de présenter les drapeaux. Nous partîmes dans la même chaise de poste, et arrivâmes à Paris cent vingt heures après notre départ de Nice (1). On se formerait difficilement une idée juste de l'enthousiasme qui animait les populations. Précédés par un courrier, son arrivée était le signal des réunions de ceux à qui la rapidité de notre marche permettait d'arriver jusqu'à nous. A Paris, il ne fut pas moins vif. Les membres du Directoire s'empressèrent à l'envi de nous témoigner leur satisfaction pour l'armée et pour son chef. Le directeur Carnot, à la fin d'un dîner auquel j'assistais chez lui, indigné des sentiments peu bienveillants pour le général Bonaparte que lui prêtaient ses ennemis, déclara, devant vingt convives, qu'ils le calomniaient; et, ouvrant son gilet, il montra le portrait du général qu'il portait sur son cœur, en s'écriant: « Dites à votre frère qu'il est là, « parce que je prévois qu'il sera le sauveur de la

Joseph et Junot envoyés en mission à Paris.

Le Directoire et Carnot.

(1) M. Thiers, dans son *Histoire de la Révolution* (t. VIII, p. 159), dit que ce fut *Murat* qui porta les drapeaux au Directoire; et il semble éviter de prononcer le nom de Joseph, qui cependant était chargé par son frère de la mission la plus importante.

« France, et qu'il faut pour cela qu'il sache bien « qu'il n'a au Directoire que des admirateurs et des « amis. » Effectivement, la suspension d'armes fut approuvée, et je fus l'objet des prévenances les plus empressées de tous les membres du gouvernement. Le citoyen Charles de Lacroix, ministre des affaires étrangères, fut jusqu'à me confier qu'il comptait me proposer pour ministre de la république près de la cour de Turin, dès que la paix serait signée. Je le dissuadai d'un tel entraînement, tout en lui avouant mon désir d'entrer dans la carrière diplomatique, mais sans prétendre d'emblée aux premiers postes. Carnot, alors président, ayant eu connaissance de cet entretien, voulut me marquer son estime en me remettant lui-même mon passe-port pour l'armée d'Italie, signé de sa main.

Avant mon départ, je fis une acquisition territoriale de peu d'importance, dans le département de la Marne.

Joseph à Milan.

Je retournai en Italie avec ma belle-sœur, et nous trouvâmes le quartier général à Milan. C'était peu après le passage du Pô, à Plaisance, et celui du pont de Lodi. En traversant la Savoie, nous fîmes la rencontre d'un jeune militaire qui y avait été blessé. Il nous fit un récit touchant, que je me plus à écrire pendant la nuit que je passai à la Novelaise (1).

La paix avec le saint-siége et avec Naples avait été le fruit des succès de l'armée. Nous occupions aussi

(1) C'est une petite pastorale qui a été imprimée dans le temps, et qui est connue sous le nom de *Moïna*.

une partie de la Toscane, et plus particulièrement Livourne, d'où il importait d'éloigner les Anglais. Ils ne tardèrent pas à sentir la difficulté de continuer à rester maîtres de la Corse. De son côté, le Directoire venait de donner l'ordre au général en chef d'y envoyer des troupes pour hâter leur départ. Nous étions à Modène; le général me communiqua la dépêche du gouvernement; il ne se trouvait pas en mesure d'envoyer des troupes hors de l'Italie, à la veille d'une nouvelle campagne contre les Autrichiens. Il me proposa d'y aller avec quelques centaines de patriotes, et ceux faisant partie de l'armée d'Italie qui préféreraient contribuer à la délivrance de leur patrie. Le Directoire l'autorisait à désigner un commissaire, et il porta son choix sur M. Miot, ministre de France en Toscane, dont il appréciait les talents et le caractère; il était mon ami particulier, et nous ne doutions pas qu'il ne contribuât puissamment au succès, par l'extrême confiance qu'il avait en moi. Le général Gentili, ancien ami de Paoli, réfugié comme nous sur le continent de la France, ayant fait partie avec moi de l'administration départementale en 1792, fut nommé commandant de l'expédition. Nous nous rendîmes à Livourne, et je ne tardai pas à débarquer à Bastia. Le général de brigade Cazalta, les chefs d'escadron Cauro et Bonelli, nous y avaient précédés, et étaient maîtres de quelques points importants dans l'intérieur. Ils avaient distribué des armes, des munitions. Les Anglais s'étaient retirés, et le drapeau tricolore flottait déjà sur la citadelle d'Ajaccio lorsque j'y arrivai.

1796. Joseph en Corse.

Je fus reçu par la plus grande partie de la population, à une lieue hors de la ville. Je descendis à la maison Ornano, que j'habitai jusqu'au moment où la maison paternelle, qui avait été dévastée, fut en état de me recevoir; ce qui exigea quelques semaines. Je ne reconnus aucune trace de mauvais sentiments pour ma famille; tous les habitants, sans nulle exception, s'empressèrent de m'accueillir, et à mon tour je fis mes projets d'organisation, sans consulter d'autre voix que celle du bien public. Le commissaire du Directoire ne tarda pas à arriver, et il sanctionna, sans nulle réserve, toutes les propositions que je lui soumis. Ayant ainsi rempli, selon mon cœur, la mission qui m'avait été donnée par l'amitié fraternelle, et laissant notre pays natal tranquille et heureux de se trouver rendu aux lois de la France, sans secousse, sans persécution d'aucune espèce, je pensai à retourner sur le continent. J'avais fait en Corse un séjour de trois mois. Tous nos compatriotes se retrouvaient bons Français, et tous se réunissaient dans l'admiration qu'ils avaient à l'égard du jeune vainqueur de l'Italie, pour aimer cette France qui avait porté si haut sa renommée.

En passant à Corté, autrefois la capitale de l'île, je logeai dans la maison où j'étais né, et je me chargeai, à la demande de l'ancien ami de mon père, M. Arrighi, de son petit-fils, que j'emmenai avec moi au quartier général de l'armée d'Italie, alors à Léoben, où il fut employé à l'état-major général. Il devint depuis colonel général des dragons de la garde impériale, duc de Padoue, etc.

Nommé ministre à la cour de Parme, je présentai au duc mes lettres de créance (1). Il me manifesta le désir de racheter à un haut prix le tableau du Corregio, le *Saint-Jérome*, qui avait été compris parmi les chefs-d'œuvre que la commission des arts avait choisis pour faire partie du musée du Louvre. Le général Bonaparte, à qui je communiquai la proposition du duc, la repoussa. Le duc de Parme était élève de Condillac; il était instruit, modéré. La duchesse, sœur de Marie-Antoinette, passait pour avoir beaucoup d'influence sur son esprit; elle la partageait toutefois avec les ecclésiastiques dont il était entouré. Un jour, je me trouvais à son palais de Colorno, me promenant dans les jardins avec quelques personnes; je fus surpris de la réplique de l'une d'elles au compliment que je faisais de l'ordre et de la symétrie des bâtiments du château : « Cela « est vrai, mais voyez ceux du couvent voisin; « combien ils dominent ceux de l'habitation du sou« verain ! Malheur au pays où il en est ainsi ! »

Joseph ministre de la France à Parme.

Après les préliminaires de Léoben, le général Bonaparte retourna à Milan, et s'établit pendant quelques mois à Montebello, où je fus le rejoindre. Notre sœur aînée avait été mariée depuis quelques mois à M. Bacciochi, jeune officier distingué sous tous les rapports. C'est, de nos trois sœurs, celle qui, au moral comme au physique, avait le plus de traits de ressemblance avec Napoléon.

Mariage d'Élisa Bonaparte.

Ce fut à Montebello qu'on célébra le mariage de

(1) Pièces justificatives, n° 4.

Mariage de Pauline Bonaparte.

notre seconde sœur, la plus belle des trois, avec le général Leclerc, mort général en chef de l'armée française à Saint-Domingue, où elle l'accompagna (1).

Pendant mon absence de Parme, j'y étais remplacé temporairement par le jeune Permont, qui avait toute ma confiance et qui méritait toute mon amitié. Lorsque je dus partir pour Rome, où j'avais été nommé ministre plénipotentiaire (2), j'obtins du général une mission importante pour M. Permont, qu'il partagea avec le jeune Suchet, frère cadet du maréchal, depuis duc d'Albuféra.

1797. Joseph ministre de France à Rome.

En arrivant à Rome, je présentai au pape Pie VI mes lettres de créance, et les ratifications du traité de paix qui m'avaient été adressées par le gouvernement français, avec l'instruction générale d'en maintenir avec bonne foi les stipulations. Le général Bonaparte était le pacificateur de Rome, et il tenait beaucoup à cette partie de son ouvrage en Italie. Il pensait que la bonne foi était dans l'intérêt français aussi bien que dans l'intérêt papal, puisqu'elle seule pouvait maintenir son ouvrage : ma tâche était donc d'observer, et de m'assurer qu'on voulait à Rome la continuation de la paix avec la république. Le saint-père me parut de bonne foi ; j'eus avec lui plusieurs entretiens particuliers, où ses vœux et ses opinions ne me furent pas voilés. Il voulut bien aider de tout son pouvoir à ramener les esprits éga-

(1) Elle fut connue plus tard sous le titre de princesse Borghèse.
(2) Pièces justificatives, n° 5.

rés des Vendéens à leurs devoirs de Français et de chrétiens ; mais il avait une idée exagérée de ce pouvoir, et il se flattait d'obtenir de la république des concessions au delà de celles qu'on était disposé à lui faire. Le traité de paix renfermait toutes celles qu'on pouvait lui accorder. Le cardinal Doria Pamphili, son secrétaire d'État, était dans les mêmes dispositions. Il n'en était pas ainsi de la majorité du sacré collége. La haine de la révolution française, concentrée, n'attendait qu'une occasion pour se manifester ; elle ne tarda pas à se présenter : le choix d'un général autrichien, pour être placé à la tête des troupes papales, me fournit la preuve du peu de fonds qu'il fallait faire d'un gouvernement où les passions étaient plus écoutées que l'intérêt véritable du pays. Le général autrichien Provera (1), trois fois prisonnier de nos troupes à Cosseria, à la Favorite, à Mantoue, mis à la tête des troupes de Rome, en disait assez, et donnait une force nouvelle aux réclamations, aux accusations des ennemis du gouvernement romain. Je dus me plaindre d'un tel choix, je dus en rendre compte à Paris, à Milan, à Rome même. Les amis de la paix ne purent s'empêcher de manifester leur blâme ; les révolutionnaires se nourrirent d'un nouvel espoir ; ils se flattèrent que la France les appuierait, et, malgré tous mes efforts, ils finirent par croire que les Français victorieux ne se laisseraient pas menacer par cette

1798. Affaire du général Provera.

(1) Voir, à la correspondance, les lettres du général Bonaparte à Joseph, relativement au général Provera, et à la conduite que l'ambassadeur français devait tenir à cette époque à Rome.

aristocratie de prélats; qu'ils voulaient perdre un gouvernement qui pouvait encore se conserver, et qui ne se perdit qu'en s'abandonnant en aveugle à ses passions, sans examiner où elles l'entraînaient.

Les ministres d'Espagne et de Toscane, témoins de l'état des esprits, voulurent en vain porter la conviction dans l'âme des meneurs; le cardinal-secrétaire d'État vit le mal trop tard; abusé par des subalternes, il ne sut que gémir.

J'ai relu la relation que j'envoyai au ministre des affaires extérieures, la nuit même de la mort du général Duphot. Tant d'années écoulées n'offrent pas à ma conscience un seul mot à y changer; aussi je crois ne pouvoir mieux faire que de la retracer ici entièrement, ainsi que la réponse qui me fut faite au nom du Directoire exécutif de la république (1).

Joseph quitte Rome et revient à Paris.

Je trouvai à Paris mon frère Napoléon; il fut contrarié du résultat de mon ambassade, et obligé de conclure que la diplomatie est une science bien incertaine, lorsqu'elle fonde ses aperçus sur les intérêts des peuples et des gouvernements. C'est surtout sur les passions qu'il faudrait calculer; mais les passions échappent aux calculs : aussi je compris alors ce qu'avait voulu me dire autrefois un homme illustre, par ces paroles : « Quiconque parle politique « plus d'une demi-heure ne sait plus ce qu'il dit. » Napoléon revenait du congrès de Rastadt. La paix paraissait consolidée. Il avait été reçu par le public

(1) Voir, à la correspondance, la lettre de Talleyrand et le rapport de Joseph relativement à cette affaire.

avec un vif enthousiasme. Le gouvernement se hâta de lui donner le commandement d'une armée qui se formait sur les côtes, et que l'on nomma *l'armée d'Angleterre*. Il y passa quelques instants. A son retour à Paris, un nouvel incident, survenu à Vienne, avait obligé le général Bernadotte, notre ambassadeur, à quitter cette capitale, et semblait devoir compromettre la tranquillité de l'Europe. Le général Bonaparte fut chargé de s'entendre avec le comte de Cobenzl, plénipotentiaire autrichien à Campo-Formio, et alors chancelier de cour et d'État. Ce nuage momentané fut dissipé par eux.

Joseph au conseil des Cinq-Cents.

Le Directoire m'accorda une longue audience, me témoigna sa satisfaction, et me laissa entrevoir l'ambassade de Berlin comme une mission qu'il me destinait : je le remerciai, et préférai entrer au conseil des Cinq-Cents, dont je venais d'être nommé membre par le collége électoral du département de Liamone (1).

Expédition d'Égypte.

L'expédition d'Égypte était encore un mystère pour le public; le général Bonaparte venait d'en accepter le commandement, à la condition qu'on lui donnerait les moyens qu'il proposerait lui-même pour en assurer la réussite. Nommé membre de l'Institut, il voulut se présenter accompagné par quelques-uns de ses collègues, de savants, de littérateurs, d'artistes, qui pussent inspirer à ses propres soldats et au pays où on allait s'établir une haute et gigantesque idée de son entreprise. On était

(1) Pièces justificatives, n° 6.

en paix avec la Porte Ottomane, et on allait débarquer dans un pays soumis à sa domination, quelque peu profitable qu'elle fût au sultan; les mameluks étaient ses tributaires. On espérait contenter la Porte en faisant tourner à son avantage la destruction des mameluks. Le Directoire devait envoyer à Constantinople un plénipotentiaire revêtu d'une grande autorité et de grands pouvoirs, pour mener à bien une négociation aussi importante. On désignait M. de Talleyrand, ministre des relations extérieures; il devait partir lorsque l'expédition aurait mis à la voile. Toutes les propositions faites au Directoire furent acceptées, et le général fut autorisé à s'entendre avec tous les ministres, qui eurent l'ordre de se conformer en tout à ses demandes. Il s'occupa seul des moindres détails.

Raisons qui décident Napoléon à accepter le commandement de l'expédition d'Égypte.

Mon frère balança beaucoup avant d'accepter; je pus lire facilement dans son âme. « Le Directoire, « me disait-il, me voit ici avec peine, malgré tous « mes efforts pour m'effacer. Ni lui, ni moi, ne pou« vons rien contre la tendance qui paraît se mani« fester pour un gouvernement plus centralisé. *Nos « rêves de république ont été des illusions de jeu« nesse.* Depuis le 9 thermidor, l'instinct républi« cain s'est affaibli tous les jours; le travail des « Bourbons, des étrangers, soutenu par le souvenir « de 93, a réuni contre le système républicain une « majorité imposante. Sans le 13 vendémiaire, sans « le 18 fructidor, elle eût triomphé depuis long« temps; la faiblesse, les dissensions du Directoire « ont fait le reste. Aujourd'hui, c'est sur moi qu'on

« a les yeux; demain, ce sera sur un autre. En at-« tendant que cet autre arrive, s'il doit arriver, « mon intérêt me dit qu'il ne faut pas violenter la « fortune; laissons-lui le champ ouvert. Beaucoup « de personnes espèrent encore dans la république ; « peut-être ont-elles raison. Je pars pour l'Orient, « avec tous les moyens de succès. Si mon pays a « besoin de moi, si le nombre de ceux qui pensent « comme Talleyrand, comme Sieyes, comme Rœde-« rer, s'accroît, que la guerre se rallume, qu'elle « ne soit pas heureuse pour la France, je reviens « plus sûr de l'opinion de la nation. Si, au con-« traire, la guerre est heureuse pour la république, « si un guerrier civil, comme moi, s'élève et réunit « autour de lui les vœux populaires, eh bien! je « rendrai peut-être encore plus de services au monde, « en Orient, que lui! Je ruinerai probablement la « domination anglaise, et arriverai plus sûrement « à la paix maritime que par les démonstrations que « fait le Directoire sur les côtes de la Manche. Le « système de la France doit devenir celui de l'Eu-« rope, pour être durable. Voyons donc bien évi-« demment ce qu'elle veut. Tu sais que je fais tou-« jours mon thème en divers modes : je veux ce que « veut la nation; je ne sais pas en conscience ce « qu'elle veut aujourd'hui, nous en saurons davan-« tage un jour; jusque-là, étudions sa volonté et « ses besoins : je ne veux pas m'exposer à rien « usurper, je trouverai au pis-aller de la gloire en « Orient; et si elle peut être utile à mon pays, je « reviendrai avec elle. Alors je tâcherai d'assurer

« la stabilité du bonheur de la France, en assurant, « s'il est possible, celui de l'Europe par la paix ma« ritime, et en répandant nos principes libéraux dans « les États qui nous avoisinent, dont notre exemple « pourrait finir par faire des amis, s'ils profitaient « de l'expérience de nos malheurs. »

Telle était la manière de penser du général Boparte; il ne mettait pas son bonheur dans le pouvoir : il voulait mériter beaucoup de son pays et de la postérité par ses actions, et conformer sa vie à ses devoirs, sûr que c'était par la gloire seule qu'il pouvait arriver à la postérité la plus reculée.

Le gros de l'expédition mit à la voile, de Toulon, le 19 mai 1798. Elle rallia dans les eaux de Malte les convois de Civita-Vecchia.

La conquête de Malte fut célébrée dans les deux conseils. J'étais entré dans celui des Cinq-Cents, où je me proposais de rester en observation jusqu'à ce que j'en connusse bien l'esprit. Il m'importait de ne donner aucun ombrage au Directoire, qui tenait encore dans ses mains le succès de l'expédition, par les démarches qu'il devait faire à Constantinople et les secours qu'il pouvait envoyer en Égypte. Déjà la ville d'Alexandrie était tombée en notre pouvoir, et le général en chef, en ayant laissé le commandement au général Kléber, retenu par une blessure qu'il avait reçue à la prise de cette ville, était entré au Caire après la victoire des Pyramides, lorsque la flotte anglaise, de retour sur les côtes d'Alexandrie, y trouva encore notre flotte, et remporta une victoire signalée, qui devint si funeste à nos armes.

Lucien au conseil des Cinq-Cents.

Mon frère Lucien, encore dans la première jeunesse, venait d'entrer au conseil des Cinq-Cents. N'ayant pas entendu Napoléon avant son embarquement, il n'était pas aussi persuadé que moi de la nécessité absolue de rester en bon accord avec le Directoire; aussi ne cacha-t-il pas toujours le blâme que méritait la conduite des directeurs. Ceux-ci ne craignirent pas, dans une réunion générale des membres des deux conseils, de s'exprimer, par l'organe du législateur Garat, sur le général Bonaparte d'une manière tellement inconvenante, que je ne pus retenir mon indignation : elle fut, au reste, partagée par la grande majorité. Ce fut à la bibliothèque qu'eut lieu cette scène, et je me rappelle avec reconnaissance la part qu'y prit le citoyen Camus : il était le conservateur des archives et de la bibliothèque du corps législatif, aux Tuileries. Le mouvement du 30 prairial fit entrer au Directoire le citoyen Gohier, et le général Moulin, commandant en chef l'armée de la Vendée. Ce général, fort ami du général Leclerc, son chef d'état-major et mon beau-frère, me fit proposer, par le nouveau directeur Gohier, de le porter au ministère de la guerre. Leclerc refusa, observant que l'âge et les services du général Bernadotte le désignaient bien mieux pour cette place importante, qui lui fut accordée par le Directoire. Je ne rapporte ce fait que pour démentir les assertions contenues dans les Mémoires du citoyen Gohier, président du Directoire, où il est représenté comme ennemi de notre famille. Je puis assurer qu'à cette époque il n'en était pas ainsi : ce fut lui qui m'envoya son secrétaire m'annoncer au milieu de la nuit, dans la campagne où j'étais, à Morfontaine, à dix-huit milles de Paris, le débarquement du général Bonaparte à Fréjus. La date de ses Mémoires explique les calomnies qu'ils renferment.

1799. Les revers de nos armées en Italie; les dissensions déclarées entre le Directoire et les deux conseils; les mesures législatives, telles que l'emprunt forcé, la loi des ôtages, la déclaration des dangers de la patrie, avaient légitimé l'ouverture des clubs : celui du Manége, établi à Paris, appelait les citoyens à se sauver eux-mêmes, tant le gouvernement inspirait peu de confiance. Je me rappelle, dans un dîner donné au jardin de l'hôtel Biron, auquel assistaient les membres des deux conseils, avoir entendu porter le toast *à la résurrection des piques!* et exprimer le vœu de convier le peuple à un repas spartiate dans les Tuileries et les Champs-Élysées. Ceux qui ne partageaient pas ces opinions pensaient aux généraux à qui on pourrait confier le salut de la république. Il était question du général Joubert, lorsqu'on apprit sa mort et la défaite de son armée, sous le commandement de Moreau.

Sieyes. Revers en Italie. On regrette Napoléon.

Sieyes était de retour de son ambassade de Prusse; il avait été porté au Directoire, mais il ne tarda pas à désespérer du salut public, n'ayant pas longtemps conservé la majorité. Tous, à cette époque, regrettaient l'éloignement du général Bonaparte, et le rappelaient de tous leurs vœux : les victoires de Masséna n'avaient pas suffi à rétablir les affaires publiques. Ce fut dans ces circonstances que j'expédiai en Égypte un Grec, Bourbaki, père de deux enfants élevés au prytanée de Paris. Le général Bonaparte, arrêté à Saint-Jean d'Acre, faute de grosse artillerie que notre infériorité maritime depuis l'affaire d'Aboukir ne permit pas de lui procurer, ne pouvait plus penser à de nouvelles conquêtes en Orient, et dut s'occuper de la conservation de l'Égypte, où il retourna. Au conseil des Cinq-Cents, je m'étais plus particulièrement lié avec Cabanis, Jean de Bry, Andrieux : lors de l'arrivée du général à Paris, je les lui menai, rue de la Victoire. Tous les partis avaient les yeux sur lui; et qui ne l'a pas approché à cette époque, ne peut se faire une idée exacte du mouvement spontané qui le portait au pouvoir. J'étais alors sorti du conseil, et notre frère Lucien venait d'être porté à la présidence. Nous avions soutenu au Directoire Sieyes ; il s'était prononcé contre le club du Manége, devenu le centre des mécontents. Le général Bernadotte, après être sorti du ministère, favorisa de toute son influence la nouvelle société populaire; le général Augereau et même le général Jourdan, l'un et l'autre membres du conseil des Cinq-Cents, lui prêtèrent aussi leur appui, ainsi qu'un grand nombre de leurs collègues.

Retour de Napoléon en France.

Le directeur Sieyes, ainsi que la majorité du conseil des Anciens, s'était déclaré contre le nouveau club ; le général Moreau partageait leur antipathie,

Moreau.

ainsi que le général Leclerc; ce fut par lui que Moreau me fit proposer de le mener chez le général Bonaparte : « Fatigué, lui dit-il, du joug des avocats « qui perdent la république, je viens vous offrir mon « appui pour la sauver. » Le général Bonaparte entra dans des développements politiques sur la situation de la France et de l'Europe, que le général Moreau interrompit par ces propres mots : « Leclerc « et votre frère, ci-présent, doivent vous avoir parlé « du désir que j'ai d'unir mes efforts aux vôtres « pour sauver l'État; j'ai la conviction que vous « seul en avez le pouvoir : disposez de mes aides de « camp et des officiers qui ont servi sous moi, et « qui se trouvent aujourd'hui dans Paris. » Napoléon voulut répliquer; mais la conversation fut terminée par le général Moreau, qui se retira avec moi. Le salon de la petite maison de la rue de la Victoire était déjà encombré par les personnes qui s'y trouvaient réunies (1); le général Macdonald était du nombre : les généraux Jourdan et Augereau avaient eu des pourparlers avec Salicetti, du conseil des Cinq-Cents; ils comptaient sur la majorité et sur le général Bernadotte. Ils voulaient faire un mouvement purement militaire. Chacun d'eux reconnaissait bien la suprématie du général Bonaparte, mais ils voulaient faire partie du gouvernement : ce que mon frère refusait d'admettre, car il ne voyait de salut que dans la sagesse du conseil des

(1) Le petit hôtel du général Bonaparte, dans la rue de la Victoire, existe encore aujourd'hui tel qu'il se trouvait alors, mais en mauvais état.

Anciens et dans l'énergie de celui des Cinq-Cents, à l'exclusion des chefs militaires. Ces derniers eussent ôté à la révolution qui se préparait le caractère civil qu'il importait avant tout de lui conserver, puisque c'étaient les magistrats, les législateurs, les hommes de l'ordre civil qui la désiraient le plus vivement, et qui la demandaient à grands cris.

Je vis donc dans le jour M. Cabanis, qui était encore aux Cinq-Cents, où je l'avais connu intimement lié avec le directeur Sieyes, chez qui nous devions dîner le lendemain. Il le prépara à ma visite, et après le dîner Sieyes nous dit à l'un et à l'autre : « Je veux marcher avec le général Bonaparte, parce « que, de tous les militaires, c'est encore le plus « civil ; cependant je sais ce qui m'attend : après le « succès, le général, laissant en arrière ses deux « collègues, fera le mouvement que je fais. » Passant alors précipitamment derrière Cabanis et entre nous, qui fûmes acculés à la cheminée par l'effet de ses deux bras qui nous rejetaient en arrière, il se trouva au milieu du salon, au grand étonnement de ceux de ses convives qui étaient moins familiarisés avec sa brusque vivacité provençale. Napoléon, à qui je racontai la scène, en rit beaucoup, et s'écria : « Vivent les gens d'esprit ! j'en augure bien. » Il me dit à cette occasion : « L'un de mes amis (je crois « que ce fut Rœderer), lui rappelant que c'était moi « qui le premier avais salué la France de grande « nation, Sieyes répliqua sur-le-champ : « Oui, mais « avant lui nous avions fait la nation à la constituante. »

Talleyrand, Rœderer, Volney, le Coulteux, et presque tous les constituants qui se trouvaient alors à Paris, entouraient le général Bonaparte, et le pressaient vivement de ne pas se laisser prévenir par les hommes du Manége.

Bernadotte. Le général Bernadotte avait épousé une sœur de ma femme; j'avais appuyé cette union, j'étais devenu le parrain de son fils, et étais assez lié avec lui pour qu'il dût lier ses intérêts avec ceux de mon frère, sous qui il avait servi en Italie; mais, d'un autre côté, il était ennemi de Sieyes, et lié avec les membres les plus ardents du Manége et des Cinq-Cents. Cependant le 18 brumaire, avant cinq heures du matin, il était chez moi; il me proposa de m'accompagner chez mon frère. Arrivés au bout de l'étroite allée qui donne dans la cour, déjà encombrée par les trente-six adjudants-majors de la garde nationale et par d'autres militaires, il me quitta brusquement en me disant : « Je vais ailleurs, où peut-« être je suis destiné à vous sauver, car vous ne « réussirez pas; au pis aller, je trouverai toujours « en vous un frère et un ami; » et il disparut. La nuit précédente, il y avait eu une réunion d'un grand nombre de membres du conseil des Cinq-Cents, où l'on s'était promis une résistance décidée aux projets de réforme du conseil des Anciens, qui

Jourdan, Augereau. n'étaient plus un mystère; Jourdan, Bernadotte, Augereau étaient, parmi les généraux, ceux sur lesquels ils comptaient le plus. Toutes les relations du temps ont rendu compte de la démarche du général Bonaparte, et de la réponse de celui-ci dans la ma-

tinée du 18 aux Tuileries ; ainsi je n'en parlerai pas. 18 brumaire.
Dans la journée du lendemain 19, à Saint-Cloud, je me trouvais seul avec mon frère dans son cabinet, lorsque Augereau se présenta avec l'air du plus amical intérêt, en lui annonçant que des furieux proposaient de le mettre hors la loi, comme ayant accepté des Anciens un mandat inconstitutionnel, auquel il importait à ses amis qu'il renonçât. Napoléon me dit à voix basse : « C'est bien là « Augereau, il vient me sonder. » Et se tournant vers lui : « Augereau, lui dit-il, nous nous connais« sons depuis longtemps ; va dire à tes amis : Le vin « est tiré, il faut le boire. » Et laissant là Augereau interdit, il s'élança au conseil des Anciens, où je le suivis. Les journaux ont rendu compte de cette séance ainsi que de celle des Cinq-Cents, et de la réunion qui eut lieu dans la nuit où furent proclamés les trois consuls. Sieyes, Roger-Ducos et Talleyrand se tinrent, pendant la crise qui eut lieu aux Cinq-Cents, dans une voiture en dehors de la grille de la cour. Après le discours du président Lucien, et la sortie des membres des Cinq-Cents de leur salle, je sentis la nécessité d'arrêter le mouvement irréfléchi qui les entraînait pêle-mêle, amis et ennemis, avec les conspirateurs de la nuit précédente. J'en fis l'observation au général Bonaparte, qui, occupé d'autres soins, me chargea d'en parler à Sieyes et aux présidents des deux conseils, pour qu'ils avisassent aux moyens de légaliser le mouvement dans les phases imprévues qu'il avait eues : c'est ce que je fis, et ce sont les seuls souvenirs dont je me rende

compte, que je n'aie pas lus dans les relations du temps.

Je crois avoir dit que je n'étais plus membre du conseil des Cinq-Cents. Quelques jours après, je m'occupai avec succès, auprès de mon frère, à faire rayer de la liste des déportations, dont on s'occupait, les noms de Jourdan, de Salicetti et de Bernadotte. Je fus d'abord nommé membre du corps législatif, et peu après du conseil d'État : je refusai positivement d'entrer au ministère. J'avais acquis depuis quelque temps une très-belle propriété aux environs de Paris, dont je m'occupais beaucoup. Ma femme n'aurait pas désiré plus que moi d'abandonner un genre de vie qui nous convenait sous tous les rapports. Sentant cependant la nécessité de me rendre de quelque utilité à mon pays et à mon frère, je promis de sacrifier toujours les douceurs de la vie domestique, et celles du séjour de la campagne, à ce que je croirais être de mon devoir, en acceptant les missions pour lesquelles je pourrais être utile, en me dérobant toutefois à une charge aussi pesante que celle d'un ministère, qui m'occuperait tout entier. Mon frère Lucien, plus jeune que moi de huit années, plein de l'ardeur et de l'activité de son âge, accepta le ministère de l'intérieur.

1800. Consulat. Le premier consul s'occupa d'abord à préparer les moyens de vaincre les ennemis extérieurs : pour cela, il fallut songer à s'affermir en étouffant les espérances des chefs des diverses factions ; il fallut se donner pour collègues des hommes de mérite, mais positifs dans leurs opinions. Cambacérès et

Lebrun lui parurent, parmi les candidats qui s'offraient, ceux qu'il devait préférer : l'un et l'autre avaient été membres de deux grandes assemblées; l'un et l'autre étaient conservateurs par leurs opinions et leurs caractères. Sieyes, Rœderer, étaient trop spéculatifs et s'étaient fait trop d'ennemis, l'un par son gouvernement, l'autre par les diatribes qui couraient à cette époque pour la part qu'il avait eue à la journée du 10 août. Talleyrand avait erré trop longtemps dans l'émigration; Fouché était connu d'une façon terrible par sa conduite à Nantes et à Lyon. L'un et l'autre ont laissé longtemps de trop funestes opinions dans l'esprit de Napoléon, qui, aux premiers temps du consulat, s'était plu à les regarder comme des enseignes sous lesquelles les hommes des partis extrêmes de la révolution trouvaient abri et protection : « Quel est le révolu-« tionnaire, disait-il, qui n'aura pas confiance dans « un ordre de choses où Fouché sera ministre? Quel « est le gentilhomme, s'il est resté Français, qui « n'espérera pas trouver à vivre dans un pays où « un Périgord, l'ancien évêque d'Autun, sera au « pouvoir? L'un garde ma gauche, et l'autre ma « droite, etc. J'entends que mon gouvernement « réunisse tous les Français. C'est une grande route « où tous peuvent aboutir; la fin de la révolution « ne peut résulter que du concours de tous, et « ces divers partis ne peuvent être contenus et de-« venir inoffensifs les uns aux autres que par *une « clef de voûte assez forte pour ne céder à aucun « effort*. Je l'ai dit, il y a bien des années, avant 93 :

Politique de Napoléon.

« La révolution ne finira que par le retour des émi-
« grés, des prêtres, tous assujettis, contenus par « un bras de fer né dans la révolution, nourri dans « les opinions du siècle, et fort, par l'assentiment « national qu'il aura su deviner. »

Influence de Joseph.

A cette époque de notre histoire, je crois avoir rendu quelques services. Tout était égal à Napoléon, pourvu que son gouvernement fût l'expression de la volonté éclairée de la nation : sa grande affaire était donc de la connaître. Ayant eu de tous les temps la plus grande confiance dans mon affection fraternelle, j'étais plus propre que tout autre à l'éclairer, puisque j'étais resté en dehors de l'administration active de son gouvernement. Je voyais beaucoup de monde à la ville et à la campagne, et, libre de tous détails, je me faisais une étude suivie d'observer et de deviner quels étaient véritablement les vœux et les désirs des diverses classes de la société. Combien de fois n'ai-je pas été consulté sur une mesure d'administration ou de législation, pour savoir quelle était l'opinion de telle personne de bon sens, de telle classe de la société, à Paris, à Lyon, à Marseille! Aussi la police anglaise m'avait désigné, à cette époque, par la dénomination de *l'Influent* (1).

(1) Joseph aimait à profiter de cette *influence* pour rendre service. Voici une lettre que lui écrivait à cette époque M. de Montalivet, père de celui qui existe encore aujourd'hui :

« Le 16 ventôse an VII (6 mars 1799).

« Ce n'est pas moi seul que vous rendez à la vie; mes larmes de bonheur viennent de se confondre avec celles d'une mère qui vous

La veille du jour où le premier consul se décida à quitter le palais du Luxembourg pour s'établir aux Tuileries, on lui proposait d'en fermer le jardin au public; je m'opposai fortement à cette mesure impopulaire, et on y renonça. La nouvelle de la mort de Washington venait d'arriver; le premier consul voulut que l'armée française prît le deuil, et témoignât ainsi son admiration pour ce grand homme. Il nomma une commission pour s'entendre avec les trois commissaires américains, à l'effet de rétablir la bonne harmonie entre les deux peuples : M. de Fleurieu, ancien ministre de la marine, M. Rœderer, conseiller d'État, la composèrent avec moi. Notre négociation se trouvait entravée faute de pouvoirs suffisants. Le premier consul venait de partir pour l'armée de réserve avec laquelle il franchit le grand Saint-Bernard. Napoléon au palais des Tuileries.

Le fort de Bar tenait encore lorsque j'entrai en Italie : ce fut à Milan, immédiatement après la ba- Campagne de 1800.

devra peut-être de ne pas mourir d'anxiété. Elle vous a écrit ce matin. Oh! soyez béni à jamais pour ces consolantes nouvelles! Et vous avez pensé à moi... à moi qui n'osais plus aller vous chercher, vous voir; qui tremblais de ne recueillir qu'une plus affreuse certitude de toutes mes démarches... Si vous saviez quelle amitié m'unit à celui que j'eusse pleuré toute ma vie!... Pardonnez au désordre de ce que j'écris; mon cœur est celui d'un homme qui passe de l'excès du malheur au retour de tout bien.

« Vous le permettez, n'est-ce pas? votre lettre ira demain aux sœurs de notre ami; elles vous devront aussi tout ce que je vous dois... Vous le permettez aussi? j'irai vous remercier; vous remercier, ce mot ne dit rien : j'irai me réjouir avec vous, être heureux avec vous. J'irai vous dire, vous répéter que je ne saurais oublier, de ma vie, le sentiment de bonheur que j'éprouve et que je vous dois... »

taille de Marengo, que je rejoignis le premier consul; il adhéra aux propositions que je lui fis de la part de la commission. Les ministres américains voulurent à leur tour faire expliquer leur gouvernement; aussi la conclusion de cette négociation n'eut lieu que longtemps après.

Je fis une course jusqu'aux îles Borromées avec le général Victor et le général Lannes, depuis si fameux sous le nom de duc de Montebello : je me rappelle de ce dernier un trait qui sert à faire connaître la susceptibilité des guerriers républicains de ces temps héroïques, où l'intérêt matériel n'était rien, et où l'exaltation de l'âme était tout. Impatienté des discours de l'hôtesse, qui vantait sans cesse la générosité des généraux autrichiens qui nous avaient précédés chez elle, Lannes sort, et revient ayant à la main son chapeau rempli de souverains d'or, qu'il renverse sur la table en disant à l'hôtesse : « Vous en ont-ils jamais donné autant, « vos Autrichiens? Nous vous condamnons à ramasser ces souverains, et à les distribuer aux « pauvres. »

Trait du général Lannes.

Le 20 pluviôse (an IX de la république), fut signé à Lunéville le traité de ce nom, entre la France et l'Autriche. M. le comte Louis de Cobenzl eut les pouvoirs de l'Autriche; il était chancelier de cour et d'État, d'un commerce agréable, s'exprimait très-bien en français, ayant été élevé en France. Il avait longtemps résidé près de l'impératrice Catherine, dont il aimait à parler; avait signé le traité de Campo-Formio : son père avait longtemps habité

1801. Traité de Lunéville, 9 février.

la Belgique, où il exerçait un emploi important.

J'étais à Lunéville lorsque l'attentat du 3 nivôse (24 décembre) eut lieu à Paris.

Dans le cours de la négociation, j'eus le bonheur d'obtenir la cession de Mantoue, qui, par l'armistice conclu en Italie, était restée aux Autrichiens (1).

Peu de temps après mon retour de Lunéville, je fus chargé de traiter avec les envoyés du saint-siége pour le rétablissement de la paix religieuse. M. Cretet, ministre de l'intérieur, et l'abbé Bernier, depuis évêque d'Orléans, remplirent la même commission. Les cardinaux Consalvi, Spina, et le père Caselli, depuis évêque de Parme, facilitèrent, autant que nous pouvions l'espérer, la négociation. Je conserve encore des notes manuscrites de Napoléon, qui prouvent à quel point il avait à cœur les intérêts des prêtres constitutionnels, qui ne furent pas abandonnés par nous.

Concordat.

Le concordat fut signé à deux heures du matin, dans l'hôtel que j'occupais rue du Faubourg Saint-Honoré : à la même heure, je devenais père d'un

(1) A ce sujet, Moreau écrivit à Joseph la curieuse lettre que voici :

« Quartier général de Saltzbourg, le 12 pluviôse an IX de la république, une et indivisible.

« *Le général en chef Moreau au ministre plénipotentiaire de la république française à Lunéville.*

« Citoyen ministre, j'ai reçu votre lettre du 6 de ce mois, et la copie de l'armistice que vous avez conclu avec M. de Cobenzl. Recevez mon compliment pour la manière dont vous avez assiégé et pris Mantoue, sans quitter Lunéville. »

troisième enfant, dont la naissance fut saluée par les plénipotentiaires de deux grandes puissances, et la prospérité prédite par les envoyés du vicaire du Christ. Leurs vœux n'ont pas été exaucés : veuve à trente ans, séparée de son père, proscrite comme tout le reste de sa famille, il ne lui reste que la consolation de n'avoir pas mérité ses malheurs (1).

1802. Congrès d'Amiens.

Peu de mois après, je fus chargé de traiter avec le marquis de Cornwallis, plénipotentiaire du gouvernement britannique, de la paix maritime. Les préliminaires en avaient été arrêtés à Londres. Lord Cornwallis, arrivé à Paris, avait été très-convenablement accueilli par le premier consul; je lui donnai un dîner auquel j'invitai quelques Anglais de distinction qui déjà étaient arrivés à Paris, et les Français que je crus bon de lui faire connaître. Je me rappelle qu'au sortir de table, il me dit : « Je sais « que M. de la Fayette est de vos amis ; j'aurais été « bien aise de le revoir ici. Je ne me plains pas, « au reste, de votre réserve diplomatique : je sup- « pose que vous n'avez pas voulu me réunir ici avec « le général de Georgetown. Je vous remercie de « l'intention que je vous prête; mais j'espère, quand « nous nous connaîtrons mieux, que nous bannirons « toute réserve, et n'agirons pas en diplomates, « mais en gens qui veulent sincèrement remplir le « vœu de leur gouvernement, en arrivant promp- « tement à une paix solide. D'ailleurs, M. de la « Fayette est de ces hommes que nous devons ai-

(1) Elle épousa dans la suite le fils aîné du roi Louis, qui était frère de l'empereur actuel.

« mer ; et, lors de sa captivité, je me présentai à « l'Empereur pour réclamer sa liberté, que je n'ai « pas eu le bonheur d'obtenir. Nous autres Anglais, « nous ne connaissons que deux espèces d'hommes, « bons ou mauvais : M. de la Fayette est des nôtres. « Si vous connaissiez M. Pitt, vous m'en parleriez « ainsi ; je ne vous parlerai pas ainsi de tels et tels « personnages anglais qui n'ont que du talent, de « ce qui s'achète, etc. »

On mit beaucoup d'importance aux affaires étrangères, à de fastidieuses recherches pour rédiger mes instructions ; les formes, l'étiquette n'étaient pas oubliées. Le plénipotentiaire anglais était parti avant moi de Paris : chemin faisant, nous lûmes le paquet des affaires étrangères : j'avais dans ma voiture M. Dupuis, secrétaire de la légation française, MM. de Jaucourt, Girardin, qui étaient alors de mes amis. La voiture, arrêtée dans la cour de l'hôtel qui m'avait été destiné par la municipalité d'Amiens, où nous venions d'arriver, la première personne qui me reconnut, ce fut lord Cornwallis lui-même, qui me donna la main, en me disant : « J'espère que c'est ainsi que vous en agirez avec « moi, et que toute notre étiquette ne retardera pas « d'une heure la conclusion de la paix ; elle sera hâ- « tée par la bonne foi et la franchise : ce n'est pas « moi que mon gouvernement eût choisi, s'il n'avait « l'intention de rendre la tranquillité au monde. Le « premier consul, en choisissant son frère, a prouvé « aussi la sincérité de ses intentions : ainsi, c'est à « nous à faire le reste. »

Lord Cornwallis.

Le chevalier d'Azara, ambassadeur d'Espagne, à Paris, le même que j'avais connu à Rome, quelques années auparavant; M. Schimmelpennicnk, depuis grand pensionnaire de Hollande, longtemps ambassadeur à Paris, ne tardèrent pas à arriver. Dans les premiers jours de notre réunion, le ministre anglais me dit qu'il savait que, mes instructions portant de regarder comme condition *sine qua non* celle qui n'admettait aucune balance pour les frais de l'entretien des prisonniers, elle aurait été favorable à son gouvernement de plus de 50 millions, mais que cette difficulté serait aplanie; qu'il fallait s'occuper des autres articles. A la fin de la négociation, le cabinet anglais, voulant retarder encore la conclusion, prescrivit à son ministre d'exiger la balance en question : mais celui-ci se montra inflexible; sa parole était engagée, disait-il; elle vaut mieux que quelques millions. Et le traité fut signé le 25 janvier 1802.

Il devait revenir à Paris; mais, le soir même de la signature, il vint me trouver au spectacle, me fit ses adieux en me disant qu'il importait au succès de notre négociation qu'il arrivât le plus tôt possible à Londres pour conjurer l'orage qui se préparait contre elle. Nous nous quittâmes ainsi, en nous embrassant en public. Il partit sur-le-champ, et moi le lendemain. Lorsque j'arrivai à Paris, le premier consul était à l'Opéra; il me fit entrer dans sa loge, me présenta au public, en lui annonçant la conclusion de la paix. On devine aisément ce qui se passait dans mon cœur, et même dans le sien; car il était aussi tendre ami, aussi bon frère, qu'il était homme prodigieux et grand souverain (1). Ces mo-

(1) Les trois lettres suivantes (deux de M. de Talleyrand, la troisième de madame de Staël) feront comprendre l'importance attachée par le gouvernement et par la France entière à la paix avec la Grande-Bretagne, et quel service Joseph rendit comme négociateur au congrès d'Amiens.

« Je n'ai rien appris, mon cher Joseph, depuis que je vous ai quitté. Mandez-moi, je vous prie, si vous savez quelque chose. Votre destinée sera-t-elle assez heureuse pour que vous ayez pu conserver à votre frère la paix, qui est aujourd'hui le seul objet de crainte de ses ennemis?

« Je vous embrasse et vous aime. Je crois que cette affaire-ci me tuera, si elle ne finit pas comme nous le désirons.

« Un mot, je vous prie.

« TALLEYRAND.

« Meudon, 25 . . . . an XI (1802). »

Cette lettre originale est toute de la main de M. de Talleyrand, ainsi que la suivante :

« Mon cher Joseph, le citoyen Dupuis vient d'arriver; il a été reçu du premier consul comme devait l'être le porteur d'une aussi bonne, aussi grande, aussi glorieuse nouvelle que celle dont vous l'avez chargé (la signature du traité d'Amiens). *Votre frère est parfaitement content.* — Je n'ai pas besoin de vous dire que personne n'est plus sensible que moi à *l'éclat* que cet événement vous donne. Le premier consul va nommer ce soir le citoyen Dupuis conseiller d'État; vous lui saurez gré de cet acte de bienveillance et de justice, qui honore doublement le citoyen Dupuis, en ce qu'il est une digne récompense de ses services et une marque de déférence à votre recommandation.

« Je vous prie de remettre à lord Cornwallis la lettre que je lui écris pour l'engager à venir passer quelques jours à Paris. — Avez-vous expédié un courrier à Otto?

« Mille amitiés. TALLEYRAND.

« *P. S.* Dites à madame Dupuis que son mari est conseiller d'État. »

« Copet, 9 octobre.

« La paix de l'Angleterre est la joie du monde; la mienne à moi,

ments devaient être achetés par bien des années de tourments, de persécutions, par l'exil et la calomnie ! ! ! Mais la conscience est là, que peut-on contre elle? *E pur si muove!* Quel noble caractère que celui de lord Cornwallis! Je lui propose un jour de nous réunir pour obliger les puissances barbaresques à renoncer au système de piraterie contre les petites puissances de la Méditerranée; il y consent, et va demander l'autorisation à son gouvernement. Je me félicite de la pensée que j'ai, et l'exprime dans une

Projet de Joseph relativement aux puissances barbaresques.

c'est que ce soit vous qui la fassiez, et que vous ayez chaque année une nouvelle occasion de vous faire aimer et remarquer de toute la nation. Vous avez terminé la plus importante négociation de l'histoire de France. Cette gloire sera sans mélange. Un assentiment universel vous attend ; les conditions seront excellentes; le fussent-elles moins, cette paix aura tant d'influence sur la prospérité intérieure de la France, qu'elle vous donne mille occasions de développer votre sagesse et votre esprit, puisque, les bases arrêtées, il vous reste tant d'intérêts de commerce à traiter, que vous aurez bien plus d'éclat encore par cette paix que par celle de Lunéville.

« Pardonnez-moi de m'occuper de votre éclat personnel dans cet événement immense; je m'accoutume par degrés à ne voir les plus grandes nouvelles que dans leurs rapports avec vous, et je me trouve assez bien de concentrer ainsi mon esprit dans mes affections. Je pense avec délices à tout ce que nous dirons de vous cet hiver.

« Le premier consul doit être bien heureux; vous le servez aussi pendant votre carrière, et votre excellente bonté associera tous les cœurs à vos succès.

» Adieu : partez pour la plus grande, la plus brillante circonstance de votre vie; soyez béni par l'amitié, dont les vœux valent bien ceux du ... (*illisible*). — Je vous souhaite la gloire, et à moi votre amitié; dans ce partage encore, je serai plus heureuse que vous.

« Stael.

« Présentez, je vous prie, mes hommages à madame Julie; je la félicite, et je suis bien aise qu'elle jouisse de ce nom de pacificateur qui vous sera si généralement donné. »

lettre confidentielle à mon frère ; il me répond : « Modérez votre joie. Cornwallis a du cœur, et vous « aussi ; mais le parti de Sylla n'en a jamais eu. « Vous ne réussirez pas, et Cornwallis sera blâmé ; « ici nous vous approuverions tous ! » Napoléon n'avait que trop raison. Cette haute opinion que je lui donnais alors de ce seigneur anglais lui a peut-être été bien funeste dans sa détermination d'aller en Angleterre en 1815 ! Il supposait plus de caractères semblables à celui de lord Cornwallis dans la haute aristocratie anglaise. Je me rappelle aussi que Jean-Jacques, qu'il aimait passionnément dans notre adolescence, avait tracé dans son *Héloïse*, de lord Édouard, un modèle du beau idéal. Longues années après, lorsque le général Paoli, qui avait longtemps vécu à Londres, voulait nous dissuader de rentrer sur le continent de la France en 1792 et 1793, il avait coutume de nous faire un pompeux éloge de quelques grands seigneurs anglais de la chambre haute, dont il exaltait le noble et généreux caractère, en les comparant à quelques meneurs de la convention nationale qui souvent dominaient l'assemblée. J'ai soupçonné ces diverses circonstances d'avoir aidé à faire prendre à Napoléon le parti dont il a si cruellement expié l'erreur jusqu'à son dernier soupir.

Acte de médiation.

L'acte de médiation rendu par le premier consul pacifia la Suisse. Il voulut rétablir les rapports qui avaient existé autrefois entre ce pays et la France, et me proposa la charge de colonel général des Suisses au service de France ; je déclinai cet honneur, en lui proposant un choix plus convenable, celui du général Lannes; ce qui eut lieu.

Couronne de Lombardie.

Quelque temps avant d'accepter cette couronne pour lui-même, Napoléon me proposa de la placer sur ma tête, à la condition de payer à la France un subside annuel de 30 millions, qui eussent été consacrés à l'entretien d'une armée de trente mille hommes. M. Melzi vint aussi m'en parler à Morfontaine. A mon retour à Paris (c'était un dimanche), aux Tuileries, l'archichancelier m'en parla comme d'une chose convenue, qui lui avait donné quelque peine; mais enfin qu'il était parvenu à déterrer l'original de la renonciation qu'on avait exigée de Philippe V, et qu'il l'apportait à l'empereur. Celui-ci, sortant dans ce moment de son cabinet, me parla du projet de la Lombardie. Éclairé par l'indiscrétion de Cambacérès, je me montrai récalcitrant, appuyé sur ce que je croyais être de mon devoir, en restant exclusivement enchaîné à la France; d'autant plus que, le vote populaire ne s'étant porté que sur moi et sur notre frère Louis, dont la santé était assez chancelante, je ne pensai pas qu'il fût convenable d'éluder le vœu populaire; car enfin, sans héritiers, il n'y a pas d'hérédité. Napoléon soupçonna l'indiscrétion de Cambacérès; il prit la couronne pour lui-même, ne me conserva aucune rancune pour mon refus; et depuis, à Naples comme en Espagne, il proposa toujours de me laisser avec la France les rapports que lui-même, les autorités, et près de *quatre* millions de Français, m'avaient donnés (1).

(1) La renonciation aux droits de succession éventuelle à la cou-

Avant la signature du traité d'Amiens, l'expédition de Saint-Domingue avait mis à la voile; elle était commandée par le général Leclerc, qui emmena avec lui sa femme, notre sœur Pauline : elle y fut témoin de la mort de son mari, et arriva à Paris avec les germes de la maladie qu'elle avait contractée à Saint-Domingue. Je l'accueillis dans ma maison du faubourg Saint-Honoré, où elle ne tarda pas à éprouver un autre malheur, celui de la mort de son fils unique. Elle est morte depuis dans l'exil,

ronne de France ne fut pas le seul motif du noble refus du prince Joseph d'accepter la couronne de Lombardie. Dans la supposition même où l'empereur Napoléon n'aurait pas insisté sur cette renonciation, le prince Joseph, dans les vues d'une saine politique, et surtout dans l'intérêt des peuples qu'il était appelé à gouverner, n'aurait vraisemblablement accepté cette couronne qu'avec des conditions que Napoléon ne paraissait pas disposé à accorder.

1° Le subside exigé de la Lombardie, soit en argent, soit par l'entretien des 30,000 hommes de troupes françaises, paraissait au prince trop onéreux pour le pays, en raison de ses finances. L'occupation militaire indéfinie démentait trop évidemment la promesse d'émanciper la nation et de séparer les deux couronnes.

2° Le prince Joseph pensait, avec le comte de Melzi, que, pour donner à ce nouvel État le poids et la considération nécessaires, et pour y développer l'industrie en lui ouvrant les sources d'une prospérité durable, il était indispensable de lui concéder un littoral et des ports sur les deux mers; d'incorporer à ce royaume les États de Gênes et de Venise. L'étendue de son commercé, la formation de sa marine pouvaient seules en faire une puissance de second ordre, un utile allié, une digue assez forte pour contenir l'ambition et la cupidité de la maison d'Autriche. Privé de ces moyens, ne pouvant y créer un intérêt national et assurer son indépendance, le roi de Lombardie, comme le disait fort bien le prince Joseph, n'était plus guère qu'un préfet, un commissaire impérial.

En appréciant ces motifs, en les rapprochant des circonstances, on ne peut qu'admirer la généreuse résolution et le noble caractère de Joseph. D.

femme du prince Borghèse, après avoir montré pour son frère Napoléon, en partageant son exil à l'île d'Elbe, le même dévouement héroïque qu'elle avait montré à son mari dans les dangers de la mer, et ceux qu'une population furieuse et barbare présentait, dans son exaltation, contre une race ennemie.

A la fin de cette année, la Russie et la Turquie avaient fait aussi leur paix avec la France.

Le consulat à vie avait été proclamé, ainsi que le sénatus-consulte organique de la constitution de l'an VIII.

Convention de Paris, signée à Morfontaine le 30 septembre 1800.

Le 8 vendémiaire an IX, fut signée la convention entre les plénipotentiaires américains et français, à ma terre de Morfontaine, département de l'Oise. Les trois consuls, les ministres de la république et les ministres étrangers s'y rendirent, ainsi que les citoyens américains qui se trouvaient en France. Deux de nos illustres concitoyens, autrefois hôtes de l'Amérique libre, MM. de la Fayette et de la Rochefoucauld-Liancourt, voulurent bien m'aider à faire les honneurs d'une fête célébrée en réjouissance de la concorde rétablie entre les deux plus grandes républiques des deux mondes. Tous les beaux-arts concoururent à la rendre digne de son objet; et aujourd'hui, depuis que tant de vicissitudes m'ont amené, moi aussi, aux États-Unis, il m'est souvent arrivé de trouver, dans mes voyages au fond des forêts de l'Amérique, des gravures de Piranesi, représentant la fête de la paix américaine. MM. Elworth, Murray et Davis étaient les plénipotentiaires des États-Unis d'Amérique.

Le premier consul voulut que je me rendisse au camp de Boulogne pour y prendre le commandement du 4e régiment de ligne, l'un des plus renommés de l'armée d'Italie. Déjà l'opinion se montrait inquiète des conspirations dont elle soupçonnait l'existence contre la vie du premier consul ; et celui-ci, ayant toute confiance dans mon affection fraternelle et dans la connaissance parfaite qu'il avait de mon caractère, et dans les opinions et les instincts de toute ma vie, n'eût pas craint de m'avoir pour successeur; mais il voulait que je fusse militaire (1). J'avais alors près de quarante ans; j'avais toute ma vie exercé des fonctions civiles, excepté quelques mois, durant la première campagne d'Italie. J'eus quelque répugnance à devenir colonel ; mais, arrivé au camp, je ne m'y trouvai pas déplacé ; je mis l'importance convenable aux détails de service que j'avais plus besoin d'apprendre que les vieux colonels, dont l'expérience et la réputation étaient faites. Le premier consul passa quelque temps au camp. Je ne tardai pas à le suivre à Paris, où l'attendait l'effet des machinations toujours renaissantes des ennemis intérieurs et extérieurs de la révolution française. Le général Pichegru venait de donner à ces menées contre-révolutionnaires l'autorité de son nom. Cadoudal, chef des assassins débarqués dans la Vendée, venait d'être arrêté au milieu de Paris, où déjà, sous sa conduite, se trouvaient réunis près de quatre cents assassins. Le général Pichegru avait

1804. Camp de Boulogne.

Conspirations.

(1) Pièces justificatives, n° 7.

aussi été arrêté. On connaît les détails de ces événements; je ne dois dire que ce qui est à ma connaissance personnelle : je parlerai d'abord de Pichegru. Le lendemain de sa mort, au matin, je me trouvais dans le cabinet du premier consul, occupé à chercher quelques papiers dans plusieurs cartons que je posais sur une table placée devant un canapé sur lequel j'étais assis, ayant en face la table sur laquelle écrivait Napoléon, et à ma gauche la grande fenêtre donnant sur le jardin des Tuileries. C'est dans l'encoignure de cette fenêtre que venait de se placer Napoléon. On annonça l'arrivée de Savary qui entra, et qui fit assez haut le rapport de la mort volontaire de Pichegru. Cet événement avait eu lieu pendant la nuit, comme il fut rapporté par les journaux du temps : personne n'avait intérêt à dérober Pichegru aux investigations des tribunaux que .... et Moreau, dont la connivence n'était pas encore connue. Lorsque Moreau fut arrêté (1), sa femme m'écrivit, implorant

(1) Voici, à propos de cette arrestation, une lettre curieuse du colonel Horace Sébastiani à Joseph :

« Amiens, le 7 ventôse an XII.

« Je viens d'avoir une conférence avec le citoyen Quinette, préfet de ce département; son attachement pour le gouvernement et pour votre personne vous est connu, et, dans cette circonstance, il vous a donné par sa conduite une preuve non équivoque. Il arrive d'Abbeville, où il a pris des renseignements sur la correspondance qui y a été saisie, et qui a rapport à la conspiration Moreau. Cette correspondance, dont une partie est chiffrée, mais dont on a le chiffre, prouve évidemment que les ennemis ont des agents affiliés dans le conseil d'État, dans tous les ministères, et même dans la maison du premier consul; qu'ils rendent compte de tout ce qui s'y fait ou doit s'y

mon assistance : je fis ce que je pus pour répondre à sa confiance et adoucir le sort du prisonnier. Sa maison lui fut payée par le premier consul quatre cent mille francs, et sa terre de Grosbois plus d'un million : l'une fut donnée au général Berthier, et l'autre au général Bernadotte.

La catastrophe du duc d'Enghien exige de moi des détails trop honorables pour la mémoire de Napoléon, pour que je les passe sous silence. Lors de l'arrivée du duc d'Enghien à Vincennes, j'étais à ma terre de Morfontaine. Je fus mandé à la Malmaison. A peine arrivé dans la cour, Joséphine vint à ma rencontre, tout émue, m'annoncer l'événement du jour. Napoléon avait consulté Cambacérès et Berthier, qui étaient favorables au prisonnier; mais elle redoutait beaucoup l'influence de Talleyrand, qui avait déjà fait plusieurs fois le tour du parc avec Napoléon. « Votre frère vous a demandé « plusieurs fois, me dit-elle; hâtez-vous de rompre « ce trop long entretien : *ce boiteux me fait trem-* « *bler.* » Arrivé à la porte du salon, le premier consul

Le duc d'Enghien.

faire. Le chef de cette correspondance est si bien informé, que, le jour même de l'arrestation de Moreau, il écrivait à son correspondant : *Une imprudence a failli tout découvrir; Moreau est arrêté; son frère doit faire demain une sortie véhémente au tribunat.*

« Le citoyen Quinette écrit que la partie chiffrée de cette correspondance doit contenir le plan entier de la conspiration; qu'on devrait la confier à des mains sûres, et la mettre sous les yeux du premier consul lui-même. Il ne s'agit pas dans ce moment d'un grand coupable traduit en jugement, mais du chef d'un parti nombreux et riche : s'il est acquitté, son parti triomphera, et aura toute la force que donne une grande victoire. Voilà les réflexions de celui qui d'ailleurs mourra pour le premier consul et pour vous, avec joie.

« Horace SÉBASTIANI. »

congédia M. de Talleyrand, et m'appela. Il me montra son étonnement de l'extrême diversité d'opinion des deux dernières personnes qu'il avait consultées, et me demanda la mienne. Je lui rappelai ses principes politiques, qui voulaient qu'étranger à toutes les factions, il les dominât toutes, ce qu'il avait appelé *rester la clef de la voûte*. Je lui rappelai la circonstance de son entrée dans l'artillerie, par suite de l'encouragement que m'avait donné le prince de Condé d'embrasser la carrière militaire, lors de sa visite, en 1783, au collége d'Autun, par où il passa pour aller à Dijon tenir les états de Bourgogne, dont il était gouverneur. Je savais encore par cœur le refrain de la pièce de vers composée par l'abbé Simon, notre principal. Qui nous eût dit alors que nous aurions à discuter sur le sort du petit-fils du prince? Voici le quatrain :

Condé! quel nom! l'univers le vénère,
A ce pays il est cher à jamais;
Mars l'honore pendant la guerre,
Et Minerve pendant la paix!!

La paupière de Napoléon se mouilla; il me dit, avec un mouvement nerveux qui accompagnait toujours chez lui une généreuse pensée : « Sa grâce « est dans mon cœur, puisque je puis faire grâce. « Mais ce n'est pas assez pour moi; je veux que le « petit-fils du grand Condé serve dans nos armées : « je me sens assez fort pour cela. »

Je retournai à Morfontaine, dans cette croyance. On y était déjà à table : je me plaçai à côté de madame de Staël, qui avait à sa gauche M. Mathieu de Montmorency. Madame de Staël, à l'assurance que je lui donnai de l'intention du premier consul de faire grâce à un descendant du grand Condé, répliqua par ce propos de femme : « Ah ! tant mieux ! « S'il en était autrement, nous ne verrions plus ici « Mathieu. » M. de C... B..., qui n'avait pas émigré, me dit, au contraire : « Sera-t-il donc permis aux « Bourbons de conspirer impunément ? Le premier « consul est trompé s'il pense que la noblesse qui « n'a pas émigré, et surtout la *noblesse historique*, « prenne un grand intérêt aux Bourbons : comment « ont-ils traité Biron, et mon aïeul, et tant d'au- « tres ? » Et appelant à haute voix, « Tonnerre ! « Tonnerre ! » il prit à témoin de la vérité de ses assertions M. de Clermont-Tonnerre, qui était un de mes convives, ainsi que MM. Rœderer, Fréville, de Girardin (Stanislas), de Jaucourt, Bouchard, etc.

Le lendemain, à mon retour à la Malmaison, je trouvai Napoléon furieux contre le comte Réal, dont il accusait les intentions, se reprochant d'avoir employé dans son gouvernement quelques hommes trop compromis dans les plus grands excès de la révolution. Le duc d'Enghien avait été condamné et exécuté *avant même que l'avis de son jugement lui fût arrivé*.

Réal. La vérité sur la mort du prince.

Il lui semblait que Réal avait manqué à son devoir, pour ne suivre que ses passions révolutionnaires ; mais, à la longue, il fut convaincu de l'innocence de Réal, et de l'étrange fatalité qui le fit paraître un instant coupable à ses yeux. Cependant, prenant empire sur lui-même, il me dit : « Encore une oc-

« casion manquée : il eût été beau d'avoir pour « aide de camp le petit-fils du grand Condé! Mais « qu'il n'en soit plus question, le coup est irremé-« diable. Oui, j'étais assez fort pour faire servir « dans nos armées un descendant du grand Condé!!! « Il faut se consoler de tout. Sans doute, si j'eusse « été assassiné par les agents de la famille, il se fût « le premier montré en France les armes à la main. « Il faut supporter la responsabilité de l'événement : « le rejeter sur d'autres, même avec vérité, ressem-« blerait trop à une lâcheté pour que je veuille « m'en laisser soupçonner... »

Napoléon a tenu le même langage à Sainte-Hélène, et même dans son testament. Il m'a exprimé souvent ses regrets par ces belles tirades de Corneille, qu'il semblait adresser à ceux qui, comme Réal, lui avaient enlevé l'occasion de faire connaître au monde tout ce qu'il y avait de beau et de généreux dans cette grande âme :

Votre zèle était faux, si seul il redoutait
Ce que le monde entier à pleins vœux souhaitait,
Et s'il vous a donné ces craintes trop subtiles,
Qui m'ôtent tout le fruit de nos guerres civiles,
Où l'honneur seul m'engage, et que, pour terminer,
Je ne veux que celui de vaincre et pardonner;
Où mes plus dangereux et plus grands adversaires,
Sitôt qu'ils sont vaincus, ne sont plus que mes frères;
Et mon ambition ne va qu'à les forcer,
Ayant dompté leur haine, à vivre et m'embrasser.

Napoléon n'a jamais brillé d'un plus grand éclat que dans cette triste et calamiteuse circonstance.

Je n'ai su que quelques années après, aux États-

Unis, par M. le comte Réal lui-même, les détails de ce qui s'était passé lors de la mort du duc d'Enghien. Ce fut à New-York, en 1825, à Washington-Hall, où nous nous trouvions pour un arrangement avec M. le Ray de Chaumont, grand propriétaire des terres dont faisaient partie celles qu'il nous avait vendues à moi et à M. Réal, que celui-ci nous apprit comment une simple impatience de sa part avait prévenu bien involontairement l'effet des bonnes dispositions dont le premier consul m'avait entretenu en faveur du duc d'Enghien.

L'un des quatre conseillers d'État chargés de la police de la France, M. le comte Réal avait dans son arrondissement Paris et Vincennes : ce fut à lui qu'arriva, dans la nuit, la dépêche contenant l'avis de la condamnation du prince. Le commis de la police, veillant dans le cabinet qui précédait sa chambre, l'avait déjà réveillé deux fois pour des raisons de peu d'importance, ce qui avait impatienté M. Réal. La troisième dépêche fut déposée sur sa cheminée, et ne frappa ses yeux qu'au jour très-avancé. L'ayant ouverte, il se hâta de se rendre à la Malmaison, où il avait été prévenu par un officier de gendarmerie porteur de l'avis de la condamnation et de son exécution; la commission ayant jugé qu'il n'y avait pas de grâce à espérer, puisque le gouvernement gardait le silence. Je ne m'étendrai pas sur les regrets, l'impatience, l'indignation de Napoléon.

Tel est le récit de M. le comte Réal lui-même; il l'a répété à ma terre de Pointe-Breeze, devant

MM. James Carret, Charles et Henri Lallemand, le capitaine Sari, le juge Hopkinson, Duponceau, Félix Lacoste, Tancrède père, Peugnet frères, officiers d'artillerie, m'assurant qu'il comptait ne rien laisser ignorer au public dans les Mémoires qu'il doit publier sur la conspiration de Georges, de Pichegru, de Moreau, dont les pièces originales étaient entre ses mains.

M. le comte Réal est mort : il faut espérer que madame la comtesse Lacuée, sa fille et son unique héritière, ne tardera pas à acquitter la promesse de son père par la publication de ses Mémoires.

Distribution des croix au camp de Boulogne.

J'étais au camp de Boulogne lors du recensement des votes qui fondaient la dynastie impériale; ils furent présentés à l'empereur par le sénat, présidé par l'archichancelier Cambacérès. La première distribution des aigles eut aussi lieu aux Invalides, en mon absence; mais, en juillet 1804, l'empereur se rendit au camp de Boulogne, où eut lieu la grande distribution des décorations du nouvel ordre, près de l'emplacement où a été depuis élevée la grande colonne qu'on y voit, non loin de la tour d'ordre où avait été bâtie la barraque de l'empereur.

En retournant au camp de droite, occupé par la division Vandamme, dont le quatrième régiment faisait partie, avec les nombreux convives qui devaient dîner dans une barraque que j'avais fait élever près de la mienne, nous fûmes témoins d'un petit combat entre quelques bâtiments anglais et les chaloupes canonnières, qui, contrariées par le temps, avaient beaucoup de peine à reprendre leur poste.

Le ministre de la marine, duc Decrès, était avec moi; il poussa son cheval dans l'eau, pour veiller de plus près à quelques ordres qu'il avait donnés; tout ce qui était présent en fit autant. Bientôt les colonnes d'infanterie arrivèrent, et, à force de bras, les canonnières furent ramenées à leur place, et les bâtiments anglais éloignés par l'artillerie et le vent, qui soufflait avec violence.

Les troupes, campées depuis longtemps au bord de la mer, s'étaient plus d'une fois exercées aux évolutions d'embarquement, qu'elles exécutaient avec beaucoup de promptitude en présence de l'empereur; et nous nous attendions à un prochain départ, lorsque les nouvelles de la rentrée de l'escadre de l'amiral Villeneuve au Ferrol, où elle était bloquée par l'ennemi, fit mal présumer de l'issue des savantes combinaisons de l'empereur. Elles devaient ramener dans la Manche à cette époque les diverses escadres françaises et alliées, envoyées dans les mers les plus lointaines pour tromper la vigilance de l'ennemi; elles devaient nous rendre maîtres de la mer assez longtemps pour effectuer le débarquement des armées françaises dans la Grande-Bretagne. Ces craintes ne tardèrent pas à se réaliser, et les troupes reçurent bientôt l'ordre de marcher en Allemagne, où les Autrichiens avaient commencé les hostilités en entrant en Bavière, et en chassant de ses États le souverain, notre allié.

Les ordres de l'empereur me ramenèrent à Paris, où je fus chargé des fonctions les plus importantes.

Joseph à Paris. Campagne d'Allemagne.

Ce fut durant cette campagne célèbre, qui se termina par la bataille d'Austerlitz, qu'eut lieu la crise financière de la banque de France, dont le peuple de Paris fut fort alarmé. Le général Lannes arriva, porteur de la nouvelle de la victoire d'Austerlitz, au moment où j'allais aux Français avec ma famille. Je le menai avec nous dans ma loge, d'où il fut témoin des transports d'allégresse publique, dont il put rendre compte à l'empereur à son retour au quartier général.

Banque de France.

1806. Départ de Joseph pour l'Italie. Il prend le commandement de l'armée destinée à conquérir le royaume de Naples.

Je ne tardai pas à recevoir l'ordre d'aller prendre le commandement de l'armée d'Italie, destinée à l'expédition de Naples, où se trouvaient réunies aux forces du roi Ferdinand quelques troupes russes et anglaises. Je partis immédiatement, et me rendis à Rome, où je trouvai le maréchal Masséna. Nous étions liés d'amitié depuis la première campagne d'Italie, et il me sembla que mon arrivée ne lui était pas importune : le général Gouvion Saint-Cyr et le général Lecchi étaient sous ses ordres. L'armée avait de grands besoins en tous genres. Elle se composait de près de quarante mille hommes. Le général César Berthier avait été nommé chef de l'état-major général; le général Lamarque était sous-chef.

J'eus une audience du pape, dont j'eus lieu d'être satisfait. Sa Sainteté m'assura avoir donné les ordres nécessaires afin qu'on fît pour l'armée tout ce que les circonstances permettraient. De mon côté, je l'assurai de mes efforts journaliers pour que ni ses magistrats, ni ses peuples, n'eussent à se plaindre de notre passage : j'affirme avec satisfaction que ces promesses mutuelles ont été tenues.

J'étais encore dans les États du saint-siége à Albano, lorsque je fus instruit de l'arrivée du duc de San-Theodoro, envoyé auprès de moi : il ne put arrêter ma marche. Mes ordres précis m'empêchaient d'écouter aucune proposition ; mais j'offris des passeports pour Paris, où on pourrait négocier. Il m'apprit que le roi et la reine s'étaient embarqués pour la Sicile, laissant le pouvoir de traiter et d'administrer au prince héréditaire. Masséna commandait le corps du centre; Lecchi, le corps de gauche; et Saint-Cyr, celui de droite.

A Capoue, nous apprîmes que le duc de la Catholica s'était enfermé, avec huit mille hommes, dans la citadelle, qu'il ne pouvait rendre sans ordre de la régence. Cette régence, qui était composée du prince d'Aragon, du chef de la justice Cianciulli, et du duc de Campo-Chiaro, envoya des plénipotentiaires, avec lesquels fut arrêtée la reddition de la capitale, où des troubles sérieux avaient eu lieu depuis le départ du roi. La populace s'était mise en mouvement; et tous les efforts de la garde civique, commandée par les principaux citoyens, pouvaient à peine empêcher les désordres qu'on redoutait de plus en plus, à tous les moments. Le prince héréditaire avait quitté la ville avec les troupes de ligne, se dirigeant sur les Calabres à la suite des Russes et des Anglais, qui les y avaient précédés. Les troupes de Capoue se rendirent; il n'en fut pas de même de celles qui étaient renfermées dans Gaëte, sous le commandement du prince de Hesse-Philipstadt. Le capitaine Lami, aide de camp du général Grigny, fut tué d'un coup parti des remparts au moment où il s'en approchait, trompé par l'assurance donnée par les plénipotentiaires, que le commandant de Gaëte savait que cette place était comprise dans le traité.

Entrée des Français à Naples.

Le général de division Partouneaux entra à Naples avec sa division la veille du jour où je me rendis moi-même au palais royal, où je trouvai les trois membres de la régence : on avait démeublé entièrement les appartements, on en avait même arraché les chambranles et les cheminées. Je voulus toutefois m'y établir; j'avais été reçu plutôt comme un libérateur qu'en ennemi; les divers partis se redoutaient mutuellement, et j'étais disposé à voir tout comme je sentais moi-même. Aussi, frappé de l'air de franchise et de dignité que j'observai dans l'un des membres de la commission de régence, je me hasardai à le lui dire, et à lui demander ce qu'ils comptaient faire. Il me répondit que les deux autres membres de la régence comptaient rejoindre la cour; quant à lui, n'ayant dû sa nomination à la régence qu'au poste qu'il occupait, et qu'il faut de la justice à tous les gouvernements, et particulièrement aux gouvernements nouveaux, il ne quitterait pas ses foyers, si je le trouvais bon; et que, prévenu aussi en ma faveur, il était à ma disposition comme un homme de bien doit se mettre à la disposition du vainqueur, si sa conviction lui dit qu'il veut le bien, et qu'il cherche le moyen de le faire, etc. Je lui demandai quel était l'homme de loi le plus respecté à Naples, le plus propre à être secrétaire d'État, c'est-à-dire à contre-signer les actes du gouvernement. Il me nomma Ricciardi (don Ciccio).

Masséna arriva sur ces entrefaites avec une liste de noms propres à remplir les places, qui lui avait été donnée par les marchands et autres Français établis dans la ville. Je le priai de s'occuper du placement des troupes, et de me laisser ce soin; et cependant de demander ce qu'on pensait de *don Ciccio Ricciardi.* Il fut bientôt de retour. «C'est l'homme du peuple,» me dit-il. J'envoyai querir l'homme du peuple, qui était aussi celui de la régence de Ferdinand; je lui annonçai sa nomination, qu'il accepta. Les deux premiers Napolitains que j'ai connus sont aussi ceux que j'ai le plus estimés pendant mon règne. Je confiai la police aux hommes qu'ils m'indiquèrent; et quoique ces gens eussent la confiance de l'ancien gouvernement, je n'ai jamais eu qu'à m'en louer. Heureux qui succède à un vieux gouvernement entaché de toutes les erreurs des siècles passés, si cet homme se présente avec le désir du bien et les opinions des sages du siècle présent!

Je n'avais pas alors quarante ans : à cet âge, on est confiant et facile à être ému. Suivi d'un seul aide de camp, le colonel Bruyère, je sors par une porte dérobée du palais. Sans être observés, nous parcourons la ville; nous arrivons au *Môle,* où nous voyons la population entassée. Nous nous mêlons aux groupes; parlant l'un et l'autre l'italien, nous finissons par être reconnus; et cette foule, qu'on croyait ennemie, juge de mes sentiments par notre confiance. Elle s'ouvre devant nous, et nous accompagne jusqu'au palais en faisant éclater des transports de joie, et heureuse d'être si bien jugée. Elle me laissa le même contentement.

Ici s'arrête, malheureusement, le curieux fragment historique rédigé par le roi Joseph. Lorsqu'il l'écrivait, en 1830, l'empereur Napoléon était mort sur le rocher de Sainte-Hélène. Il répugnait à son beau caractère d'entamer le récit des événements sur l'Espagne. Ce prince avait été loin d'approuver la conduite politique de son frère en ce qui touche à cette guerre malheureuse. Après avoir hésité longtemps, il résolut de laisser à un autre le soin de classer et de publier les matériaux nécessaires à l'histoire de ces grands événements. Il lui semblait qu'en montrant son désaccord sur beaucoup de points avec l'homme qu'il avait le plus aimé au monde, avec un homme descendu dans la tombe à la suite de malheurs inouïs, il aurait fait une action répréhensible.

C'est à cet excès de délicatesse, à cette susceptibilité de sentiments élevés, qu'on doit attribuer le silence de Joseph sur le reste de sa vie politique.

Heureusement les documents qu'il a laissés en mourant à l'aîné de ses petits-fils, sa correspondance, qui fait connaître d'une part la beauté de son caractère, et de l'autre la hauteur des vues de Napoléon, ne seront pas perdus pour l'histoire de cette époque gigantesque.

PIÈCES JUSTIFICATIVES

DU FRAGMENT HISTORIQUE.

(N° 1.)

La généalogie suivante indique l'origine et la filiation de la famille Bonaparte.

Buonaparte ou *Bonaparte*, indifféremment écrit dans les mêmes documents et en parlant de la même personne; cette dernière version a été adoptée par Napoléon lorsque son nom commença à acquérir de la célébrité. Il se conforma au reste, ainsi que la famille, à la décision du conseil supérieur de la Corse, par les lettres patentes du 13 septembre 1771, portant reconnaissance de l'acte par lequel la famille Bonaparte de Florence, l'une des plus anciennes de la Toscane, déclare qu'elle a la même origine que celle de Charles Bonaparte, lequel l'a écrit ainsi, afin que la prononciation française exprimât le même son que la prononciation italienne. L'on sait que l'*u* des Italiens équivalant à l'*ou* des Français, en prononçant *Bonaparte*, un Français dit ce nom comme un Italien, soit qu'il lise *Bonaparte* ou *Buonaparte*. Ceci est applicable à tous les noms italiens qui ont acquis de la célébrité en France, tels que *Buonarotti* ou *Bonarotti*, *Buonconpagni* ou *Bonconpagni*, etc., etc.

Bonaparte, exilé de Florence comme gibelin, *ob nimiam potestatem* (voir le livre *del Chioda*). 1120.

Curado Bonaparte, chevalier de l'Éperon d'or. 1170.

1210. Jacques Bonaparte, chevalier de l'Éperon d'or.

1250. Bonaparte, syndic d'Ascoli, est nommé commissaire pour recevoir la soumission de Monte-Gallo.

1272. Nordius Bonaparte est podestat de Parme.

1279. Bonsemblant Bonaparte, son père, est nommé plénipotentiaire pour faire la paix entre Trévise et Padoue.

1285. Pierre Bonaparte est podestat de Padoue. Il détruit la tyrannie des princes Caminesi sur sa patrie. Il est chevalier de la Vierge glorieuse.

1296. Jean Bonaparte est nommé commissaire pour négocier la paix avec Carrare.

1314. Jean Bonaparte est ambassadeur du gouvernement de la Marche.

1333. Jean Bonaparte est nommé podestat de Florence.

1404. Jean Bonaparte est nommé plénipotentiaire pour négocier avec Gabriel Visconti, duc de Milan; il épouse la nièce du pape Nicolas V.

1440. César Bonaparte est élu chef des anciens de la ville de Sarzanne.

1454. Nicolas Bonaparte est ambassadeur du pape Nicolas V près diverses cours; il est vice-gérant pour le saint-siége à Ascoli.

1527. Jacques Bonaparte écrit l'histoire du sac de Rome.

1567. Gabriel Bonaparte s'établit à Ajaccio; il fait élever des tours contre les Barbaresques, et obtient des concessions de la république.

1571. Jérôme Bonaparte est élu chef des anciens, et député pour la ville d'Ajaccio auprès du sénat de Gênes.

1614. François Bonaparte est élu capitaine de la ville et l'un des anciens.

1648. Sébastien, Charles, Joseph, Sébastien, Joseph Bonaparte sont nommés successivement chefs des anciens de la ville d'Ajaccio, depuis 1648 jusqu'en 1760.

Charles, fils de l'un d'eux, né en 1740 à Ajaccio, mort à Montpellier en 1785, a été plusieurs fois membre de la commission intermédiaire des états de Corse, et député par cette assemblée à la cour en 1777 ; il conduisit au collége d'Autun ses fils, Joseph Napoléon, né en 1768, et Napoléon, né le 15 août 1769 : il obtint pour celui-ci une place à l'École militaire de Brienne, d'où il fut envoyé à celle de Paris, et en sortit lieutenant d'artillerie en 1786.

L'on sait que la municipalité de Trévise s'empressa de présenter à l'empereur Napoléon, à son passage par cette ville, un recueil d'anciens diplômes constatant l'existence distinguée de ses ancêtres dans cette ville; il remercia les magistrats, en leur disant : « Dans ce monde chacun est le fils de ses œuvres : mes titres, je « les tiens du peuple français. »

(N° 2.)

DISCOURS DE JOSEPH BONAPARTE,

DÉPUTÉ DU DISTRICT D'AJACCIO, EN CORSE,

Prononcé à la clôture de l'assemblée d'Orezza (1791).

« MESSIEURS,

« Parcourez les annales de notre histoire, et vous n'y trouverez pas une époque aussi heureuse que l'époque actuelle.

« A combien de travaux inutiles se livrèrent nos aïeux pour atteindre l'état politique qui fait aujourd'hui notre bonheur ! La même fatalité qui nous accabla pendant tant de siècles nous fait enfin triompher.

« Presque toujours opprimés, mais toujours animés du feu vivace de la liberté, toujours résistant à l'oppression, nous sûmes, avec nos propres chaînes, forger le fer vengeur. Nos intervalles de liberté nous coûtèrent tant de sang, que les douceurs d'une constitution populaire ne suffiront jamais pour réparer les blessures que nous avions dû supporter avant de l'obtenir ; d'ailleurs, l'état d'une partie de notre île n'était pas l'état de l'autre : vaincu dans l'intérieur, le despotisme trouvait encore un asile dans les places maritimes, d'où s'élevant par intervalles, plus furieux par ses défaites, il traînait après lui la désolation et la mort ; les montagnes qui nous entourent, cette terre que nous foulons ne furent que trop souvent baignées du sang de nos ancêtres.

« Sinoncello, Arrigo de la Rocca, Sambuccio, Saint-Pierre d'Ornano de Bastelica, Vincentello d'Istria, André Cioccaldi, Louis Giafferi, Giacinto, Paoli, Pierre Gaffori, et les autres grands hommes de notre patrie, n'osèrent pas même concevoir l'espérance d'un gouvernement tel que celui dont nous jouissons. Notre liberté n'est pas incertaine et précaire, elle ne dépend plus d'un caprice d'une favorite, ni des intrigues d'une cour ; elle est unie par des nœuds indissolubles avec la liberté du plus puissant empire d'Europe, et, pour surcroît d'avantages, le moment de notre réunion à cet empire est précisément celui de sa propre régénération.

« Une révolution prédite par les publicistes, devenue nécessaire par le progrès des lumières, par la fermeté des représentants de la nation et par la magnanimité d'un roi citoyen, nous assure enfin une liberté solide et permanente comme la constitution qui la crée, comme les lois de la nature qui lui servent de bases.

« Entre l'ancien régime, frappé du mépris universel, et notre nouvel état politique, la transition était sujette à ces désordres que les grandes secousses amènent inévitablement ; le jeu des passions privées, l'avidité de l'intérêt personnel opposé à l'intérêt public, sont les obstacles qui s'opposent toujours au rétablissement de l'ordre.

« Dans ces intervalles de crise où tous les liens sociaux se relâchent, l'égoïsme lève la tête, et, à la faveur des circonstances, il cherche à s'assurer le droit de se faire justice de ses propres mains : c'est alors que l'esprit de parti se réveille, et menace de tout bouleverser.

« Les inégalités sociales, moins saillantes dans notre île, n'ont pas amené d'aussi tristes discordes, et l'intérêt de tous se trouve heureusement d'accord avec l'intérêt de chacun. Des privilèges fondés sur l'abaissement du plus grand nombre ne s'opposent pas chez nous au mouvement révolutionnaire. Comment l'aristocratie aurait-elle pu s'enraciner sur un sol où l'amour de la patrie et le niveau du despotisme se sont unis pour empêcher l'élévation des familles qui auraient pu en imposer au despotisme et à la liberté ?

« Nous avons une raison de plus pour conserver scrupuleusement le bon ordre dans la crise imposante de ce grand empire qui se régénère ; pour cela, nous devons tous nous serrer en frères, et marcher tous unis dans la route de la liberté.

« Soumis depuis longtemps à une république italienne, dont la faiblesse et l'injustice ne nous donnèrent aucune garantie, l'esprit de parti ainsi que les tribunaux de famille ont dû nécessairement s'élever, se fortifier parmi nous ; à défaut de la loi, la justice domestique a pu seule nous rejeter en partie dans la condition primitive des sociétés; sans jouir des avantages de cette organisation imparfaite, nous en éprouvâmes tous les inconvénients.

« Pascal Paoli nous délivra de cette anarchie; son gouvernement fut tel, qu'il servit en partie de modèle à la nouvelle constitution française, comme l'a observé le célèbre comte de Mirabeau; les noms magiques de patrie et de liberté embrasèrent alors toutes les âmes; l'esprit public suspendit l'esprit de faction; une force nationale s'organisa, les propriétés furent respectées; et sans doute la réforme morale de nos mœurs eût été accomplie à cette époque, si les intrigues et les embûches d'un ministre trop connu n'avaient pas arrêté la révolution politique, qui faisait de notre île le refuge de la liberté, exilée du continent.

« La pire des administrations, l'administration aristocratique de quelques étrangers éloignés du centre du pouvoir, remplaça malheureusement notre gouvernement; et bientôt le patriotisme et la patrie ne furent plus que des mots vides de sens, comme ils l'étaient naguère en France.

« Le mépris prodigué aux nationaux avilis, et le silence de l'esclavage, remplacèrent le noble enthousiasme et l'effervescence des esprits pénétrés des droits imprescriptibles de l'humanité; le despotisme s'éleva sur les ruines de la liberté; une tourbe d'aventuriers prit les rênes du gouvernement. Je vous épargne, mes chers concitoyens, et je m'épargne à moi-même les souvenirs du passé : une nation généreuse, dont les administrateurs furent injustes, vient de réparer tous leurs torts en vous appelant dans son sein comme ses enfants. Dans l'enthousiasme de notre joie, ne nous rappelons que ce décret paternel. Jetons un voile sur les maux qui ne sont plus. Puisse seulement l'histoire, en conservant ces tristes souvenirs, faire plus vivement sentir à nos descendants le prix de la liberté!

« Il serait bien malheureux pour nous, Messieurs, que le moment qui précède celui de notre affranchissement fût plus funeste que l'assoupissement léthargique dont nous sortons. Les sombres haines, les inimitiés nourries sourdement dans le silence de la servitude, pourraient-elles se réveiller dans ces beaux jours où meurt le despotisme? Pourraient-elles flétrir la liberté, en déchaînant contre elle les fléaux de l'anarchie? Non, non, Messieurs; qu'une telle tache ne nous soit pas imputée; pensez que la nation française tout entière a les yeux fixés sur nous; elle nous regarde comme le peuple le plus digne de la liberté, le plus zélé pour le culte de la patrie; montrons-nous dignes de l'estime de la France; démentons les calomnies de nos tyrans subalternes, toujours si empressés à répandre sur le continent que nous ne méritons pas le degré de liberté auquel nous élève la constitution actuelle. Ces détracteurs du pays, qui fut leur victime, espèrent qu'en nous abandonnant aux discordes civiles, nous convaincrons l'Europe que notre réputation est usurpée; peut-être même oseront-ils fonder sur notre incapacité un nouvel avenir d'oppression pour eux, et d'esclavage pour nous. Eh bien! Messieurs, pour renverser à jamais de si coupables espérances, jurons de sacrifier tout ressentiment privé à la patrie.... Tel est le but de cette assemblée nationale.... Peut-être vous étonnerez-vous, mes chers compatriotes, que ce soit ma voix qui vous propose un pareil serment.... Tous vous êtes pénétrés des mêmes sentiments que moi, et la patrie ne demande de vous que l'accomplissement de notre sainte promesse. Le

8.

patriotisme n'est pas un sentiment spéculatif, il n'est étranger à aucun sacrifice. Sacrifiez donc sans réserve, par un généreux effort, toutes les divisions intestines ; étouffez l'esprit de faction, si funeste, si dangereux dans le moment où l'intérêt public embrasse et confond tous les intérêts privés. Ne pensons qu'à cimenter par notre concorde ce pacte sacré qui nous lie inviolablement au plus glorieux empire de l'univers.

« Puisque, malgré ma jeunesse (1), je suis dans ce jour assez heureux pour vous parler au nom de cette assemblée nationale, jurez donc, Messieurs, devant l'Être créateur, moteur, conservateur et destructeur des nations, jurez-vous une fraternité réciproque ! Que ce serment resserre les liens de famille, d'amitié, de patriotisme, tous imbus d'un seul sentiment, vous tous parlant le même langage. En nous séparant, reportons dans nos foyers ce serment de concorde et de paix intérieure que vous allez prêter solennellement devant les représentants de la nation et sur l'autel de la patrie.

« De vous dépend désormais le bonheur de la Corse ; il suffit, pour l'assurer, de ne pas oublier votre serment ; et la scrupuleuse fidélité de notre peuple à la foi jurée ne peut pas nous laisser craindre qu'un seul d'entre vous puisse jamais la violer.

« Séparons-nous donc, heureux d'avoir vu dans ce jour la fin de nos discordes. Qui pourrait troubler ce bonheur public?

(1) Joseph n'avait alors que vingt-deux ans. Après la fin de sa harangue, le serment fut prêté, par tous les représentants de la Corse, entre les mains du général Paoli, président de cette assemblée ; il rappela à cette occasion, à ses anciens compagnons de la guerre de l'indépendance, le fragment d'un discours chaleureux de Charles Bonaparte, père du jeune orateur. Il commençait par ces mots : *Onorate de nostri magiori*, etc.

« Monsieur le président, Messieurs, va donner sa sanction à ce que je viens de vous dire en vous proposant la formule du serment. »

(N° 3.)

En 1824, après avoir lu le *Mémorial de Sainte-Hélène* de M. le comte de Las-Cases, le roi Joseph écrivit à ce dernier la lettre ci-dessous :

« Pointe-Brecze, 1er août 1824.

« J'ai reçu les huit volumes de votre ouvrage; je le connaissais déjà en partie; je regrette de ne l'avoir pas connu en manuscrit; il y a quelques faits qui me sont personnels, que j'aurais pu rectifier; des témoins qui existent encore auraient pu joindre leur témoignage au mien. Ma mère, le cardinal Fesch, qui étaient, ainsi que la plupart de mes frères et sœurs, présents aux derniers moments de notre grand-oncle, auraient pu vous dire, pour l'intérêt de la vérité, qu'en prophétisant que Napoléon (qui n'était alors que simple lieutenant d'artillerie) serait un grand homme, un *nomone*, avait dit auparavant, en m'adressant la parole : « Je meurs content, puisque j'ai assez vécu pour voir l'aîné des enfants de mon neveu, non-seulement en état de me remplacer comme chef de notre famille, mais que je le vois encore à la tête de l'administration de notre pays. » J'étais membre de l'administration du département.

« L'article où il est question des mots qui ont précédé la mort de mon père, qui eut lieu à Montpellier, n'est pas exact non plus. Le cardinal Fesch, les docteurs Sabatier et Lamure, madame de Permont, étaient présents.

Mon père, m'adressant la parole, me dit qu'il désirait avoir l'assurance que je renoncerais à l'état militaire, qui m'éloignait trop de ma famille, et que je retournerais dans notre département pour le remplacer; me recommandant nominativement, l'un après l'autre, ses sept enfants, et recevant de moi la promesse formelle que je leur servirais de père autant que mon jeune âge me le permettrait. J'avais alors dix ans; j'ai tenu ma parole le mieux que j'ai pu.

« Il est beaucoup d'articles dans les discours de l'empereur qui ne sont propres qu'à lui faire des ennemis, et qui, eussent-ils été exactement retenus, n'avaient pas, dans sa manière vive et rapide de s'exprimer, la signification que l'amour-propre blessé des uns et la malignité des autres leur prêtent. Les pensées énoncées dans la confidence, avant même d'être entièrement formées, doivent-elles être transmises à la postérité comme des actes législatifs? Où en serions-nous, tous tant que nous sommes, s'il en était ainsi?

« Je vous prie, Monsieur, de croire que je ne doute pas de vos bonnes intentions; et j'oublie ou j'excuse facilement ce qui m'est personnel, en songeant au dévouement que vous avez montré à l'homme que j'ai le plus aimé.

« Comte de Survilliers. »

(N° 4.)

Au nom de la république française, le Directoire exécutif à S. A. R. le duc de Parme.

Le 27 mars 1797.

Le désir que nous avons d'entretenir et de cultiver

l'amitié et la bonne intelligence heureusement établies entre la république française et le duché de Parme, nous a engagés à nommer le citoyen Bonaparte pour résider auprès de Votre Altesse Royale en qualité de résident.

La connaissance que nous avons de ses principes et de ses sentiments nous est un sûr garant que le choix que nous avons fait de sa personne pour remplir cette mission honorable vous sera agréable, et nous sommes bien persuadés qu'il mettra tout en usage pour justifier la marque de confiance que nous lui donnons.

C'est dans cette persuasion que nous prions Votre Altesse Royale d'ajouter une foi entière à tout ce qu'il lui dira de notre part, et principalement lorsqu'il lui renouvellera l'assurance des vœux sincères que nous formons pour elle.

Donné à Paris, au palais national du Directoire exécutif, sous le sceau de la république française, le sept germinal de l'an cinq de la république une et indivisible.

Signé REWBELL, *président.*

Pour copie conforme :

CHARLES DE LACROIX.

(N° 5.)

ÉGALITÉ, LIBERTÉ.

Extrait des registres des délibérations du Directoire exécutif.

Paris, le 17 floréal an V de la république française, une et indivisible (6 mai 1797).

Le Directoire exécutif arrête que le citoyen Joseph Bonaparte, résident de la république française auprès de

S. A. R. l'infant duc de Parme, est nommé ministre plénipotentiaire près Sa Sainteté le pape Pie VI.

Le ministre des relations extérieures est chargé de l'exécution du présent arrêté, qui ne sera pas imprimé.

Pour expédition conforme :

Le président du Directoire exécutif,

Signé LE TOURNEUR.

Pour le Directoire exécutif :

Le secrétaire général,

LAGARDE.

Extrait du registre des arrêtés du Directoire exécutif.

Du 26 floréal an v de la republique française, une et indivisible (15 mai 1797).

Le Directoire exécutif arrête :

Art. 1er. Le citoyen Joseph Bonaparte, ministre plénipotentiaire de la république française à Rome par arrêté du 17 floréal présent mois, est nommé ambassadeur de la république près la même cour.

Art. 2. Ses appointements sont fixés à la somme de soixante mille francs.

Art. 3. Le ministre des relations extérieures est chargé de l'exécution du présent arrêté, qui ne sera pas imprimé.

Pour expédition conforme :

Le président du Directoire exécutif,

Signé LE TOURNEUR.

Par le Directoire exécutif :

Le secrétaire général,

Signé LAGARDE.

Pour copie conforme :

Le ministre des relations extérieures,

CH. DE LACROIX.

(N° 6.)

DÉPARTEMENT DE LIAMONE.

ASSEMBLÉE ÉLECTORALE.

Extrait du procès-verbal des séances de l'assemblée électorale du département de Liamone, du 22 germinal an V de la république française, une et indivisible.

Le président a prévenu l'assemblée qu'elle devait procéder à l'élection d'un membre du conseil des Cinq-Cents; l'appel nominal des électeurs fait, leur nombre s'est trouvé de cent quatre; ils se sont portés au bureau l'un après l'autre, et ont déposé leurs billets dans les urnes. Ces billets comptés et trouvés en nombre égal à celui des votants, dépouillement fait du scrutin, il en a résulté que le citoyen Cittadella a rapporté une voix, et le citoyen Joseph Bonaparte cent trois. Le président a proclamé le citoyen Joseph Bonaparte membre du conseil des Cinq-Cents. Signé à la fin de la séance : MOLTEDO, BARBONI et LECA, sénateurs; BONAPARTE, président, et ÉMILY, secrétaire.

Pour copie conforme à l'original, signé J. BONAPARTE, président; ÉMILY, secrétaire.

Pour copie conforme à l'original :

Pour l'administration centrale, signé A. J. PIELT et A. CAMPI, secrétaire.

(N° 7.)

Nous croyons utile de placer sous les yeux des lecteurs les quatre pièces suivantes, savoir :

1° Le message du premier consul au sénat, pour prévenir ce grand corps de l'État du commandement qu'il donne à son frère Joseph au camp de Boulogne ;

2° La réponse du sénat ;

3° L'ordre du jour de Soult, commandant en chef le camp de Boulogne, à l'occasion de l'arrivée de Joseph ;

4° Le brevet de colonel du 4e de ligne donné à Joseph par son frère, brevet relatant ses services militaires.

MESSAGE

DU PREMIER CONSUL DE LA RÉPUBLIQUE

AU SÉNAT CONSERVATEUR.

Saint-Cloud, le 28 germinal an XII de la république.

Bonaparte, premier consul de la république, au sénat conservateur.

SÉNATEURS,

Le sénateur Joseph Bonaparte, grand officier de la Légion d'honneur, m'a témoigné le désir de partager les périls de l'armée campée sur les côtes de Boulogne, afin d'avoir part à sa gloire.

J'ai pensé qu'il était du bien de l'État et que le sénat verrait avec plaisir qu'après avoir rendu à la république d'importants services, soit par la solidité de ses conseils dans les circonstances les plus graves, soit par le savoir, l'habileté, la sagesse qu'il a déployés dans les négociations successives du traité de Morfontaine, qui a terminé nos différends avec les États-Unis d'Amérique ; de celui de Lunéville, qui a pacifié le continent, et, dans ces derniers temps, de celui d'Amiens, qui avait rétabli la paix entre la France et l'Angleterre, le sénateur Joseph Bonaparte fût mis en mesure de contribuer à la vengeance que se promet le peuple français pour la violation de ce dernier traité, et se trouvât dans le cas d'acquérir de plus en plus des titres à l'estime de la nation.

Ayant déjà servi sous mes yeux dans les premières campagnes de la guerre, et donné des preuves de son courage et de ses bonnes dispositions pour le métier des armes dans le grade de chef de bataillon, je l'ai nommé colonel commandant le quatrième régiment de ligne, l'un des corps les plus distingués de l'armée, et que l'on compte parmi ceux qui, toujours placés au poste le plus périlleux, n'ont jamais perdu leurs étendards, et ont très-souvent ramené ou décidé la victoire.

Je désire en conséquence que le sénat agrée la demande que lui fera le sénateur Joseph Bonaparte de pouvoir s'absenter de ses délibérations pendant le temps où les occupations de la guerre le retiendront à l'armée.

Signé BONAPARTE.

Par le premier consul :

Le secrétaire d'État,
Signé HUGUES MARET.

CITOYEN PREMIER CONSUL,

Le sénat a chargé son vice-président et ses deux secrétaires de vous faire connaître les sentiments dont il a été pénétré à la lecture de la lettre que vous lui avez fait l'honneur de lui écrire, pour lui annoncer le grade que vous avez donné dans l'armée à votre frère Joseph Bonaparte, et le prévenir que, dans la volonté que ce sénateur a de partager les périls et la gloire de l'armée aujourd'hui campée sur les côtes de Boulogne, il devait demander un congé. C'est par ce noble élan d'un cœur français que votre illustre famille verra cesser la longue impunité qui enhardit le gouvernement anglais. Le peuple français sera vengé. Ce que les dynasties des Valois et des Bourbons n'ont pu obtenir dans le cours de plusieurs siècles vous est réservé, citoyen premier consul. Déjà votre contenance guerrière et politique frappe d'étonnement et de stupeur nos dédaigneux voisins; déjà ils doivent y voir le complément de votre gloire et celui de vos hautes destinées.

Citoyen premier consul, en manifestant au sénat les sentiments qui sont dus au noble caractère de votre illustre frère et à ses services éminents, vous avez exprimé avec vérité ceux du peuple français, et nous osons dire ceux de l'Europe entière, qui, comme la France, vous verra avec joie suivi dans toutes vos carrières de gloire par tous les membres de votre famille, appelée aujourd'hui à faire les destinées du monde. Il n'est point de sénateur qui n'en ait accueilli les honorables témoignages; il n'en est point qui, en éprouvant les heureux effets de cette publique bienveillance pour votre frère, n'ait conçu pour lui une affection toute particulière. C'est avec l'orgueil, c'est aussi avec la sollicitude paternelle que le sénat a donné au sénateur Joseph Bonaparte le congé qu'il a demandé pour prendre le commandement que vous lui avez confié.

CAMP DE SAINT-OMER.

RÉPUBLIQUE FRANÇAISE.

ÉTAT-MAJOR GÉNÉRAL.

Au quartier-général à Boulogne, le 10 floréal an XII.

ORDRE DU JOUR.

Le citoyen Joseph Bonaparte est arrivé hier au Pont-de-Briques. Les honneurs supérieurs dus à son rang, comme frère du premier consul, sénateur et grand officier de la Légion d'honneur, lui ont été rendus. Aujourd'hui il est reconnu comme colonel commandant le quatrième régiment d'infanterie de ligne.

L'armée appréciera la faveur que le gouvernement lui accorde, en plaçant dans ses rangs, et à la tête d'un des corps distingués qui y sont employés, un des premiers personnages de l'État, qui, dans les négociations importantes dont il a été chargé, lui a rendu les plus grands services; et elle sentira qu'elle ne peut justifier cette confiance qu'en redoublant de zèle dans ses devoirs, et en offrant de plus en plus l'exemple du dévouement le plus absolu pour le chef auguste de l'État.

Le général commandant en chef,
SOULT.

Le général de division, chef de l'état-major général,
ANDRÉOSSY.

DÉPARTEMENT de la GUERRE.

—

INFANTERIE de ligne, 4e RÉGIMENT.

—

ARRÊTÉ DU 23 GERMINAL AN XII.

—

RÉPUBLIQUE FRANÇAISE.

BONAPARTE, Ier CONSUL DE LA RÉPUBLIQUE.

AU NOM DU PEUPLE FRANÇAIS.

BREVET DE COLONEL POUR LE CITOYEN BONAPARTE (JOSEPH).

DÉTAIL DES SERVICES.	CAMPAGNES, ACTIONS, BLESSURES.
Né le 5 janvier 1768. Élève d'artillerie en 1783. Officier de l'état-major en 1792. Adjudant général, chef de bataillon en 1793. Membre du corps législatif en 1795. Membre du sénat conservateur, grand officier de la Légion d'honneur.	Campagnes de 1793 et 1794. Blessé légèrement au siége de Toulon.

BONAPARTE, premier consul de la république, ayant confiance dans la valeur et la fidélité du citoyen Bonaparte (Joseph), le nomme à l'emploi de colonel au quatrième régiment d'infanterie de ligne.

Ordonne, en conséquence, à tous officiers et autres qu'il appartiendra, de faire recevoir et reconnaître en ladite qualité le citoyen Bonaparte (Joseph).

Donné à Paris, le 5 floréal l'an XII de la république.

BONAPARTE.

Par le premier consul :

Le secrétaire d'État,

HUGUES MARET.

A Boulogne, le 12 floréal an XII.

Le ministre de la guerre,

ALEX. BERTHIER.

CORRESPONDANCE

DU ROI JOSEPH

DEPUIS L'ANNÉE 1795.

La correspondance de Joseph avec Napoléon, celle qui offre le plus d'importance, ne commence à présenter un intérêt général réel que vers le milieu de l'année 1795.

Jusqu'à cette époque, les lettres des deux frères, dont beaucoup ont été égarées, sont de véritables communications intimes. Le caractère de l'homme prodigieux qui devait sous peu dominer le monde s'y révèle déjà; mais ce qui fait le sujet de cette correspondance ne nous a pas paru se rattacher assez directement à l'histoire pour que nous croyions utile de la mettre sous les yeux du lecteur.

Au moment où commence, dans cet ouvrage, la série des lettres adressées par Napoléon à son frère aîné, ce dernier se trouvait à Marseille; il y avait épousé mademoiselle Clary, et s'apprêtait à quitter la France pour se rendre à Gênes.

Napoléon, général de brigade d'artillerie, avait acquis déjà une certaine réputation. Il était en position de rendre d'importants services à sa famille et à ses amis; il n'épargnait rien pour être utile aux uns et aux autres.

Les affaires politiques le préoccupaient aussi très-vivement.

On était alors dans un moment de transition. La France commençait à sortir de l'affreuse tourmente dans laquelle l'avait jetée la lutte révolutionnaire. Elle relevait la tête, et voyait peu à peu se cicatriser ses plaies.

On élaborait à l'Assemblée une nouvelle constitution, sur laquelle on fondait de grandes espérances de tranquillité. Les deux principes républicain et monarchique semblaient prêts cependant à commencer une nouvelle lutte. L'esprit de la nation s'était modifié dans le sens du dernier; mais personne n'était sûr encore de l'opinion réelle de la France.

On touchait à l'affaire de Quiberon et au 13 vendémiaire. Les armées étrangères, battues ou au moins contenues, ne pouvaient plus menacer sérieusement l'indépendance de la république française. Nos troupes avaient acquis, par les campagnes précédentes, cette solidité qui devait bientôt les rendre maîtresses d'une partie de l'Europe. Beaucoup de jeunes généraux, formés à l'école pratique de la guerre, avaient conquis une réputation justement méritée, mais qu'allait sous peu laisser bien loin derrière elle celle de Napoléon.

Les deux frères étaient encore franchement républicains : ils désapprouvaient les saturnales de la révolution, aimaient la France l'un et l'autre, cherchaient à entrevoir ce qu'elle désirait, ce qui lui était utile, plutôt qu'à adopter, de propos délibéré, une nuance politique.

Napoléon n'était pas encore contraint de céder à des exigences gouvernementales; aussi, son véritable caractère, la bonté de son cœur, sa tendresse pour ses frères, se révèlent à chaque ligne dans ses lettres.

Sa correspondance est certainement la meilleure histoire intime que l'on puisse donner de ce que nous pourrions appeler la seconde période de sa vie, c'est-à-dire de la période intermédiaire entre celle où il n'était rien et celle où il fut tout.

Quant aux lettres de Joseph, elles offrent à cette époque peu d'intérêt; aussi, ne les publierons-nous qu'à partir du moment où le frère aîné de Napoléon prit part aux affaires politiques.

Napoléon à Joseph. Semur, 23 mai 1795.

« J'ai été hier à la terre de Ragny, appartenant à M. de Montigny. Si tu étais un homme à faire une bonne affaire, il faudrait venir acheter cette terre, moyennant 8 millions d'assignats; tu pourrais y placer 60,000 fr. de la dot de ta femme : c'est mon désir et mon conseil. Souvenir à ta femme, à Désirée (1), et à la famille.

L'on ne retrouve pas la France dans les pays étrangers ; courir les Échelles tient un peu de l'aventurier, ou de l'homme qui cherche la fortune : si tu es sage, tu n'as plus qu'à en jouir. Je ne doute

(1) Plus tard madame Bernadotte.

pas que tu n'aies cette terre avec 80,000 fr. en argent; elle en valait autrefois, avant la révolution, 250,000. Je crois que c'est une occasion unique de placer une partie de la dot de ta femme. Les assignats perdent tous les jours. »

Nap. à Jos. Paris, 29 mai 1795. « L'on arrête ici les messieurs à cravates vertes, que l'on soupçonne être des membres de la compagnie de Jésus; l'on arrête beaucoup de personnes soupçonnées d'être émigrées; on commence à s'apercevoir que les royalistes sont à craindre parce qu'ils se croient favorisés, et qu'il est temps d'arrêter le cours de leurs espérances.

Je t'ai envoyé hier par Casabianca la constitution. Tout augmente d'une manière effrayante; on ne pourra bientôt plus vivre; la récolte est attendue avec impatience. »

Nap. à Jos. Paris, 23 juin 1795. « J'ai reçu ta lettre numérotée 16; la lettre de Chiapé m'a fait plaisir; il a le plus grand crédit; s'il était ici, il ferait ce qu'il voudrait; je ferai ce que je pourrai pour placer Lucien.

Je suis employé comme général de brigade dans l'armée de l'Ouest, mais non pas dans l'artillerie; je suis malade, ce qui m'oblige à prendre un congé de deux ou trois mois; quand ma santé sera rétablie, je verrai ce que je ferai.

Aujourd'hui on fait la lecture de la constitution à la convention; l'on attend le bonheur et la tranquillité de cette constitution; je te l'enverrai du moment qu'il sera possible de l'avoir, et qu'elle sera imprimée.

Jérôme m'écrit pour qu'on lui trouve une pension ; il n'y en a pas encore pour le moment. Casabianca compte envoyer son fils à Gênes, et de là en Corse ; il le tient avec lui sans rien faire.

Casabianca doit t'écrire pour Songis et ton beau-frère ; la dernière loi paraît leur être très-favorable ; ainsi nul doute qu'ils ne puissent rentrer, et que l'on puisse les faire rayer de la liste des émigrés. »

« Pour la pension du consul, premièrement un certificat qu'il n'a pas émigré depuis 89 ; une procuration. Nap. à Jos. Paris, 24 juin 1795.

Je n'ai pu obtenir une place pour Louis (1) dans un régiment d'artillerie ; considérant, d'ailleurs, qu'il n'a que seize ans, je le fais aller à l'examen à Châlons, où il passera son examen et sera officier dans un an.

Aujourd'hui l'on fait la lecture de la constitution à la convention ; je te l'enverrai dès qu'elle sera imprimée. »

« Je vais me presser d'envoyer à ta femme les commissions qu'elle désire. Désirée me demande mon portrait, je vais le faire faire ; tu le lui donneras si elle le désire encore, sans quoi tu le garderas pour toi. Dans quelques événements que la fortune te place, tu sais bien, mon ami, que tu ne peux pas avoir *de meilleur ami, qui te soit plus cher, et qui désire plus sincèrement ton bonheur*. La vie est un songe léger qui se dissipe. — Si tu pars, et que tu penses que ce puisse être pour quelque temps, Nap. à Jos. Paris, 25 juin 1795.

(1) Louis, plus tard roi de Hollande, et père de l'empereur Napoléon III.

envoie-moi ton portrait; nous avons vécu tant d'années ensemble, si étroitement unis, que nos cœurs se sont confondus, et tu sais mieux que personne combien le mien est entièrement à toi. Je sens, en traçant ces lignes, une émotion dont j'ai eu peu d'exemples dans ma vie; je sens bien que nous tarderons à nous voir, et je ne puis plus continuer ma lettre. »

Nap. à Jos. Paris, 7 juillet 1795.

« Je n'ai pas reçu de tes nouvelles depuis que tu es parti; il faut, pour arriver à Gênes, que l'on passe le fleuve *Léthé*, car Désirée ne m'écrit plus depuis qu'elle est à Gênes.

Les Anglais ont opéré un débarquement de douze mille hommes, en grande partie émigrés, en Bretagne; cela ne donne pas ici une grande inquiétude; l'on est si sûr de la supériorité de notre infanterie, que l'on se moque de ces menaces anglaises.

Les armées d'Italie et des Pyrénées paraissent vivement attaquées.

L'on décrète tous les jours quelques articles de la constitution; on est fort tranquille; le pain continue à manquer; le temps est un peu froid et humide pour la saison, ce qui retarde la récolte. Les louis sont ici à 750 francs. »

Nap. à Jos. Paris, 18 juillet 1795.

« Les Anglais seront obligés de s'embarquer sous peu de jours. — Pichegru prépare le passage du Rhin. — La Vendée proprement dite est tranquille; les chouans ne commencent qu'au bord de la Loire. — L'on dit la paix avec l'Espagne imminente.

Les Hollandais paraissent chauds amis de leur révolution; il est probable que le stathouder n'y rentrera plus, son parti est absolument nul.

Le Nord se brouille, et la Pologne conçoit des espérances.

L'Italie s'enrichit toujours des dépouilles et des malheurs de la France.

Galéazzini est, je crois, à Gênes. — Hâte-toi de me donner de tes nouvelles.

Le luxe, le plaisir et les arts reprennent ici d'une manière étonnante; hier on a donné *Phèdre* à l'Opéra, au profit d'une ancienne actrice; la foule était immense depuis deux heures après midi, quoique les prix fussent triplés. Les voitures, les élégants reparaissent, ou plutôt ils ne se souviennent plus que comme d'un long songe qu'ils aient jamais cessé de briller. Les bibliothèques, les cours d'histoire, de chimie, de botanique, d'astronomie, etc., se succèdent. Tout est entassé dans ce pays pour distraire et rendre la vie agréable; l'on s'arrache à ses réflexions : et quel moyen de voir en noir dans cette application de l'esprit et ce tourbillon si actif? Les femmes sont partout : aux spectacles, aux promenades, aux bibliothèques. Dans le cabinet du savant, vous voyez de très-jolies personnes. — Ici seulement, de tous les lieux de la terre, elles méritent de tenir le gouvernail; aussi les hommes en sont-ils fous, ne pensent-ils qu'à elles, et ne vivent-ils que par et pour elles. Une femme a besoin de six mois de Paris pour connaître ce qui lui est dû et quel est son empire. »

Nap. à Jos. Paris, 19 juillet 1795.

« Point encore de lettre de toi, et il y a plus d'un mois que tu es parti! Je n'ai pas non plus de lettre de Désirée depuis qu'elle est à Gênes. L'on est ici assez tranquille. Il y a eu quelque bruit au spectacle, pour des airs qui chantent *le Réveil du peuple* et *la Marseillaise*. La jeunesse paraît ne pas vouloir de cet hymne. La constitution se décrète tous les jours. Au lieu d'être nommé directement par les assemblées primaires, comme c'était le projet de la commission des onze, il y aura des assemblées électorales, comme en 1790.

Je m'imagine que tu profites de ton séjour à Gênes pour faire venir notre argenterie et les objets les plus précieux.

Louis est à Châlons-sur-Marne depuis cinq à six jours; il achèvera dans cette ville de se faire un homme; il a bonne volonté; il y apprend les mathématiques, les fortifications, les armes.

J'attends tes lettres pour me décider pour l'achat d'une terre; il n'est pas possible d'avoir rien de passable à moins de 8 à 900,000 fr.

Richard, domestique de Junot, qui était parti avec mes chevaux, a été pris par les chouans à cinq lieues de Nantes. Les chevaux sont ici sans prix; celui que je t'ai donné vaut cinq fois ce qu'il me coûte; ainsi, garde-le.

Junot est ici, vivant en bon diable, et dépensant à son père le plus qu'il peut. Marmont, qui m'avait accompagné de Marseille, est au siége de Mayence. Il paraît que l'armée d'Italie a été battue; que nous avons évacué Vado et Loano.

J'attends de tes lettres avec impatience, ainsi que des nouvelles de tout ce qui t'entoure. Salut à ta femme, que je désire beaucoup embrasser à Paris, où l'on vit plus heureusement qu'à Gênes. C'est ici que l'homme droit et prudent, qui ne se mêle que de ses amis, vit avec toute l'extension et la liberté imaginables, comme il veut, et est absolument libre. »

Nap. à Jos. Paris, 25 juillet 1795.

« Je suis général employé à l'armée de l'Ouest; ma maladie me retient ici. J'attends de tes lettres plus détaillées; je crois que tu as fait exprès de ne pas me parler de Désirée; je ne sais pas si elle vit encore.

Tout va bien ici; le Midi seul est agité; il y a eu quelques scènes produites par la jeunesse : c'est un enfantillage.

Le 15, l'on va renouveler une partie du Comité de salut public; j'espère que les choix seront bons. L'on fait passer des forces à l'armée d'Italie; désirerais-tu que j'y allasse? Tes lettres sont bien décharnées : à force d'être prudent et laconique, tu ne me dis rien. Quand retourneras-tu? Je crois que tes affaires ne doivent pas te retenir plus du mois de thermidor dehors.

Il n'est pas sûr que le projet de Lanjuinais passe; il est possible que l'on n'innove rien sur l'effet rétroactif. Dans le principe, ce serait commettre la même faute. Je t'ai, dans le temps, envoyé le rapport de Lanjuinais.

Adieu, mon ami; santé, gaieté, bonheur et plaisir. Je t'ai envoyé des lettres de Mariette, Fréron, Barras, qui te recommandent au chargé d'affaires de la république.

Permont est ici : il te salue, ainsi que Muiron et Casabianca. »

Nap. à Jos. Paris, 28 juillet 1795.

« Les émigrés, au nombre de douze mille, étant débarqués dans la presqu'île de Quiberon, près de Lorient, avaient établi des batteries pour défendre le passage de l'isthme. Les vaisseaux anglais et le fort de Penthièvre, qu'ils avaient, aidaient à les défendre; ils se croyaient en sûreté. Hoche les tenait bloqués au delà de l'isthme. Les émigrés ont voulu faire une sortie le 29; ils ont été battus. Le 2 thermidor, les colonnes de l'armée du Nord étant arrivées pendant la nuit, on a passé l'isthme, culbuté les avant-postes, enlevé les batteries, et on a tué une grande partie de ces malheureux; on en a fait dix mille prisonniers, on leur a pris soixante mille fusils, quarante mille habits, des blés, des viandes salées, et plus de cent soixante mille paires de souliers. Telle a été, mon ami, l'issue de cette célèbre descente, où l'on admire l'ineptie de Pitt, d'envoyer douze mille hommes attaquer la France. L'on remarque parmi les prisonniers le clergé de l'évêque de Dôle, avec Monseigneur.

Tout va bien. Cette affaire a un peu chagriné le petit Coblentz de ce pays-ci; on leur voyait hier l'oreille basse, et croire que les vainqueurs de l'Europe avaient quelque courage. Au reste, on est ici très-tranquille. »

« Tu recevras ci-joint le passeport que tu demandes. Tu recevras demain une lettre de la commission des relations extérieures au ministre à Gênes : il est prié de te donner l'assistance nécessaire pour tes affaires.

Nap. à Jos. Paris, 30 juillet 1795.

Tu en as dû recevoir une de Fréron, qui te recommande à Villard.

Lucien s'est fait arrêter ; un courrier qui part demain porte l'ordre du Comité de sûreté générale de le mettre en liberté.

Je remplirai tous tes désirs; de la patience et du temps !

La paix avec l'Espagne rend la guerre offensive en Piémont infaillible. L'on discute le plan que j'ai proposé, qui sera infailliblement adopté. Si je vais à Nice, nous nous verrons, et avec Désirée aussi. Je n'attends que ta réponse pour t'acheter une terre.

Je vais écrire à madame Isoard qu'elle donne de l'argent à Lucien; je le placerai à Paris avant de partir.

Je pense que lorsque tu auras envie de revenir, tu m'en préviendras avant. Il est probable que tu obtiendras une place de consul en Italie.

Tout est tranquille. La paix conclue avec l'Espagne et Naples, que nous avons apprise hier, nous a comblés de joie. Les fonds publics montent, les assignats gagnent.

Il n'a pas encore fait chaud ici, mais les moissons sont aussi belles qu'il est possible de se l'imaginer; tout va bien. Ce grand peuple se donne au plaisir : les danses, les spectacles, les femmes, qui sont ici les plus belles du monde, deviennent la grande affaire. L'aisance, le luxe, le bon ton, tout a repris; l'on ne se souvient plus de la terreur que comme d'un rêve.

La nouvelle de la belle victoire de Quiberon et de la paix avec l'Espagne change dans un instant la nature de nos affaires. »

Nap. à Jos. Paris, 1er août 1795.

« Louis est à Châlons, où il travaille beaucoup; je suis très-content de lui.

Demain, l'on renouvelle quatre membres du Comité de salut public; je t'apprendrai leurs noms.

La paix est faite avec l'Espagne, Naples et Parme; quarante mille hommes sont en marche de l'armée des Pyrénées pour se rendre à Nice. L'on adopte mes plans offensifs. Nous ne tarderons pas à avoir des scènes sérieuses en Lombardie ; le roi de Sardaigne pensera sans doute à faire la paix; il ne tiendrait qu'à nous de la faire avec l'Empereur, mais nous exigeons des conditions très-avantageuses, que nous obtiendrons de force.

L'on est généralement très-satisfait de la nouvelle constitution, qui promet bonheur, tranquillité et long avenir à la France. La paix avec l'Espagne a fait gagner considérablement les assignats. Nul doute que peu à peu tout ne se rétablisse; il faut à ce pays-ci bien peu d'années pour cela.

Ton ami Jams (1) s'est fait écrire chez moi; il est à Paris.

L'on croit que Sallicetti est encore en Suisse, et l'on assure qu'il a publié que, quand même on le

(1) Qui fut depuis intendant du roi Joseph.

rappellerait par un décret, il ne reviendrait plus; je ne sais pas si cela est exact.

Je n'ai pas de tes lettres depuis le n° 4, daté du 25 messidor; je n'ai pas encore reçu le n° 2; je ne sais si les Anglais l'ont pris. Donne-moi plus souvent de tes nouvelles. Tu ne parles jamais de mademoiselle Eugénie (1), non plus que des enfants que tu dois faire; il me semble que tu t'oublies bien fort sur cet article. Fais-nous donc un petit neveu, que diable! il faut bien commencer : Julie sera bonne mère, et serait privée du plus grand bonheur de la vie, qui est de nourrir et d'élever ses fils.

Que fais-tu à Gênes? Qu'y dit-on? Comment t'amuses-tu? Je crois qu'il y a une grande différence avec ce pays-ci, le centre des sciences, des plaisirs, des arts, et de la liberté civile. L'on a donné aujourd'hui une pièce nouvelle, intitulée *Fabius;* je te l'enverrai lorsqu'elle sera publiée.

Les réfugiés qui ont de quoi vivre ont tort de rentrer; sous peu il est à croire que la Corse nous appartiendra, ils rentreront alors avec plus d'honneur; je ne parle pas de ceux qui n'ont pas de quoi vivre.

Tout est encore ici horriblement cher, mais cela ne continuera pas. Je voudrais faire venir Jérôme à Paris; il n'en coûterait que 1,200 francs par an.

Adieu, mon ami; gaieté, point de soucis. Courage et amitié. Mes compliments à Julie, et quelque chose à la silencieuse (2). »

(1) Eugénie-Désirée Clary, depuis madame Bernadotte.
(2) Mademoiselle Eugénie-Désirée Clary.

Nap. à Jos. Paris, 9 août 1795.

« J'ai vu hier madame de Sémonville, qui attend son mari, qui doit être échangé contre la petite Capet. Elle est toujours la même, ainsi que ses deux filles, fort laides; mais la petite a de l'esprit.

J'ai reçu une lettre de Désirée qui me paraît fort ancienne; tu ne m'en as jamais parlé.

Je suis toujours dans la même position; il ne serait point impossible que je retournasse, comme autrefois, à Nice.

L'on fait aujourd'hui l'épuration de l'assemblée; cela se réduira à huit ou dix arrestations de ses membres.

Il paraît que tout va ici assez bien, et que l'on attend la formation du pouvoir exécutif, qui aura lieu dans deux mois; l'on nomme Barthélemy, Sémonville, Truguet, Pichegru; mais tout cela ne sont que des voix en l'air. Je vois ici quelquefois Truguet.

Je ne sais pas qui m'a dit que vous vous amusiez infiniment; je vous fais mon compliment, je n'eusse pas cru Gênes aussi gaie.

L'on est ici assez bien, et fort porté à la gaieté; l'on dirait que chacun a à s'indemniser du temps qu'il a souffert, et que l'incertitude de l'avenir porte à ne rien épargner pour les plaisirs du présent.

Mariette s'est intéressé pour Lucien, et prend un grand intérêt à moi.

Si tu as besoin de recommandations en Toscane, je t'en enverrai de Carletti, ministre du grand-duc. Serait-il possible de tirer parti du procès que nous avions en Toscane? Tu devrais en prendre des renseignements; je te ferai passer les meilleures recommandations possibles. Dépêche-toi de me demander ce que tu veux.

Ton ami Jamś a dîné hier avec moi.

Adieu, mon bon ami : sois très-insouciant sur l'avenir, très-content du présent, gai; et apprends un peu à t'amuser. Moi, je suis satisfait; il ne me manque que de pouvoir me trouver à quelque combat; il faut que le guerrier arrache des lauriers, ou meure au lit de gloire.

Chauvet est ici. »

« L'on a célébré hier le 10 août avec quelque pompe; plus de quatre cent mille personnes y ont assisté, avec quelques marques de satisfaction. Nap. à Jos. Paris, 12 août 1795.

L'on a épuré la convention, et l'on a arrêté six à sept députés; il n'y en a aucun de ta connaissance.

Tout est ici parfaitement tranquille; la constitution s'avance, et est le principal objet des espérances de tout le monde.

Sémonville va rentrer, il sera changé; j'ai dîné il y a deux jours avec sa femme; chacun nomme les siens pour le Directoire exécutif : il serait possible que Servan, l'ex-ministre de la guerre, en fût membre.

La paix avec l'Espagne est l'avant-coureur de la paix générale que nous devons avoir avec l'Europe, et spécialement avec l'Italie.

La Vendée existe toujours; Richard et mes chevaux ont été pris par ces messieurs.

Les mouvements d'Ajaccio sont singuliers; il

paraît qu'ils se déchirent toujours dans ce malheureux pays. Quelle sera la fin de Paoli?

Qu'est devenu le compagnon de Permont? J'ai vu celui-ci avec sa fille, hier, la demoiselle à petite perruque blonde; elle m'a fortement parlé de toi.

Il paraît que les mouvements de Londres ont été réels, et qu'il y existe un principe de fermentation qui pourrait conduire loin.

Donne-moi souvent de tes nouvelles; tu as l'adresse de ne jamais rien me dire; tu me mets si peu au fait, que je ne sais me décider d'aller au midi ou au nord; est-ce manque de tact de ta part, ou d'intérêt? Il est cependant impossible de problématiser ton intelligence ou ton amitié.

Riter jouit encore de quelque crédit; il est brave homme.

Cette ville est toujours la même; tout pour le plaisir, tout aux femmes, aux spectacles, aux bals, aux promenades, aux ateliers des artistes.

Fesch paraît vouloir retourner en Corse à la paix; il est toujours le même, existant dans l'avenir, m'écrivant six pages fondées sur la pointe d'une aiguille; le présent n'est pas plus pour lui que le passé, mais l'avenir est tout. Moi, très-peu attaché à la vie, la voyant sans grande sollicitude, me trouvant constamment dans la situation d'âme où l'on se trouve la veille d'une bataille, convaincu par sentiment que, lorsque la mort se trouve au milieu pour tout terminer, s'inquiéter est folie. Tout me fait braver le sort et le destin; et si cela continue, mon ami, je finirai par ne pas me détourner lorsque passe une voiture.

Ma raison en est quelquefois étonnée, mais c'est la pente que le spectacle moral de ce pays et l'habitude des hasards ont produite sur moi.

Adieu, mon ami.

P. S. En y pensant mieux, je ne tirerai point la lettre de change ; l'observation que tu as faite, je la fis. »

« Riter est nommé représentant près des armées des Alpes et d'Italie. Nap. à Jos. Paris, 14 août 1795.

L'épuration de l'assemblée est terminée ; l'on attend des nouvelles de l'armée qui a dû passer le Rhin. »

« Je suis attaché, dans ce moment-ci, au bureau topographique du Comité de salut public pour la direction des armées, à la place de Carnot. Si je demande, j'obtiendrai d'aller en Turquie comme général d'artillerie, envoyé par le gouvernement pour organiser l'artillerie du Grand Seigneur, avec un bon traitement et un titre d'envoyé très-flatteur ; je te ferai nommer consul, et ferai nommer Villeneuve (1) ingénieur pour y aller avec moi ; tu m'as dit que M. Danthoine (2) y était déjà ; ainsi, avant un mois, je viendrais à Gênes, nous irions à Livourne, d'où nous partirions ; dans ce cas, veux-tu acheter une terre ? Nap. à Jos. Paris, 20 août 1795.

L'on est ici tranquille, mais les orages se pré-

(1) M. Villeneuve fut depuis directeur général des postes sous l'empire, et beau-frère du roi Joseph, ayant épousé une demoiselle Clary.

(2) Autre beau-frère du roi Joseph, père des duchesses d'Albuféra et Decrès.

parent peut-être; les assemblées primaires vont se réunir dans quelques jours. Je mènerai avec moi cinq à six officiers; je t'écrirai plus en détail après demain.

Bientôt Vado sera repris.

La commission et l'arrêté du Comité de salut public qui m'emploie pour être chargé de la direction des armées et des plans de campagne étant très-flatteurs pour moi, je crains qu'ils ne veuillent plus me laisser aller en Turquie; nous verrons; je dois voir aujourd'hui une campagne. Je t'embrasse; écris-moi toujours, dans l'hypothèse que j'allasse en Turquie. »

Nap. à Jos. Paris, 25 août 1795.

« J'espère que tu auras un consulat dans le royaume de Naples, à la paix avec cette puissance.

L'on est ici fort tranquille; l'on va renouveler le tiers de la convention; je suis accablé d'affaires depuis une heure après midi. A cinq heures au comité, et depuis onze heures du soir jusqu'à trois heures du matin.

La loi du 17 nivôse a été discutée hier, et a été décrétée après de très-longues discussions.

Le 20 du mois, l'on va réunir les assemblées primaires, et procéder à l'élection du tiers de la législature; après quoi l'on organisera le pouvoir exécutif, et nous nous trouverons gouvernés par la nouvelle constitution.

Nous n'avons aucune nouvelle; le Rhin sépare nos armées, le siége de Mayence ne se fait pas. La Vendée est toujours dans le même état; nos troupes des armées des Pyrénées filent à l'armée d'Italie et de la Vendée. »

« L'on ne peut liquider notre affaire Milleli sans les pièces justificatives. Nap. à Jos. Paris, 29 août 1795

L'armée de l'intérieur a accepté la constitution; plusieurs sections de Paris ont demandé l'éloignement de la force armée, et la révocation du décret qui restreint le renouvellement de la convention au tiers; elles ont été très-mal reçues. Tout est d'ailleurs assez tranquille; le peuple de Paris en masse est bon; quelques jeunes gens voudraient pousser plus loin la réaction, mais cela n'est pas dangereux.

Adieu, mon cher ami; santé, gaieté et bonheur. Je n'ai rien reçu de Marseille de ce que tu m'annonces. »

« J'ignore ce qu'est devenu Antoine Rossi; on m'assure qu'il vit près d'Avallon, en Bourgogne. Nap. à Jos. Paris, 30 août 1795.

La paix avec l'Empire se traite; la Vendée a toujours des forces; on prétend que les Anglais veulent tenter un nouveau débarquement.

Je voudrais avoir mon portefeuille avec tous mes papiers. Donne-moi des nouvelles de la situation politique de la Corse. »

« Tu as désiré avoir des lettres pour Villard de la part de son père; je te les envoie. Nap. à Jos. Paris, 1er sept. 1795.

Chiape (1) doit aller à l'armée des Alpes; Riter et Mayre restent à celle d'Italie.

(1) Plus tard, directeur général des télégraphes.

Il y a ici, comme partout, un peu de mouvement dans les têtes, à cause du renouvellement de la Convention ; les royalistes s'agitent : nous verrons comme cela tournera.

Demain est l'adjudication de la terre que je veux t'acheter.

Schérer passe à l'armée d'Italie ;

Kellermann à celle des Alpes, Canclaux à celle des côtes de la Méditerranée ; c'est un camp que l'on forme pour surveiller les mouvements des malintentionnés du Midi. Hoche passe à la Vendée, Moncey aux côtes de Brest.

Je continue auprès du Comité de salut public ; j'attends tes lettres pour me décider. »

Nap. à Jos. Paris, 3 sept. 1795.

« Hier, a été l'adjudication du bien que j'avais eu l'idée de te procurer à neuf lieues de Paris ; j'étais décidé à en donner 1,500,000 fr. ; mais, chose incroyable, il est monté à 3 millions.

Tout se tranquillise ; il n'y aura pas de mouvement ; la constitution rendra ce peuple heureux. »

Nap. à Jos. Paris, 5 sept. 1795.

« Le Comité a pensé qu'il était impossible que je sortisse de France tant que durera la guerre ; je vais être rétabli dans l'artillerie, et probablement je continuerai à rester au Comité.

Après-demain ont lieu ici les élections et les assemblées primaires. La paix avec Hesse-Cassel est ratifiée.

Les biens nationaux et des émigrés ne sont pas chers, mais les patrimoniaux sont à des prix fous.

Si je reste ici, il ne serait pas impossible que la

folie de me marier ne me prît; je voudrais à cet effet un petit mot de ta part là-dessus; il serait peut-être bon d'en parler au frère d'Eugénie : fais-moi savoir le résultat, et tout est dit.

Chauvet, qui va à Nice dans dix jours, te porte les livres que tu as demandés.

Le célèbre évêque d'Autun (1) et le général Montesquiou ont la permission de rentrer, et sont effacés de la liste des émigrés.»

« Le consulat de Chio est vacant, mais tu me dis que tu ne voulais pas d'une île : j'espère quelque chose de mieux en Italie. Nap. à Jos. Paris, 6 sept. 1795.

On a décidé hier que tout homme qui aurait soutenu le siége de Toulon ou exercé des emplois sous le roi était réputé émigré. Fréron et Tallien ont parlé avec la plus grande force. C'est aujourd'hui que se réunissent les assemblées primaires de Paris; il y a beaucoup de placards pour et contre, mais l'on espère que l'on sera sage. Il n'y a pas de doute pour la constitution, qui sera unanimement acceptée : le seul doute est pour le décret qui ordonne que les deux tiers de la convention resteront en place.

Je continuerai à rester à Paris, spécialement pour ton affaire.

Tu ne dois avoir, quelque chose qui arrive, rien à craindre pour moi; j'ai pour amis tous les gens de bien, de quelque parti et opinion qu'ils

(1) Talleyrand.

soient. Mariette est extrêmement zélé pour moi : tu connais son opinion. Dulcette, je suis très-lié avec lui : tu connais mes autres amis d'une opinion opposée.

Continue à m'écrire exactement, parle-moi de ce que tu veux faire, vois d'arranger mon affaire de manière que mon absence n'empêche pas une chose que je désire.

J'écris à ta femme; je suis très-content de Louis; il répond à mes espérances et à l'attente que j'avais conçue de lui; c'est un bon sujet, mais aussi c'est de ma façon : chaleur, esprit, santé, talent, commerce exact, bonté, il réunit tout.

Tu le sais, mon ami, je ne vis que par le plaisir que je fais aux miens; si mes espérances sont secondées par ce bonheur qui ne m'abandonne jamais dans mes entreprises, je pourrai vous rendre heureux et remplir vos désirs. Ce que tu me dis de Félicino (1) est bien flatteur : qu'il aille en Corse, qu'il s'en retourne avec son argent. Je lui ferai avoir une belle place aux environs de Paris, où il vivra très bien et pourra rendre sa femme heureuse.

Je sens vivement la privation de Louis; il m'était d'un grand secours : pas d'homme plus actif, plus adroit et plus insinuant. Il faisait à Paris ce qu'il voulait; s'il eût été ici, l'affaire de la pépinière serait finie, ainsi que celle de Milleli. Depuis que je n'ai plus Louis, je ne peux vaquer qu'aux affaires principales. Écris-lui, et dis-lui que tu attends le premier dessin qu'il doit envoyer pour constater.

(1) Ami de la famille Bonaparte.

ses progrès, et que tu ne doutes pas qu'il ne tienne sa promesse d'écrire aussi bien que Junot avant la fin du mois.

J'aurai demain trois chevaux, ce qui me permettra de courir un peu en cabriolet et de pouvoir faire toutes mes affaires.

Adieu, mon bon ami; amuse-toi, tout va bien; sois gai, pense à mon affaire, car j'ai la folie d'avoir une maison. Puisque tu n'y es pas et que tu veux rester à l'étranger, il faut bien que l'affaire d'Eugénie se finisse ou se rompe (1). J'attends la réponse avec impatience. Tu peux rester à Gênes tant que tu voudras; ton motif est simple, c'est de tirer de Corse le peu d'épingles qui nous restent. Salut de ma part à Félicino. »

Nap. à Jos. Paris, 8 sept. 1795.

« J'ai écrit hier à ta femme, mon ami : elle aura reçu ma lettre. Les assemblées primaires seront réunies dans trois jours. L'armée de Sambre-et-Meuse et celle du Nord ont accepté la constitution : plusieurs communes environnantes de Paris ont aussi accepté. Quelques sections de Paris sont agitées par l'esprit insurrectionnel; ce sont quelques aristocrates qui voudraient profiter de l'état d'affaissement où l'on a tenu les patriotes pour les expulser, et arborer la contre-révolution; mais les vrais patriotes, la convention en masse, les armées, sont là pour défendre la patrie et la liberté : cela n'aura aucune suite.

(1) Napoléon fait allusion à son mariage projeté avec cette jeune personne.

Je t'envoie un journal, où il y a des faits relatifs à Toulon. Tout va ici fort bien ; l'on est tranquille : le petit mouvement qui existe dans les têtes ne fait pas une grande sensation.

Je ne vois dans l'avenir que des sujets agréables; et en serait-il autrement, qu'il faudrait encore vivre du présent : l'avenir est à mépriser pour l'homme qui a du courage. »

Nap. à Jos. Paris, 11 sept. 1795.

« Tu recevras ci-joint une lettre du général Rossi ; il s'est retiré dans le Morvan, en Bourgogne, où il attend la paix qui le ramènera en Corse.

Les assemblées primaires de Paris n'ont pas voulu accepter le décret qui n'a donné faculté aux électeurs de nommer qu'un tiers de la législature : elles ont accepté la constitution. La section des Quinze-Vingts, faisant partie du faubourg Saint-Antoine, accepte, et s'est ralliée autour de la convention ; les armées en ont fait de même, la ville de Rouen et plus de mille communes : l'on attend aujourd'hui des nouvelles du reste de la France. Il y a quelque fermentation à Paris dans les sections, mais il paraît que leur coup est manqué.

L'armée de Sambre-et-Meuse a passé le Rhin, et s'est emparée du duché de Berg, de la ville et de la citadelle de Dusseldorf. Cette opération, qui était méditée depuis deux mois, a eu le plus grand succès, et n'est pas des moins brillantes de la guerre : elle aura une influence immédiate sur la paix avec les Cercles.

Je pense que tu ne peux pas venir que le passage de Gênes à Marseille ne soit libre : alors le nouveau gouvernement sera en fonctions.

Volney est parti il y a un mois pour l'Amérique.

Gentilli est ici, qui réclame une retraite; Sébastiani, qui est capitaine de dragons, part bientôt pour son régiment, qui est à l'armée d'Italie.

L'on attend avec impatience des nouvelles de l'armée d'Italie : l'on sent très-bien qu'il importe à notre commerce et à nos subsistances que le cabotage soit promptement ouvert avec Gênes.

Adieu, mon ami. »

« La majorité de la république a déjà accepté la constitution et le décret sur le renouvellement. Des sections de Paris continuent à être en fermentation; cependant la chose publique paraît sauvée. Notre armée de la Vendée est très-considérable.

Nap. à Jos. Paris, 15 sept. 1795.

Je viens de lire, dans un rapport imprimé, que Cambon a fait sur les affaires du Midi, la phrase suivante : « Nous étions dans ces imminents dangers, « lorsque le vertueux et brave général Bonaparte « se mit à la tête de cinquante grenadiers, et nous « ouvrit le passage. »

Il est probable que, sous un mois, le gouvernement sera organisé; alors on sera nécessairement plus tranquille. Si la paix se conclut, ce pays prospérera plus que jamais : les esprits ont une activité et un mouvement qui sera très-favorable au commerce.

Je reçois ta lettre du 12 : il n'y a rien de nouveau. Lyon, Bordeaux et la majorité de la république ont accepté. Avant un mois, la constitution sera exécutée. Nous ne savons pas encore si Marseille a accepté : nous aurons des nouvelles aujourd'hui. »

Nap. à Jos. Paris, 18 sept. 1795.

« Comme je pense que l'on ne manque pas de faire courir à Gênes des bruits faux sur ce qui se passe ici, je t'écris tous les jours.

La constitution est acceptée par tout le monde; le décret du 5, sur la conservation des deux tiers des membres de la convention, est accepté par la majorité des assemblées primaires de la république.—A Paris, sur quarante-huit sections, il n'y a encore eu que celle des Quinze-Vingts qui ait accepté le décret; les armées acceptent tout, la constitution et le décret; ainsi tout va très-bien, et ce choc, qui eût pu être fatal à la liberté, assure pour longtemps la république; la tranquillité n'a pas été troublée ici un seul instant. Le passage du Rhin, par nos troupes, accélérera la paix avec les Cercles de l'Empire; nous attendons avec quelque impatience que l'armée d'Italie reprenne sa supériorité.

Le gouvernement va incessamment être organisé; un jour serein se lève sur les destins de la France; il y a une assemblée primaire qui a demandé un roi, cela a fait rire. »

Nap. à Jos. Paris, 22 sept. 1795.

« Je viens de recevoir ta lettre du 19 fructidor, avec une incluse pour Muiron (1); nous attendons

(1) Il fut tué au pont d'Arcole, étant aide de camp de Napoléon. Ce dernier écrivit à sa veuve la belle lettre suivante :

« Muiron est mort à mes côtés sur le champ de bataille d'Arcole. Vous avez perdu un mari qui vous était cher; j'ai perdu un ami aula conclusion des affaires de Corse avec quelque intérêt; ici tout est tranquille.

La convention a la majorité pour les deux tiers; avant un mois, s'il n'y a aucun choc, la constitution sera établie.

L'armée du Rhin continue à faire des progrès; elle fera conclure la paix avec les Cercles bientôt; nous attendons avant peu des nouvelles satisfaisantes de l'armée d'Italie.

La Vendée est toujours dans le même état; la paix est bien nécessaire à la république.

L'on disait hier qu'il y avait quelque mouvement à Marseille; la loi sur les émigrés n'y aura pas satisfait beaucoup de monde. »

« Je reçois ta lettre du 24 fructidor. Nap. à Jos. Paris, 26 sept. 1795.

Il est question, plus que jamais, de mon voyage; cela serait même décidé, s'il n'y avait pas tant de fermentation ici; mais il y a dans ce moment quelque bouillonnement et des germes très-incendiaires; cela finira sous peu de jours.

J'ai reçu les pièces de M. de Villeneuve; il ne peut pas espérer davantage que d'être capitaine; ce ne sera qu'avec beaucoup de faveur que je le ferai comprendre pour cette mission en cette qualité, mais le principal est de servir et d'être utile.

Tu dois avoir reçu, il y a dix jours, une lettre de

quel j'étais depuis longtemps attaché : mais la patrie perd plus que nous deux, en perdant un officier distingué autant par ses talents que par son rare courage. Si je vous puis être bon à quelque chose, à vous ou à votre enfant, je vous prie de compter entièrement sur moi. »

Rossi, pour sa mère. Lucien est en route pour venir ici; si j'y suis encore, je verrai à lui être utile.

Il y a beaucoup de chaleur dans les têtes; le moment paraît critique; mais le génie de la liberté n'abandonne jamais ses défenseurs. Toutes nos armées triomphent.

La commission de la marine a donné ordre à l'agent maritime de faire toucher au consul ses appointements, et de le placer. »

Nap. à Jos. Paris, 3 octobre 1795. *Nuit du 13 au 14 vendémiaire an III (2 heures du matin).*

« Enfin, tout est terminé; mon premier mouvement est de penser à te donner de mes nouvelles.

Les royalistes, formés en sections, devenaient tous les jours plus fiers; la convention a ordonné de désarmer la section Lepelletier; elle a repoussé les troupes : Menou, qui commandait, était, disait-on, traître; il a été sur l'heure destitué. La convention a nommé Barras pour commander la force armée; les comités m'ont nommé pour la commander en second. Nous avons disposé nos troupes; les ennemis sont venus nous attaquer aux Tuileries; nous leur avons tué beaucoup de monde; ils nous ont tué trente hommes, et blessé soixante; nous avons désarmé les sections, et tout est calme. Comme à mon ordinaire, je ne suis nullement blessé.

P. S. Le bonheur est pour moi; ma cour à Eugénie et à Julie. »

Nap. à Jos. Paris, 9 octobre 1795.

« Tu auras appris par les feuilles publiques tout ce qui me concerne; j'ai été nommé, par décret, général en second de l'armée de l'intérieur; Barras a été nommé commandant en chef; nous avons vaincu, et tout est oublié.

J'ai fait nommer Chauvet commissaire ordonnateur en chef; Lucien accompagne Fréron, qui part ce soir pour Marseille.

La lettre de recommandation pour l'ambassade d'Espagne sera expédiée demain.

Après l'orage je ferai placer Villeneuve, en France, chef de bataillon du génie. Ramolino (1) est nommé inspecteur des charrois; je ne puis faire plus que je ne fais pour tous.

Adieu, mon ami; je n'oublierai rien de ce qui peut t'être utile et contribuer au bonheur de ta vie. »

Nap. à Jos. Paris, 18 octobre 1795.

« Je reçois ta lettre du 10 vendémiaire; je vais envoyer consulter pour ton affaire et les intérêts de ta femme.

Je suis général de division dans l'arme de l'artillerie, commandant en second l'armée de l'intérieur; Barras commande en chef.

Tout est tranquille ici; l'on attend la formation du pouvoir exécutif et le renouvellement de la convention. Barras, Chénier, Sieyes sont nommés dans plusieurs départements.

Les assignats continuent de perdre; l'on espère qu'après la formation du gouvernement, l'on prendra des mesures. Je crois qu'on ne doit pas en garder beaucoup chez soi.

Je suis excessivement occupé; Fréron, qui est à

(1) Parent de madame Bonaparte mère.

Marseille, aidera Lucien. Louis est à Châlons. Le mari de madame Permont est mort.

Un citoyen Billon, que l'on m'assure être de ta connaissance, demande Paulette (1); ce citoyen n'a pas de fortune; j'ai écrit à maman qu'il ne fallait pas y penser; je prendrai aujourd'hui des renseignements plus amples. »

Nap. à Jos. Paris, 20 octobre 1795.

« J'ai remis ta lettre et tes consultations à deux hommes de loi différents; je t'enverrai leurs réponses.

Tout va bien; mes occupations sont grandes, ce qui m'empêche de t'écrire en détail et plus au long. J'attends Fesch avec impatience; Boisnot (2) est ici employé; Junot te salue.

Je t'embrasse. »

Nap. à Jos. Paris, 1er nov. 1795.

« Il y a déjà huit jours que je suis nommé général en chef de l'armée de l'intérieur.

Le conseil des Cinq-Cents et celui des Anciens sont réunis; le premier a déjà formé sa liste pour le Directoire exécutif; il paraît que les cinq membres seront : Sieyes, Rewbell, Barras, Letourneur de la Manche, Cambacérès et Larevellière-Lépeaux; l'un de ces six membres n'en sera pas.

Ma santé est bonne, quoique je mène une vie très occupée. »

Nap. à Jos. Paris, 9 nov. 1795.

« Au milieu des occupations qui ne me laissent

(1) Pauline Bonaparte, quelque temps après femme du général Leclerc.

(2) Boisnot, très-dévoué à la famille Bonaparte, fut, en 1814, expédié par Joseph à l'île d'Elbe, pour prémunir Napoléon contre certains émissaires envoyés de Paris.

que peu de moments, je ne puis t'écrire qu'un mot; mais Fesch, que je charge de t'écrire, doit t'instruire de tout ce qui peut t'intéresser.

Lucien est commissaire des guerres employé à l'armée du Rhin. Louis est avec moi; il t'écrit, je pense.

Adieu, mon bon ami; embrasse ta femme et Désirée de ma part. »

Nap. à Jos. Paris, 17 nov. 1795.

« Je ne reçois que très-rarement de tes nouvelles; tu ne dois pas cependant me tenir rigueur : tu sais que mes occupations et l'agitation perpétuelle de ma vie m'empêchent d'être régulier à t'écrire; mais Fesch doit le faire tous les jours.

La famille ne manque de rien : je lui ai fait passer argent, assignats, etc.

Je n'ai reçu que depuis peu de jours 400,000 fr. pour toi; Fesch, à qui je les ai remis, t'en rendra compte.

Ornano viendra ici. Il sera peut-être possible que je fasse venir la famille. Donne-moi de tes nouvelles plus en détail, de ta femme et d'Eugénie. Adieu, mon bon ami, tout à toi; je ne sens de privation que de te sentir loin d'ici et d'être privé de ta société. Si ta femme n'était pas grosse, je t'engagerais à venir promptement à Paris y faire un tour.

Songis est mon aide de camp, chef de brigade; Junot, chef de bataillon; Louis, et cinq autres que tu ne connais pas, sont aides de camp capitaines. »

Nap. à Jos. Paris, 31 déc. 1795.

« J'ai reçu, mon bon ami, ta lettre où tu me fais des reproches sur mon silence; je t'ai cependant écrit. Tu ne dois avoir aucune inquiétude pour la famille; elle est abondamment pourvue de tout. Jérôme est arrivé hier avec un général qui l'a amené ici (le général Augereau); je vais le placer dans un collége, où il sera bien.

Je t'ai envoyé le passeport pour Blaccini; je t'enverrai dans peu de jours les lettres de marque : tu ne tarderas pas à avoir un consulat. Tu as tort d'avoir aucune inquiétude. Si tu t'ennuies à Gênes, je ne vois pas d'inconvénient à ce que tu viennes à Paris; j'ai ici logement, table et voiture à ta disposition.

Osou part après-demain; il doit passer à Gênes; il porte des présents que j'envoie à ta femme.

Si tu ne veux pas être consul, viens ici; tu choisiras la place qui pourra te convenir.

Adieu, mon bon ami; tu serais bien injuste de penser que je puisse un instant être indifférent sur ce qui te concerne; sois gai, et si tu t'ennuies, viens-t'en à Paris, où tu auras le temps de t'amuser et de faire ce qui te conviendra. »

Nap. à Jos. Paris, 11 janvier 1796.

« Je t'ai envoyé, mon bon ami, le passeport de Blaccini il y a plus de quinze jours; tu dois l'avoir reçu, puisqu'il est parti depuis plusieurs jours, ainsi que les deux lettres de marque que tu désirais.

La multiplicité de mes affaires et l'importance des choses qui me tiennent occupé, ne me permettent pas de t'écrire souvent. Je suis ici heureux et content. J'ai envoyé à la famille 50 à 60,000 francs, argent, assignats, chiffons; n'aie donc aucune inquiétude. Je suis toujours très-content de Louis; il est mon aide de camp capitaine. Marmont et Junot sont mes deux aides de camp chefs de bataillon. Jérôme est au collége, où il apprend le latin, les mathématiques, le dessin, la musique, etc.

Je ne vois aucun inconvénient au mariage de Paulette, s'il est riche.

Adieu, mon bon ami; rien ne pourra jamais diminuer l'intérêt que je prends à ce qui peut te plaire. Bien des choses à Julie. »

« Tu seras immanquablement nommé consul à la première place qui te conviendra; en attendant, reste à Gênes, prends une maison particulière, et vis chez toi. — Salicetti, qui est commissaire du gouvernement à l'armée, et Chauvet, qui est commissaire ordonnateur en chef, t'emploieront à Gênes, de manière à ne pas rendre ta demeure dans cette ville onéreuse à ta fortune et inutile à la patrie. Nap. à Jos. Paris, 7 février 1796

Lucien part après-demain pour l'armée du Nord; il y est commissaire des guerres. Ramolino est ici directeur des vivres; Ornano est lieutenant de la légion de police. La famille ne manque de rien; je lui ai envoyé tout ce qui peut lui être nécessaire. Fesch sera ici dans une bonne position. Salicetti s'empressera de t'être utile : il a été fort content de moi. Mon intention est que tu restes à Gênes, à moins qu'il ne t'emploie à Livourne. Tout cela ne sera que provisoire; tu auras bientôt un consulat. Rien ne peut égaler l'envie que j'ai de tout ce qui peut te rendre heureux. »

« Tout va bien. Je te prie d'arranger l'affaire de Nap. à Jos. Milan, 14 mai 1796

Paulette. Mon intention n'est pas que Fréron l'épouse; dis-le-lui, et fais-le-lui dire. Nous sommes maîtres de toute la Lombardie.

Adieu, mon ami; je t'embrasse. Donne-moi des nouvelles de ma femme : l'on dit qu'elle est malade; cela me déchire l'âme. »

Nap. à Jos. Vérone, 26 août 1796.

« Je reçois ta lettre du 30, sans aucune nouvelle détaillée de la Corse. Tu trouveras ci-joint une lettre pour les administrateurs du département du Liamone, qui m'ont écrit. Il faut tenir, puisque c'est le vœu de la loi, à l'organisation des deux départements.

La paix avec Naples est faite; un traité avec Gênes a été conclu. On a dû conclure également une ligue offensive et défensive avec la Prusse.

Les affaires vont un peu mieux sur le Rhin; Moreau a battu l'ennemi; Kléber remplace Beurnonville. Tout prend une tournure assez bonne.

Je désire beaucoup avoir les nouvelles de suite de la Corse, et savoir ce qui se fait et en quelle situation est Ajaccio.

Ma santé est assez bonne. Rien de nouveau à l'armée. »

Nap. à Jos. Milan, 10 déc. 1796.

« La paix avec Parme est faite; j'attends à chaque instant la nouvelle que tu es promu à la place de Parme; reviens le plus tôt possible; ne te mêle point ou peu des affaires de Corse; mets en ordre nos affaires domestiques, surtout notre maison d'habitation, que je désire à tout événement voir dans une situation propre, et digne d'être habitée; il faut la remettre comme elle était, en y joignant l'appartement d'Ignazio; fais les petits arrangements pour que la rue soit plus habitable.

J'attends Fesch et Paulette à Milan dans quinze jours; en revenant à Livourne, arrange l'affaire de San-Miniato (1). Miot est destiné pour Turin, Cacault pour Florence. »

Les lettres de Napoléon à Joseph sont rares pendant l'année 1796, et cela se conçoit; les deux frères ont été souvent réunis.

Napoléon, en venant prendre le commandement en chef de l'armée d'Italie, fut rejoint par Joseph, qu'il envoya au mois de mai à Paris près du Directoire. Le frère aîné revint peu de temps après à Milan, où il retrouva le jeune général; et il ne quitta cette ville que pour se rendre en Corse.

De retour en Corse, il fut nommé ministre à Parme, y resta peu de temps, revint à Milan, où était Napoléon; et enfin partit pour Rome, en qualité d'ambassadeur, dans le courant du mois d'avril 1797.

La correspondance de Napoléon avec Joseph, après 1796, devient plus importante.

L'aîné des Bonaparte ayant accepté le poste d'ambassadeur à Rome, son frère, général en chef de l'armée d'Italie, lui écrit plus souvent comme au représentant d'une grande nation près d'une puissance étrangère, que comme à un frère et à un ami de cœur, ainsi qu'il l'avait fait jusqu'alors.

(1) Nom d'un bien qui a appartenu à la famille Bonaparte en Toscane.

On trouve encore dans les lettres de Napoléon quelques passages adressés au frère et à l'ami; mais le caractère de la correspondance prend un cachet officiel qui lui donne un intérêt d'autant plus considérable, que les affaires de l'État y sont traitées par le jeune général avec cette supériorité, cette hauteur de vues qui ont rendu son nom le nom le plus fameux des temps anciens et modernes.

Quoique les lettres de Napoléon portent, pour la plupart, *Bonaparte, général en chef de l'armée d'Italie, à l'ambassadeur de la république française à Rome,* nous avons cru devoir conserver le simple titre de *Napoléon à Joseph,* étant dans l'intention de n'en pas employer d'autre, pour les lettres de Napoléon à son frère, dans tout le cours de l'ouvrage.

Joseph resta à Rome jusqu'à l'assassinat du général Duphot. Sa mission près du saint-siége fut des plus importantes et fort difficile. Sa position était délicate, demandait de la finesse, un grand tact et beaucoup de fermeté : c'est parce qu'il possédait toutes ces qualités que son frère le fit nommer à ce poste.

Il eut à faire accepter la *Cisalpine* par le gouvernement romain; à empêcher la nomination du général autrichien Provera; à contenir d'une main la réaction, de l'autre les espérances des partisans du mouvement, et à faire comprendre au pape que l'armée française était maîtresse de son sort. Enfin, il devait obtenir du saint-père l'appui de son influence morale, comme chef de l'Église, pour faire cesser la résistance des Vendéens et des Bretons.

Cette mission valut à Joseph les éloges les plus grands et les mieux mérités.

« Vous trouverez ci-joint, citoyen ambassadeur, copie de la note que j'ai remise à l'envoyé du pape à Milan.

Nap. à Jos. Passeriano, 4 juillet 1797.

Il serait, je crois, très-essentiel pour le bien de la France et de la religion même, que le pape fît un bref précis pour commander aux prélats l'obéissance aux lois de la république. Comme vous n'êtes point autorisé à cette démarche par le ministre des relations extérieures, vous ne devez que suivre ce que ma note a déjà commencé, de sorte que ce que vous ferez n'en soit que la continuation.

Je vous prie également de faire des instances non officielles pour obtenir le chapeau de cardinal pour l'archevêque de Milan. »

« Vous trouverez ci-joint, citoyen ambassadeur, une lettre que m'avait écrite dans le temps le citoyen Monge; je crois très-essentiel, pour la dignité de la république française comme pour le bien de l'humanité, que vous fassiez sentir à la cour de Rome la nécessité de ne pas sacrifier des hommes aussi universellement estimés que ceux dont il est question dans cette lettre.

Nap. à Jos. Passeriano 2 sept. 1797.

Il est indispensable, je pense, que, tout en cherchant à maintenir une bonne amitié entre la république française et la cour de Rome, vous réprimiez cependant cette fureur qui semble animer plusieurs ministres de cette cour, d'opprimer des hommes qui

11.

ont accueilli nos artistes ou servi nos ambassadeurs.

Prenez, dès le commencement de votre ministère, le ton qui convient à la nation que vous représentez. »

Nap. à Jos. Passeriano, 2 sept. 1797.

« Je vous prie, citoyen ambassadeur, de vouloir bien faire expliquer la cour de Rome, et de la porter à reconnaître la république cisalpine, qui l'est déjà par le roi de Sardaigne, la république de Gênes, celle de Venise. »

Nap. à Jos. Passeriano, 2 sept. 1797.

« Vous trouverez ci-joint, citoyen ambassadeur, la copie des dépêches interceptées du ministre que la cour de Rome tient à Milan; je vous prie de prendre le devant, et de faire connaître à Sa Sainteté que je suis très-mécontent de ce ministre, et que je désire que la cour de Rome le rappelle sur-le-champ, et le remplace, si elle le juge à propos, par un autre, quoique je pense que votre présence à Rome puisse l'en dispenser. Au reste, il faut la laisser faire, là-dessus, ce qu'elle voudra. »

Nap. à Jos. Passeriano, 29 sept. 1797.

« Je reçois, citoyen ambassadeur, votre lettre du 3 vendémiaire. Vous signifierez sur-le-champ, à la cour de Rome, que si le général Provera n'est pas de suite renvoyé de Rome (1), la république fran-

(1) Le général Provera est le même qui fut battu et fait prisonnier plusieurs fois par nos troupes pendant la campagne de 1796 en Italie. Sa nomination comme général de l'armée romaine était un acte d'hostilité mal déguisé, que Napoléon ne voulut pas supporter et ne supporta pas. Son frère Joseph tint à ce sujet un langage tel, que la cour de Rome en fut bien vite effrayée.

çaise regardera cela, de la part de Sa Sainteté, comme un commencement d'hostilités. Faites sentir combien il est indécent, lorsque le sort de Rome a dépendu de nous, qu'elle n'a dû son existence qu'à notre générosité, de voir le pape renouer encore des intrigues, et se montrer sous des couleurs qui ne peuvent être agréables à la république française (1); dites même

(1) Napoléon fait allusion aux intrigues du pape au commencement de cette année 1797, intrigues découvertes par la saisie de la correspondance du cardinal Rusca, secrétaire d'État du saint-père, avec le nonce Albani à Vienne.

Dans une de ses lettres, en date du 7 janvier, le cardinal Rusca disait au nonce :

« Quant à moi, tant qu'il me sera permis d'espérer des secours de l'Empereur, je temporiserai relativement aux propositions de paix que les Français nous ont faites... Mais, toujours constant dans mon opinion, et jaloux de mon honneur, *que je crois offensé* en traitant avec les Français lorsqu'une négociation est entamée avec la cour de Vienne, je ne me suis laissé ni séduire ni intimider; et jusqu'à ce que je m'y voie obligé, je ne changerai pas de parti. »

Et plus loin :

« Sa Sainteté ne croit pas devoir donner les autres brefs que vous m'avez proposés, parce que, devant être adressés à tous les souverains catholiques de l'Europe, ç'aurait été déclarer une guerre de religion *avant le temps*, ne pouvant cacher cette action aux Français; et alors, à cause des raisons que je vous ai dites, nous serions exposés à leur indignation, sans être sûrs de l'alliance de Sa Majesté Impériale.

« Selon les renseignements que vous me donnez sur le point d'une guerre de religion, le saint-père se résoudra à donner des brefs et à faire d'autres pas, etc. »

On conçoit, après avoir lu cet extrait de la correspondance interceptée, combien Napoléon devait être défiant vis-à-vis de la cour de Rome, et combien surtout il devait exiger de fierté dans le langage de notre ambassadeur. Cette lettre, en effet, ne précédait que de quelques semaines le traité de Tolentino (19 février 1797); et, à l'époque où elle était écrite, on faisait à Rome protestation sur protestation d'amitié à la république française.

dans vos conversations avec le secrétaire d'État, et s'il le faut même dans votre note : *La république française a été généreuse à Tolentino; elle ne le sera plus si les circonstances recommencent.*

Je fais renforcer la garnison d'Ancône d'un bataillon de Polonais. L'escadre de l'amiral Brueys me répond de la conduite de la cour de Naples. Vous ne devez avoir aucune espèce d'inquiétude; ou, si elle agit, je détruirai sur-le-champ son commerce, avec l'escadre, et, lorsque les circonstances le permettront, je ferai marcher une colonne pour leur répondre. Je verrai dans une heure M. de Gallo (1), et je m'expliquerai avec lui en termes si forts, que MM. les Napolitains n'auront pas la volonté de faire marcher des troupes sur Rome.

Enfin, s'il n'y a encore aucun changement à Rome, ne souffrez pas qu'un général aussi connu que M. Provera prenne le commandement des troupes de Rome; l'intention du Directoire exécutif n'est pas de laisser renouer les petites intrigues des princes d'Italie. Pour moi, qui connais bien les Italiens, j'attache la plus grande importance à ce que les troupes romaines ne soient pas commandées par un général autrichien.

Dans la conversation, vous devez dire au secrétaire d'État : « La république française, continuant « ses sentiments de bienveillance au pape, était « peut-être sur le point de lui restituer Ancône : vous « gâtez toutes vos affaires; vous en serez respon- « sable. Les provinces de Macerata et le duché d'Ur-

(1) M. de Gallo était ambassadeur de la cour de Naples.

« bin se révolteront; vous demanderez le secours « des Français, ils ne vous répondront pas. »

Et effectivement, plutôt que de donner le temps à la cour de Rome d'ourdir de nouvelles trames, je la préviendrai. Enfin, exigez non-seulement que M. Provera ne soit point général des troupes romaines, mais que, sous vingt-quatre heures, il soit hors de Rome. Déployez un grand caractère. Ce n'est qu'avec la plus grande fermeté, la plus grande expression dans vos paroles, que vous vous ferez respecter de ces gens-là : timides lorsqu'on leur montre les dents, ils sont fiers lorsqu'on a trop de ménagements pour eux.

Dites publiquement dans Rome que, si M. Provera a été deux fois mon prisonnier de guerre dans cette campagne, il ne tardera pas à l'être une troisième fois. S'il vient vous voir, refusez de le recevoir. Je connais bien la cour de Rome, et cela seul, si cela est bien joué, perd cette cour.

L'aide de camp qui vous portera cette lettre a ordre de continuer jusqu'à Naples pour voir le citoyen Canclaux. Il s'assurera par lui-même du mouvement des troupes napolitaines, auquel je ne peux pas croire, quoique je m'aperçoive qu'il y a depuis quelque temps une espèce de coalition entre les cours de Naples, de Rome, et même de Florence. Mais c'est *la ligue des rats contre le chat.*

Si vous le jugez à propos, mon aide de camp présentera une lettre, que vous trouverez ci-jointe, au secrétaire d'État, et lui dira, d'un ton qui convient aux vainqueurs de l'Italie, que, si sous vingt-quatre heures M. Provera n'est point hors de Rome, ils nous obligeront à une visite.

Si le pape était mort, vous devez faire tout ce qui vous est possible pour qu'on n'en nomme pas un autre, et qu'il y ait une révolution. Le roi de Naples ne fera aucun mouvement : s'il en faisait lorsque la révolution serait faite et le peuple déjà constitué, vous déclareriez au roi de Naples, à l'instant où il franchirait les limites, que le peuple romain est sous la protection de la république française. Ensuite, en vous rendant de votre personne auprès du général napolitain, vous lui diriez que la république française ne voit pas d'inconvénient à entamer une négociation avec la cour de Naples sur les différentes demandes qu'elle a faites, et spécialement sur celle qu'a faite à Paris M. Balbo, et auprès de moi M. de Gallo : mais qu'il ne faut pas qu'elle prenne les armes, la république française regardant cela comme une hostilité.

Enfin, vous déploierez en ce double sens beaucoup de fierté extérieure, pour que le roi de Naples n'entre pas dans Rome; et beaucoup de souplesse particulière, pour lui faire comprendre que c'est son intérêt : et si le roi de Naples, malgré tout ce que vous pourriez faire (ce que je ne saurais penser), entre dans Rome, vous devez continuer à y rester, et affecter de ne reconnaître en aucune manière l'autorité qu'y exercerait ce roi de Naples ; de protéger ce peuple de Rome, et faire publiquement les fonctions de son avocat, mais avocat tel qu'il convient à un représentant de la première nation du monde.

Vous pensez bien sans doute que je prendrai bien vite, dans ce cas, les mesures qui seraient nécessaires pour vous mettre à même de soutenir la déclaration que vous auriez faite, de vous opposer à l'invasion du roi de Naples.

Si le pape est mort, et qu'il n'y ait aucun mouvement à Rome, de sorte qu'il n'y ait aucun moyen d'empêcher le pape d'être nommé, ne souffrez pas que le cardinal Albani soit nommé. Vous devez employer non-seulement l'exclusion, mais encore les menaces sur l'esprit des cardinaux, en déclarant qu'à l'instant même je marcherais à Rome; ne nous opposant pas à ce qu'il soit pape, mais ne voulant pas que celui qui a assassiné Basseville soit prince. Au reste, si l'Espagne lui donne aussi l'exclusion, je ne vois pas de possibilité qu'il réussisse. »

Cette lettre de Napoléon à son frère est d'une haute importance; elle donne la clef de la politique que le jeune général en chef, déjà pour ainsi dire maître des destinées de la France, comptait tenir en Italie.

Il a un langage fier, et digne de la grande nation; il laisse percer le désir de voir une révolution éclater à Rome, afin d'en faire profiter la France, sans cependant violenter les sentiments du peuple romain.

On entrevoit, comme dans un lointain encore vague, les projets que le grand capitaine, le politique profond et l'habile administrateur avait conçus sur cette belle terre d'Italie.

Nap. à Jos. Radstadt, 1er octobre 1797.

« J'ai ordonné à Haller de faire payer ton état de dépenses ordinaires. Il m'a dit qu'il t'avait fait donner cinquante mille francs.

Rien de nouveau en France; tout est tranquille ici; ce congrès va assez mal. Les prétentions de part et d'autre sont exagérées.

Ne souffre pas que Provera soit à Rome. »

Nap. à Jos. Passeriano, 16 octobre 1797.

« Vous trouverez ci-joint, citoyen ambassadeur, copie d'une lettre que j'écris au ministre de la république cisalpine. Je vous prie de la communiquer aux meilleurs artistes, en les invitant de ma part à y concourir. »

Nap. à Jos. Passeriano, 16 octobre 1797.

« Je vous prie, citoyen ministre, de faire connaître aux musiciens de la république cisalpine, et en général à toute l'Italie, que j'offre au concours, à celui qui fera la meilleure marche, ouverture, etc., ayant pour sujet la mort du général Hoche, pour prix, une médaille de cent sequins. Les pièces devront être envoyées à la fin de vendémiaire, et devront être arrivées le 30 brumaire. Vous voudrez bien nommer trois artistes ou amateurs qui seront chargés d'adjuger le prix. Chargez-vous également de tous les détails pour l'exécution dudit concours. »

Nap. à Jos. Passeriano, 30 octobre 1797.

« J'ai reçu, citoyen ambassadeur, votre note relative à la promotion du général Provera. Je l'ai trouvée d'un bon style, et telle qu'il la fallait (1). Je crois très-nécessaire que vous fassiez

(1) Malheureusement cette pièce importante nous manque; elle a été probablement perdue.

mettre en liberté, par une note officielle, tous les prisonniers qui ont été arrêtés pour opinions.

Ayez toujours l'œil fixé sur ce que font les Napolitains. Je fais passer des troupes françaises à Ancône et dans la Romagne. »

« J'ai reçu votre dernière lettre, citoyen ambassadeur ; la pénurie de la caisse de l'armée m'empêche de vous faire passer les fonds que vous demandez pour les dépenses que vous avez faites pour l'armée. — Nap. à Jos. Milan, 8 novembre 1797.

L'administration des finances a dû vous faire passer des fonds. Vous devez les employer à acquitter les dépenses extraordinaires que vous avez faites pour l'armée, et vous adresser au ministre des relations extérieures pour votre traitement. »

« Vous ne devez pas hésiter, citoyen ambassadeur, à accepter la proposition du pape. Qu'il fasse sortir les prisonniers ; qu'il leur rende leurs biens, et qu'ils s'éloignent. Ils ne perdront rien à aller vivre autre part qu'à Rome. » — Nap. à Jos. Milan, 11 nov. 1797.

« Le général de brigade Duphot (1) te remettra cette lettre. Je te le recommande comme un très-brave homme. Il te parlera du mariage qu'il désire contracter avec ta belle-sœur. Je crois cette alliance avantageuse pour elle ; c'est un officier distingué. » — Nap. à Jos. Milan, 12 nov. 1797.

(1) On verra un peu plus loin le récit de la mort de ce brave officier général, assassiné près de Joseph. Il était sur le point d'épouser une demoiselle Clary.

Nap. à Jos. Milan, 15 nov. 1797.

« Je pars demain pour me rendre à Radstadt échanger les ratifications, exécuter les clauses du traité, et assister au congrès de l'Empire.

Haller te fera solder non-seulement les trois ou quatre mois qui te sont dus, mais j'ordonne encore qu'on fasse des fonds pour le trimestre à venir.

Ma femme compte partir dans deux ou trois jours, pour aller voir Rome. S'il y avait du bruit ou quelque inconvénient, tu lui enverrais un courrier à Florence, pour qu'elle n'en fît rien. »

Nap. à Jos. Milan, (sans date.)

« Je vous préviens, citoyen ambassadeur, que le traité de paix définitif a été signé dans la nuit du 26 au 27 : en voici les principales conditions :

La France aura Mayence, la limite du Rhin, hormis Cologne, Corfou, Zante, Céphalonie, Sainte-Maure, et les établissements vénitiens dans l'Albanie plus bas que le golfe.

La république cisalpine aura la limite de l'Adige, Mantoue, Peschiera et leurs forteresses.

Gênes aura les fiefs impériaux.

L'Empereur aura l'Istrie, la Dalmatie, la ville de Venise.

Vous pouvez publier que la paix est signée; mais vous en tiendrez les conditions secrètes. »

Nap. à Jos. Milan, 14 déc. 1797.

« J'ai partagé votre indignation, citoyen ambassadeur, lorsque vous m'avez appris l'arrivée du général Provera. Vous pouvez déclarer positivement à la cour de Rome que, si elle reçoit à son service aucun officier connu pour être ou avoir été au service de l'Empereur, toute bonne intelligence entre la France et la cour de Rome cesserait à l'heure même, et la guerre se trouverait déclarée.

Vous ferez connaître, par une note spéciale au pape, que vous adresserez à lui-même en personne, que, quoique la paix soit faite avec Sa Majesté l'Empereur, la république française ne consentira pas à ce que le pape accepte dans ses troupes aucun officier ni aucun agent, sous quelque dénomination que ce soit, de l'Empereur, hormis les agents diplomatiques d'usage.

Vous exigerez que M. le général Provera, vingt-quatre heures après la présentation d'une note que vous ferez à ce sujet, quitte le territoire de Sa Sainteté ; sans quoi vous déclarerez que vous allez quitter Rome.

Vous ferez connaître, dans la conversation, au pape, que je viens d'envoyer trois autres mille hommes à Ancône, lesquels ne rétrograderont que lorsque vous leur ferez connaître que M. Provera et tous les autres officiers auront quitté le territoire de Sa Sainteté.

Vous ferez connaître au secrétaire d'État que, si Sa Sainteté se porte à faire exécuter aucun des détenus de ceux que vous avez réclamés, la république française fera, par représailles, arrêter les attenants du cardinal Rusca et des autres cardinaux qui égarent la cour de Rome. Enfin, je vous invite à prendre dans vos notes un style concis et ferme; et, si le cas arrive, vous pouvez quitter Rome, et vous rendre à Florence ou à Ancône.

Vous ne manquerez pas de faire connaître à Sa

Sainteté et au secrétaire d'État, qu'à peine vous aurez quitté le territoire de Sa Sainteté, vous déclarerez la réunion d'Ancône à la Cisalpine. Vous sentez que cette phrase doit se dire, et non pas s'écrire. »

On le voit, par ces quelques dépêches du général en chef de l'armée d'Italie à son frère, Napoléon n'était déjà plus seulement un habile homme de guerre, c'était aussi un habile et adroit politique, jaloux de l'honneur de la France, parlant haut et ferme, et décidé à déjouer les intrigues, de quelque côté qu'elles vinssent.

Cette lettre de décembre 1797 termine la correspondance officielle du général Bonaparte avec l'ambassadeur de la république française à Rome. Peu de temps après, une émeute populaire, qui coûtait la vie à un de nos plus jeunes et de nos plus intrépides généraux, émeute qui faisait ressortir le courage de Joseph Bonaparte, éclatait dans cette ville.

Voici le rapport que l'ambassadeur adressait, le 30 décembre 1797, de Florence, à Talleyrand, alors ministre des relations extérieures, sur ce triste événement. Nous le faisons suivre de la lettre flatteuse de Talleyrand à Joseph.

Joseph à Talleyrand. Florence, 30 déc. 1797.

« Par ma dépêche n° 17, je vous ai instruit de la situation de Rome; ma lettre est du 3 nivôse (23 décembre). Il s'est passé depuis des événements qui ne m'ont pas permis de prolonger mon séjour dans cette ville.

Le 7 (27 décembre), trois individus se sont présentés à moi pour me dire que, la nuit suivante, une révolution devait éclater; que l'indignation publique était à son comble; qu'ils venaient m'instruire pour que rien ne me semblât nouveau. Je répondis que la place que j'occupais auprès du souverain de Rome ne me permettait pas d'entendre tranquillement une semblable ouverture; que d'ailleurs elle me semblait aussi inutile que déplacée. Ils reprirent qu'ils voulaient avoir mon conseil, et savoir si le gouvernement français protégerait leur révolution une fois faite. Je leur dis que, spectateur impartial des événements, je rendrais compte à mon gouvernement de ce qui se passerait; que je ne pouvais avoir d'autre chose à leur dire dans ce moment; que l'époque de la pacification générale ne paraissait pas devoir être celle à laquelle le gouvernement désirât des événements qui pourraient la retarder; que, comme homme, je les exhortais à la tranquillité; que je ne croyais pas qu'ils eussent des moyens en eux-mêmes; que le gouvernement français ne leur en fournirait pas; que, comme ministre français, je leur enjoignais de ne plus se présenter chez moi avec de telles intentions; que le sort des États était, comme celui des individus, caché dans le sein de l'avenir, mais qu'il ne m'était pas donné, à moi, d'y pénétrer. Ils partirent, en m'assurant que tout s'assoupirait pour le moment. La nuit se passa tranquillement. Le lendemain au soir, M. le chevalier d'Azara me dit confidentiellement qu'il venait de chez le secrétaire d'État; qu'il serait possible que des brouillons fissent bientôt un mouvement aussi ridicule par leur peu de conduite et leur peu de moyens, que celui qu'ils avaient voulu essayer quelques mois auparavant. Dans le fait, cette nouvelle était celle de la ville. Je sus chez madame la marquise Massimi, où il y avait un bal, que quatre des meneurs étaient des espions du gouvernement, qui avait pris ses mesures ; que les insurgés devaient se réunir à la villa Médicis. On se sépara. A quatre heures, je suis réveillé : l'on m'assure qu'il y a un rassemblement révolutionnaire à la villa Médicis, composé de quatre-vingts à cent hommes ; qu'ils étaient cernés par les troupes du pape. Je me rendormis ; je sus le matin qu'une patrouille avait été attaquée par un parti d'une soixantaine d'hommes sorti de la villa Médicis ; deux dragons du pape avaient été tués, les insurgés dissipés, quelques-uns arrêtés ; le gouvernement connaissait les autres. Beaucoup avaient pris la cocarde nationale française : ils en avaient eux-mêmes laissé, comme par mégarde, un sac épars dans le lieu du rassemblement. Je me transportai chez le secrétaire d'État ; je le trouvai tranquille ; je lui dis que, loin de m'opposer à ce que l'on arrêtât les individus qui avaient pris la cocarde française, je venais lui faire la demande précise de faire arrêter tous ceux qui ne seraient pas compris dans le tableau des Français ou des Romains au service de la légation. Ceux-ci n'étaient pas au nombre de huit ; je les lui nommai, et lui proposai de prendre des mesures sur-le-champ ; je le prévins qu'il y avait six individus qui s'étaient réfugiés dans ma juridiction; que, s'ils étaient au nombre des révoltés, je m'entendrais volontiers avec lui pour que leur impunité ne pût pas enhardir les autres. Il était deux heures de l'après-midi, c'était l'heure de son dîner; le cardinal me pria de me retirer pour le moment, en m'engageant à me trouver chez lui, avec le ministre d'Espagne, à six heures du soir : il devait s'y rendre avec celui de la Toscane. Nous convînmes de tout cela. Je me rendis chez moi, convaincu, par la sérénité du secrétaire d'État, que l'affaire de la nuit n'avait aucune suite. J'y trouvai le général Duphot, l'adjudant général Sherloch, deux artistes français, tous causant de l'enfantillage révolutionnaire de la nuit comme de la nouvelle du moment. Nous allions nous mettre à table; nous étions retardés par l'absence de mes secrétaires, occupés à rédiger avec exactitude la note des personnes autorisées à porter la cocarde. Je voulais envoyer cette pièce au cardinal avant dîner, quoiqu'il ne l'eût pas désirée avant le soir. Le portier me prévint qu'une vingtaine d'hommes venaient de se présenter pour entrer dans le palais; qu'il le leur avait défendu, parce qu'ils avaient beaucoup de cocardes françaises à la main, qu'ils commençaient à distribuer aux passants, en les excitant à crier *Vive la république! vive le peuple romain!* Un d'eux demanda à me parler : c'était un artiste que je connaissais, m'ayant été recommandé de Paris par le ministre votre prédécesseur. Il se présenta à moi comme un frénétique, me disant: «Nous sommes libres; ainsi, nous venons demander l'appui de la France. » Ces mots insensés étaient d'une témérité révoltante dans la bouche de cet artiste, qui était un de nos trois interlocuteurs du 7. Je le lui fis sentir; je lui ordonnai de se retirer sur-le-champ de la juridiction de France, d'engager ses camarades à en faire autant, sans quoi j'allais prendre des mesures terribles contre eux. Il se retira confus; les militaires qui étaient avec moi lui firent sentir la folie de leur entreprise; je leur en avais fait sentir l'imprudente témérité : « Si le gouverneur de la ville fait tirer contre vous, où est votre liberté prétendue? » reprit l'adjudant général Sherloch. Il partit. Un artiste français arrivant nous prévint que l'attroupement devenait nombreux; qu'il avait distingué dans la foule des espions, bien connus du gouvernement, qui criaient plus fort que les autres : *Vive le peuple romain! vive la république!* que l'on jetait les piastres à pleines mains, que la rue était obstruée. Je le chargeai de descendre aussitôt, de faire connaître ma volonté aux attroupés. Les militaires français me demandèrent l'ordre de les dissiper par la force. Cette proposition attestait de leur dévouement trop généreux. Je pris les insignes de ma place, et les priai de me suivre. Je préférais leur parler moi-même, parlant la langue. En sortant de mon cabinet, nous entendîmes une décharge prolongée : c'était un piquet de cavalerie qui, entrant dans ma juridiction sans m'en prévenir, l'avait traversée au galop, et avait fait feu par les trois vastes portiques du palais. La foule s'était alors précipitée dans les cours, sur les escaliers; et je rencontrai sur mon passage des mourants, des gens fuyant intimidés, des frénétiques audacieux, des gens payés pour exciter et dénoncer le mouvement. Une compagnie de fusiliers avait suivi de près les cavaliers; je la trouvai en partie s'avançant dans les vestibules. A mon aspect, elle s'arrêta; je demandai le chef, il était caché dans les rangs : je ne pus pas le distinguer. Je demandai à cette troupe par quel ordre elle était entrée dans la juridiction de France. Je lui enjoignis de se retirer; elle se retira alors de quelques pas. Je crus avoir réussi de ce côté; je me retournai vers les attroupés qui s'étaient retirés dans l'intérieur des cours : quelques-uns s'avançaient déjà contre les troupes à mesure que celles-ci s'éloignaient. Je leur dis, d'un ton décidé, que le premier d'entre eux qui oserait dépasser le milieu de la cour aurait affaire à moi. En même temps, le général Duphot, Sherloch, deux autres officiers et moi, nous tirâmes le sabre pour retenir cette troupe désarmée, dont quelques-uns seulement avaient des pistolets et des stylets. Mais, tandis que nous étions occupés de ce côté, les fusiliers, qui ne s'étaient retirés que pour se mettre hors de la portée des pistolets, firent une décharge générale. Quelques balles mortes allèrent tuer les hommes des derniers rangs; nous, qui étions au milieu, fûmes respectés; après quoi, la compagnie se retira encore pour recharger. Je profite de cet instant; je recommande au colonel Beauharnais, aide de camp du général Bonaparte, qui se trouvait par hasard près de moi, au retour d'une mission dans le Levant, et à l'adjoint aux adjudants généraux, Arrighi, de contenir, le sabre à la main, cette troupe, qui était animée par des sentiments différents; et je m'avance, avec le général Duphot et l'adjudant général Sherloch, pour persuader à cette troupe de se retirer et de cesser le feu. Je leur crie de se retirer de la juridiction de France; que l'ambassadeur se chargeait de faire punir les attroupés; qu'ils n'eussent qu'à détacher, pour cet effet, quelques-uns de leurs officiers ou sous-officiers au Vatican, chez leur général, le gouverneur de Rome, le sénateur, ou tout homme public; qu'alors tout se terminerait. Le trop brave Duphot, accoutumé à vaincre, s'élance. D'un saut, il est entre les baïonnettes des soldats; il empêche l'un de charger, il arrête le coup de l'autre, déjà chargé; nous le suivons, le général Sherloch et moi, par instinct national. Il était l'ami des deux partis, il était pacificateur, et il a été considéré comme ennemi : il était leur prisonnier. Trompé par le courage, il est entraîné jusqu'à une porte de la ville appelée *Settimiana*. Je vois un soldat qui lui décharge son mousquet au milieu de la poitrine; il tombe, et se relève en s'appuyant sur son sabre. Je l'appelle; il veut revenir à moi, un second coup l'étend sur le pavé : plus de cinquante coups se dirigent encore sur son corps inanimé. Sherloch n'est pas atteint; il voit tomber son brave camarade. Tous les coups vont se diriger vers nous. Il m'indique une route détournée qui nous conduit au jardin du palais, et nous soustrait aux coups des assassins de Duphot, et à ceux d'une autre compagnie qui arrivait et faisait feu de l'autre côté de la rue. Les deux jeunes officiers, pressés par cette seconde compagnie, se réunissent à nous; ils nous font envisager un nouveau danger. La nouvelle compagnie pourrait librement entrer dans le palais, où ma femme, sa sœur, celle qui devait être le lendemain l'épouse du brave Duphot, venaient d'être emportées de force par mes secrétaires et deux jeunes artistes. Nous regagnâmes le palais par le côté du jardin : les cours étaient encombrées par les lâches et astucieux scélérats qui avaient préludé à cette scène horrible. Une vingtaine d'entre eux et des citoyens paisibles sont restés morts. Je rentre dans le palais; les marches sont couvertes de sang, des moribonds se traînent, des blessés se lamentent. On parvient à fermer les trois portes de la façade de la rue. Les lamentations de l'amante de Duphot, de ce jeune héros qui, constamment à l'avant-garde des armées des Pyrénées et d'Italie, avait toujours été victorieux, égorgé sans défense par de lâches brigands; l'absence de sa mère et de son frère, que la curiosité avait éloignés du palais pour voir les monuments de Rome; la fusillade, qui continuait dans les rues et contre les portes du palais; les premières pièces du vaste palais Corsini, que j'habitais, encombrées par des gens dont on ignorait les intentions; ces circonstances et tant d'autres ont rendu cette scène la plus cruelle que l'on puisse imaginer.

Je fis appeler mes domestiques. Trois étaient absents; un avait été blessé. Je fis placer les armes qui nous avaient servi en voyage, dans l'angle du palais que j'habitais. Un sentiment d'orgueil national, que je ne pus vaincre, dicta aux jeunes officiers le projet d'aller enlever le cadavre de leur malheureux général; ils y réussirent avec l'aide de plusieurs domestiques fidèles, en passant par un chemin détourné, malgré le feu incertain et hasardé que la soldatesque lâche et effrénée de Rome continuait sur le champ du massacre. Ils trouvèrent le corps de ce brave général, qui était naguère animé d'un si sublime héroïsme, dépouillé, percé de coups, souillé de sang, couvert de pierres entassées. Il était six heures du soir. Déjà deux heures étaient sonnées depuis le massacre de Duphot, et aucun homme du gouvernement ne paraissait encore. Au récit de l'état dans lequel on avait trouvé le cadavre de notre infortuné concitoyen, je me décidai à quitter Rome; l'indignation traça ce projet dans mon cœur. Aucune considération, aucune puissance sur la terre ne m'eût fait changer. Cependant je pris la résolution d'écrire au cardinal Doria, secrétaire d'État, une première lettre. Un domestique fidèle traverse la soldatesque attroupée; on suit sa route, que les coups de fusil désignent dans les ténèbres à ses camarades, qui l'observent avec inquiétude des quelques lucarnes du palais.

Enfin on frappe à coups redoublés; une voiture s'arrête: ce sera le gouverneur, le général, le sénateur, un officier romain; il est sept heures du soir. Non, c'est un ami, c'est l'envoyé d'un prince allié de la république, c'est M. le chevalier Angiolini, ministre de Toscane; il a traversé les patrouilles, les troupes de ligne, la troupe civique; on arrête sa voiture; on lui demande s'il cherche les coups de fusil et les dangers : il répond avec courage que dans Rome il ne peut en exister dans la juridiction de l'ambassade de France. Ce reproche, généreux dans ce moment, était une critique amère et vraie de la conduite des directeurs de Rome, contre les officiers d'une nation à laquelle ils devaient encore le reste de leur existence politique.

M. le chevalier d'Azara, ministre d'Espagne, ne tarda pas à paraître. Cet homme, justement honoré de sa cour, avait aussi méprisé tous les dangers; il s'entretenait depuis longtemps avec moi : il était dix heures du soir. L'un et l'autre ne pouvaient revenir de leur surprise de ne voir arriver aucun officier public. J'écrivis au cardinal une seconde lettre. Je reçus peu d'instants après la réponse. Enfin, un officier et quarante hommes, que l'on m'assura bien intentionnés, arrivèrent par ordre du secrétaire d'État, pour protéger mes communications avec lui. Mais ni lui, ni aucun autre homme capable d'arrêter avec moi des mesures décisives pour me délivrer des révoltés qui occupaient encore une partie de ma juridiction, et des troupes qui occupaient l'autre, ne se présenta au nom du gouvernement, malgré la demande réitérée que j'en avais faite.

Je me décidai alors à partir; le sentiment de l'indignation avait fait place à la raison, plus calme; elle me dictait la même conduite; j'écrivis au secrétaire une note, en lui demandant un passeport;

il me l'envoya à deux heures après minuit, accompagné d'une réponse.

Je fis toutes les dispositions convenables dans le calme de la nuit, avec le sang-froid d'une résolution déterminée; j'écrivis au secrétaire d'État une nouvelle lettre, qu'il semblait désirer, en réponse à celle qui accompagnait la lettre adressée par lui à M. le marquis Massimi, ministre du pape à Paris.

A six heures du matin, quatorze heures après l'assassinat du général Duphot, l'investissement de mon palais, le massacre des gens qui l'entouraient, aucun Romain ne s'était encore présenté à moi, chargé par le gouvernement de s'informer de l'état des choses. Je suis parti après avoir assuré l'état du peu de Français restés à Rome : le chevalier Angiolini a été prié de leur délivrer des passeports pour la Toscane, où ils me trouveront; et, après mon départ, le citoyen Cacault, chez qui je suis dans ce moment, avec les Français qui ne m'ont pas quitté depuis le moment où il y a eu quelque péril.

D'après ce récit des faits, je croirais faire injure à des républicains en insistant sur la vengeance que le gouvernement français doit tirer de ce gouvernement impie, qui, assassin de Basseville, l'est devenu volontairement des premiers ambassadeurs français qu'on a daigné lui envoyer, et, de fait, d'un général distingué comme un prodige de valeur dans une armée où chaque soldat a été un héros. Citoyen ministre, je ne tarderai pas à me rendre à Paris, dès que j'aurai mis ordre aux affaires qui me restent à régler; je vous donnerai sur le gouvernement de Rome de nouveaux détails; je vous exprimerai quelle est la punition qu'il faut lui infliger.

Ce gouvernement ne se dément pas : astucieux et téméraire pour obtenir le crime, lâche et rampant lorsqu'il est commis, il est aujourd'hui aux genoux du ministre Azara pour qu'il se rende à Florence auprès de moi, pour me ramener à Rome; c'est ce que m'écrit ce généreux ami des Français, digne d'habiter une terre où l'on sache mieux apprécier ses vertus et sa noble loyauté.

J'ajoute que ce ministre et le ministre de Toscane m'ont assuré qu'ils étaient résolus à demander leur rappel d'un pays où il n'y a point de gouvernement réel, où la passion individuelle devient la raison d'État, où la haine de l'égoïste conduit l'homme public, où l'homme qui, étranger au sol romain, ne tient à la vie que par sa propre existence, sacrifie à ce sentiment l'intérêt de l'État, et lui sacrifierait celui de son Église et du monde entier. »

Talleyrand à Joseph. Paris, 11 janvier 1798.

« J'ai reçu, citoyen, la lettre déchirante que vous m'avez écrite sur les affreux événements qui se sont passés à Rome le 8 nivôse. Malgré le soin que vous avez mis à cacher tout ce qui vous est personnel dans cette horrible journée, vous n'avez pu me laisser ignorer que vous avez manifesté au plus haut degré l'intrépidité, le sang-froid, et cette intelligence à qui rien n'échappe, et que vous avez soutenu avec magnanimité l'honneur du nom français. Le Directoire me charge de vous exprimer, de la manière la plus forte et la plus sensible, sa vive satisfaction sur toute votre conduite; vous croirez aisément, j'espère, que je suis heureux d'être l'organe de ses sentiments. »

Le traité de Campo-Formio ayant rétabli la paix entre la France et l'Autriche, Napoléon fit adopter par le Directoire l'expédition qu'il projetait en Égypte.

C'est pendant cette belle campagne, où les armes françaises brillèrent d'un si vif éclat, qu'il écrivit à son frère aîné, alors membre des Cinq-Cents, les quelques lettres suivantes, malheureusement trop peu nombreuses :

Nap. à Jos. Quartier général de Toulon. 4 mai 1798.

« Le courrier qui te portera cette lettre partira le 20, pour venir m'instruire du directeur sortant. Je te prie de m'écrire par lui, et de m'envoyer tous les journaux depuis le jour de mon départ.

J'ai donné ordre à tous mes courriers qui arriveront à Paris de descendre chez toi. Tu leur diras de venir sans délai me rejoindre à Toulon, surtout à Moustache et à Lesimple (1). »

Nap. à Jos. Quartier général, à bord de *l'Orient*, en rade à Toulon. 19 mai 1798.

« Nous mettons à la voile à l'instant même : je ne toucherai point à Ajaccio.

Si Lucien n'est pas député, il peut venir ; il trouvera ici toujours des occasions, entre autres une frégate qui part dans quinze jours.

J'espère que tu auras acquis Rise ; je voudrais y joindre une des deux de Roche en Berny, que tu

(1) Moustache et Lesimple étaient deux courriers qui rendirent des services à Napoléon, et dont les noms ont acquis une certaine célébrité.

m'as proposées, que j'ai vues (Ragny) en passant, que l'on estime de trois à quatre cent mille francs. Je préférerais cependant celle de M. de Montigny, que j'avais été voir, il y a quatre ans, pour toi. Informe-toi si, pour cette dernière, il y a sûreté, et écris pour l'une ou l'autre au père de Junot : avec une de ces deux et Rise, tout serait bien arrangé comme cela. »

« Nous nous sommes joints avec le convoi de Gênes; nous avons eu du bon, du mauvais temps, et du calme. Nous sommes en pleine route, nous dirigeant sur l'île d'Elbe. Nous serons ce soir devant Bastia. Au large, je n'ai pas été malade.

Nap. à Jos. Quartier général, à bord de *l'Orient*. 23 mai 1798

Je te prie de m'instruire de mes affaires; je t'ai écrit de Toulon ce que je désirais que tu fisses : ce qui te concerne, dans l'arrangement que j'ai fait avec toi, va bien.

P. S. Ma femme va attendre quelques jours à Toulon, qu'elle sache que nous avons passé la Sicile; après quoi elle ira aux eaux. »

« Le convoi de Civita-Vecchia nous joint : celui d'Ajaccio nous a joints hier. Nous naviguons à grandes voiles vers notre destination. Je me porte bien. Tout va bien ici. J'attends avec impatience d'apprendre que tu as arrangé mes petites affaires domestiques de R. et de la Bourgogne. »

Nap. à Jos. Quartier général, à bord de *l'Orient*. 25 mai 1798

« Le général Baraguay-d'Hilliers se rend à Paris; il était un peu malade : j'en profite pour lui faire porter des paquets et des drapeaux. Je n'ai point de tes

Nap. à Jos. Quartier général de Malte. 29 mai 1798.

nouvelles de Rise ni de la Bourgogne. J'écris à ma femme de venir me rejoindre; si elle est à portée de toi, je te prie d'avoir des égards pour elle. Ma santé est fort bonne. Malte nous a coûté deux jours de canonnade. C'est la place la plus forte d'Europe. J'y laisse Vaubois. Je n'ai point touché en Corse. Je suis depuis un mois sans nouvelles de France.

Nous t'écrivons par un bâtiment de guerre. »

Nap. à Jos. Le Caire. (Sans date.)

« M. Calmelet a cent mille francs sur le mont-de-piété à mon nom : dis-lui que mon intention est qu'il y place les intérêts, et que l'on fasse le moins de dépenses possible.

Pour moi, j'attendrai, pour me décider sur ce que je ferai, les nouvelles de Constantinople et de France. Si Rastadt n'est pas fini, si les Irlandais sont battus, on ferait bien de faire la paix, et de se servir de l'Égypte pour l'avoir brillante et solide. Aie des égards pour ma femme : vois-la quelquefois. Je prie Louis de lui donner quelques bons conseils. Je n'ai reçu de toi qu'une lettre, celle de Lesimple. Je souhaite bonheur à Désirée, si elle épouse Bernadotte : elle le mérite. Mille baisers à ta femme et à Lucien. J'envoie un beau châle à Julie; c'est une bonne femme : rends-la heureuse. »

Nap. à Jos. Le Caire, 25 juillet 1798.

« Tu verras dans les papiers publics le résultat des batailles et la conquête de l'Égypte, qui a été assez disputée pour ajouter une feuille à la gloire militaire de cette armée. L'Égypte est le pays le plus riche en blé, riz, légumes, viande, qui existe sur la terre. La barbarie y est à son comble. Il n'y a point d'argent, pas même pour solder les troupes. Je puis être en France dans deux mois. Je te recommande mes intérêts. J'ai beaucoup de chagrins domestiques... Ton amitié m'est bien chère : il ne me reste plus, pour devenir misanthrope, qu'à la perdre et te voir me trahir. C'est une triste position d'avoir à la fois tous les sentiments pour une même personne dans un seul cœur.

Fais en sorte que j'aie une campagne à mon arrivée, soit près de Paris, soit en Bourgogne; je compte y passser l'hiver et m'y enfermer : je suis ennuyé de la nature humaine. J'ai besoin de solitude et d'isolement; les grandeurs m'ennuient; le sentiment est desséché. La gloire est fade à vingt-neuf ans; j'ai tout épuisé : il ne me reste plus qu'à devenir bien vraiment égoïste. Je compte garder ma maison : jamais je ne la donnerai à qui ce soit. Je n'ai plus que de quoi vivre. Adieu, mon unique ami; je n'ai jamais été injuste envers toi. Tu me dois cette justice, malgré le désir de mon cœur de l'être : tu m'entends? Embrasse ta femme et Jérôme. »

Une grande partie des années 1800, 1801 et 1802 fut employée par Joseph Bonaparte à négocier successivement avec les ministres des États-Unis de l'Amérique, avec ceux de l'Autriche, de la cour de Rome, et enfin de l'Angleterre.

Nommé par le premier consul plénipotentiaire à Lunéville et à Amiens, sa correspondance avec lui et avec Talleyrand, alors ministre des relations extérieures, est presque entièrement une correspondance politique pendant ces trois années (1). Il faut en excepter cependant deux ou trois lettres, dont une relative à madame de Staël, que Joseph voyait beaucoup, et une écrite d'Aoste, pendant la campagne de Marengo, quelques jours avant cette bataille célèbre.

Nap. à Jos. 19 mars 1800. « M. de Staël est dans la plus profonde misère, et sa femme donne des dîners et des bals. Si tu continues à la voir, ne serait-il pas bien que tu engageasses cette femme à faire à son mari un traitement de 1,000 à 2,000 francs par mois? Ou serions-nous déjà arrivés au temps où l'on peut, sans que les honnêtes gens le trouvent mauvais, fouler aux pieds, non-seulement les mœurs, mais encore les devoirs plus sacrés que ceux qui réunissent les enfants aux pères?... Que l'on juge des mœurs de madame de Staël comme si elle était un homme; mais un homme qui hériterait de la fortune de M. de Necker, qui aurait longtemps joui des prérogatives attachées à un nom distingué, et qui laisserait sa femme dans la misère, lorsqu'il vivrait dans l'abondance, serait-il un homme avec lequel on pourrait faire société? »

(1) Nous avons dit, dans une note, que notre intention, après la publication de cet ouvrage, est d'écrire l'histoire complète des négociations des grands traités signés par Joseph; on ne sera donc pas surpris de ne trouver ici qu'une très-petite partie de ses lettres à Talleyrand. Nous nous bornons à celles qui offrent le plus d'intérêt, au point de vue général.

« Je te prie de donner trente mille francs à ma femme.

Nap. à Jos. Aoste, 28 mars 1800

Les plus grands obstacles sont franchis; nous sommes maîtres d'Ivrée et de la citadelle, où nous avons trouvé dix pièces de canon. Nous sommes tombés ici comme la foudre : l'ennemi ne s'y attendait nullement, et veut à peine le croire.

De très-grands événements vont avoir lieu; les résultats en seront grands, je l'espère, pour le bonheur et la gloire de la république.

Mille choses à Julie. »

« Lucien est arrivé en Espagne. Jérôme est en route à Brest, embarqué sur le vaisseau amiral avec le contre-amiral Gantheaume. Louis a passé de Berlin à Dresde. Il va aller en Danemark.

Nap. à Jos. Paris, 2 décembre 1800.

Il est convenable pour le ministre que les dépêches officielles soient mises sous son couvert, et lui soient adressées directement par le courrier. Cela n'empêche pas que vous ne m'écriviez un petit billet toutes les fois que cela en vaudra la peine (1).

Moreau m'écrit que les Autrichiens ont demandé deux passeports pour dépêcher deux courriers à Cobenzl; ainsi, il est probable qu'à l'heure qu'il est, deux courriers de Vienne doivent être arrivés à Cobenzl. J'attends de leurs nouvelles pour me décider à partir.

Il est peut-être utile de dire, en forme de conversation, qu'une fois que je serai parti de Paris et

(1) Joseph était alors à Lunéville, chargé de négocier avec le comte de Cobenzl.

que j'aurai commencé les opérations militaires, il est très-probable qu'on n'adoptera plus la mesure de donner des indemnités en Italie à la maison d'Autriche. Il est bon de dire aussi qu'une fois en Italie, les négociations se trouveraient naturellement à l'endroit où je serais.

Quant aux Anglais, eux-mêmes ont tout brusqué et tout rompu. Ainsi, nous ne pouvons donc plus les admettre à Lunéville, d'autant moins que nous avons aussi des engagements à remplir, et que nous ne traiterons que lorsqu'ils auront reconnu la liberté des mers.

Fais en sorte que ce courrier soit de retour le 16 à Paris. Si je pars, la maison d'Autriche s'en souviendra ; il est donc nécessaire que je sache, par le retour de ton courrier, si toute espèce d'espoir est perdu, comme pourrait le faire penser le discours de Pitt au parlement. »

Nap. à Jos. Paris, 12 janvier 1801.

Je vous envoie, citoyen ministre, la copie d'une lettre du général Brune, qui sera demain dans le *Moniteur*.

« Il est probable que si Mantoue n'est pas remise à l'armée française, le général Brune sera sous peu de jours à Venise, et les Autrichiens derrière le Tagliamento. Faites sentir à M. de Cobenzl *qu'alors comme alors*, tous les jours changent sa position : c'est une manière de négocier pitoyable. Par la ligne de l'Adige, la moitié de Vérone sera à la Cisalpine, et l'autre moitié à eux. Idem, pour Porto-Legnano. Insérez au protocole que, si nous entrons dans *Venise*, vous n'aurez désormais à l'Empereur que la Brenta. »

« Vous devez avoir reçu, citoyen ministre, les instructions parties de Paris le 29 nivôse.

Nap. à Jos. Paris, 20 janvier 1801.

Hier, est arrivé de Russie un courrier qui a fait la route en quinze jours : il m'a apporté une lettre extrêmement amicale, de la propre main de Paul Ier.

Ce courrier a rencontré, à quatre lieues de Pétersbourg, un officier envoyé par M. Sprengtporten, et qui était porteur d'une lettre de moi à l'Empereur, à peu près dans le même genre.

J'attends dans quatre ou cinq jours un plénipotentiaire russe.

La Russie est dans des dispositions très-hostiles contre l'Angleterre. Il vous est facile de sentir que notre intérêt est de ne rien brusquer; car la paix avec l'Empereur n'est rien, en comparaison d'une alliance qui maîtrisera l'Angleterre et nous conservera l'Égypte.

L'armistice n'est pas encore conclu en Italie.

Cela doit être le sujet perpétuel de vos plaintes. Si l'Autriche cède de bonne foi la droite de l'Adige, pourquoi ne conclut-elle pas un armistice qui lui est accordé par la cession des places sur cette rive droite?

La Toscane doit prendre pour premier système de tactique, que l'Empereur ne doit jamais passer l'Adige. Si cependant les événements voulaient que le grand-duc y fût rétabli, nous n'y consentirions toutefois pas, tant que durera la guerre avec l'Angleterre; car, tant qu'elle durera, nous devons toujours nous méfier de l'Autriche, avoir toujours une forte armée en Italie; et le port de Livourne, ainsi que les côtes de la Toscane, devant être interdits aux Anglais, cela ne peut avoir lieu que par la possession du pays.

Vous ne devez jamais parler de Naples ni du pape. Vous répondrez, toutes les fois qu'on vous en parlera : *Avez-vous des pouvoirs de ces princes? la France s'entendra avec eux.*

Toutes les fois qu'on parlerait du roi de Sardaigne, vous répondriez simplement que, si c'est nous qui l'avons ôté, l'Empereur, s'il combattait pour lui, eût dû le rétablir dans ses États; que, dans tous les cas, nous nous entendrons avec ce roi, et nous établirons en Italie un ordre tel, qu'il ne causera point d'alarmes aux États voisins, et que la tranquillité sera assise sur des bases immuables.

Quant aux stipulations que M. de Cobenzl pourrait demander pour l'Empire, il ne faut nous engager à rien. Nous agirons suivant les circonstances et les individus qui gouvernent à Vienne; que nous n'avons aucune confiance dans Thugut, et que nous ne pouvons prendre aucun engagement avec l'Empereur, tant que ce ministre sera écouté dans le conseil.

Il est d'ailleurs difficile de prendre des engagements pour l'Allemagne que de concert avec Paul Ier.

Ainsi je me résume :

1° Continuer le protocole, discuter à fond les

questions, même la rédaction du traité définitif; mais ne rien signer avant dix jours, époque à laquelle nous serons d'accord avec Paul Ier.

2° Batailler pendant ce temps, pour que le grand-duc de Toscane soit placé en Allemagne.

3° Ne point parler du roi de Naples, du pape, ni du roi de Sardaigne. Si le plénipotentiaire autrichien cédait la Toscane, il pourra être stipulé qu'on y placera un infant d'Espagne; moyennant quoi nous nous engagerions avec l'Espagne à faire obtenir au grand-duc une indemnité proportionnée en Allemagne.

4° Ne parler de la Cisalpine que pour dire qu'elle recevra une organisation qui ne causera point d'alarmes aux États voisins.

5° Ne nous engager en Allemagne que pour le grand-duc de Toscane; dire, du reste, que lors de la paix avec l'Empire on s'entendra.

6° Ne point parler dans le traité du mode de son exécution, mais le stipuler par une convention séparée.

7° Ne nous faire évacuer les pays que nous occupons au delà de l'Inn et de l'Adige que le plus tard possible, et stipuler le payement des contributions qui ont été imposées.

8° Quant à l'évacuation de la rive droite du Rhin, elle ne doit avoir lieu qu'à la paix de l'Empire.

9° On peut, pour la Suisse, stipuler indépendance et neutralité.

Vous devez envoyer deux courriers par jour; car, l'Europe étant au moment d'une crise, le système que l'on pourrait avoir se trouve changé, et ne peut pas être encore entièrement assis. »

Cette lettre de Napoléon est des plus importantes au point de vue politique : elle explique parfaitement son système, dans cette négociation avec l'Autriche, et ses espérances relativement à la Russie. Ne peut-elle pas donner matière à bien des réflexions, lorsqu'on rapproche sa date de celle de la mort de Paul Ier ?

Quelques jours après la réception de ces instructions si positives, si explicites et si nettes, de Napoléon à son frère, ce dernier recevait la lettre ci-dessous de M. de Gallo, ambassadeur du roi de Naples :

Le marquis de Gallo à Joseph. Vienne, 24 janvier 1801.

« Monsieur l'ambassadeur, d'après les ouvertures que M. le comte de Cobenzl a dû vous faire, par ordre de S. M. l'Empereur, sur le désir du roi mon maître de concourir à la paix avec la république française, et d'après les témoignages que vous avez bien voulu lui donner d'agréer les dispositions du roi à cet égard, j'attends à toute heure, pour me rendre en France, le passe-port que j'ai prié S. M. l'Empereur de vous faire demander par M. le comte de Cobenzl, depuis la date du 13 de ce mois. Je partirai au moment même où je le recevrai, pour vous prouver, monsieur l'ambassadeur, la sincérité des sentiments du roi et mon empressement personnel à remplir ses ordres, et pour vous réitérer mes hommages.

L'armistice qui vient de se faire en Italie, et les

déclarations et promesses de M. le général Brune, de ne rien entreprendre d'hostile contre les États et les troupes de S. M. le roi mon maître, m'engagent à désirer encore davantage de recevoir au plus tôt le passe-port en question, pour hâter le rétablissement de la bonne intelligence et amitié entre les deux États. Je vous prie, en conséquence, de vouloir bien faire parvenir au plus tôt la lettre ci-incluse à M. le premier consul votre frère, dans laquelle je sollicite pour cet objet, et pour qu'il veuille bien donner ou confirmer les ordres à M. le général Brune pour la cessation de toute hostilité entre ses troupes et celles de S. M. le roi.

J'attends avec empressement votre réponse, monsieur l'ambassadeur, et je vous réitère, etc. »

Presque au moment où il recevait cette lettre, Joseph concluait et signait le traité de Lunéville (9 février 1801). La nouvelle en fut accueillie partout avec beaucoup de joie, et le premier consul s'empressa d'écrire à son frère :

« On a publié, ce matin, citoyen ministre, le traité de paix de Lunéville. Il a rempli parfaitement l'attente du gouvernement. Nap. à Jos. Paris, 13 février 1801.

Le citoyen Talleyrand vous écrit pour vous autoriser à venir à Paris. Je ne veux pas écrire à M. de Cobenzl. Je ne puis le traiter que comme un ministre ordinaire. Dans le commencement de cette négociation il a manqué à son caractère. Cependant il sera vu ici avec plaisir, et il n'y a pas d'inconvénient qu'il y vienne. Dans ce cas, il ne serait pas sage et il paraîtrait peu convenable que vous lui montrassiez la même intimité que la première fois. On avait fait alors pour lui ce que l'on fait aujourd'hui pour M. Katilschen, c'est-à-dire, venant pour lever tous les obstacles et conclure la paix, et non pas pour gagner du temps, et profiter de la confiance particulière que j'avais en lui pour faire réussir le système de M. Thugut. Il n'y a pas cependant d'inconvénient à lui dire que, s'il n'avait pas eu le bon esprit de rester à Lunéville, on aurait imposé à la maison d'Autriche des conditions plus dures.

Il me reste un mot à vous dire : *La nation est contente du traité, et moi j'en suis particulièrement satisfait.* »

Talleyrand à Joseph. 27 mars 1801.

« Citoyen, je vous adresse les nouveaux pouvoirs qui vous sont expédiés pour les arrangements à prendre en exécution du traité de Lunéville.

Le citoyen Laforest, qui vous les remettra, continue à être attaché, comme secrétaire, à la nouvelle mission qui vous est confiée.

Je suppose que ce premier voyage de M. de Cobenzl ne sera guère employé qu'à des conversations, car il voudra lui-même attendre que l'Empereur ait reçu l'autorisation de la Diète. Si vous avez besoin d'une statistique ambulante, je vous offre le citoyen Matthieu, dont je me persuade que vous tirerez utilité.

Appliquez-vous à savoir de M. de Cobenzl quelles sont les vues et les plans de la cour pour les arrangements de l'Empire. La Prusse nous a fait remettre quelques mémoires; mais ce sont plutôt des indications de localités à sa convenance, plutôt des hypothèses, que des demandes formelles et des plans généraux. »

« L'empereur de Russie est mort dans la nuit du 24 au 25 mars, d'une attaque d'apoplexie. La vive douleur que je ressens de la mort d'un prince auquel je portais tant d'estime, ne me permet pas d'entrer dans de plus grands développements (1). Son fils aîné lui a succédé, et a reçu le serment de l'armée et de la capitale. »

Nap. à Jos. Paris, 11 avril 1801.

Le gouvernement de la république ligurienne ayant fait exprimer à Joseph, par ses ministres, sa reconnaissance de ce qu'il avait fait en sa faveur lors des négociations du traité de Lunéville, Joseph répondit :

« Citoyens, le peuple ligurien, après ses efforts et sa persévérance dans la cause qui divisait l'Europe, ne pouvait pas être oublié par la république française, au moment de la pacification continentale; je m'estime très-heureux d'avoir été l'instrument de la volonté nationale, en stipulant à Lunéville les intérêts de la Ligurie.

Joseph aux ministres de la république ligurienne. Paris, 10 juillet 1801.

(1) C'est seulement quelques jours après la date de cette lettre que *le Moniteur* annonça la nouvelle de la mort de l'empereur de Russie, dans son numéro du 27 germinal an IX. Voici en quels termes significatifs cette nouvelle est rédigée: « *Paris, le* 26 *germinal.* — Paul Ier est mort dans la nuit du 24 au 25 mars !!! — L'escadre anglaise a passé le Sund le 31 !!! — L'histoire nous apprendra les rapports qui peuvent exister entre ces deux événements !!! »

Veuillez témoigner à votre gouvernement toute ma sensibilité pour les expressions infiniment flatteuses que votre lettre contient. Je conserverai précieusement le gage qu'il veut bien me donner, au nom du peuple ligurien, de sa satisfaction.

Croyez aux sentiments qui me lient aux intérêts d'un allié aussi fidèle du peuple français. »

Joseph Bonaparte eut à peine terminé les négociations relatives au traité de Lunéville, et fait adopter diverses dispositions qui en furent les conséquences, que le premier consul, fort satisfait de la manière dont son frère aîné avait accompli cette importante mission, le chargea d'une autre négociation auprès du saint-siége, pour le rétablissement du culte catholique et la conclusion du fameux concordat de 1802. C'est à cette affaire et à une restitution d'objets d'art, qu'ont trait les lettres suivantes de l'année 1801.

Nous les faisons précéder du décret qui nomme Joseph, Cretet et Bernier ministres plénipotentiaires :

AU NOM DU PEUPLE FRANÇAIS.

Du 23 *messidor an IX de la république, uné et indivisible* (17 *juillet* 1801).

Bonaparte, premier consul de la république, arrête ce qui suit :

Art. 1er. Les citoyens Joseph (Bonaparte), conseiller d'État, Cretet, conseiller d'État, et le citoyen Bernier, sont chargés de négocier, conclure et signer une convention avec le cardinal Consalvi, l'archevêque de Corinthe et le père Cazelli, revêtus des pleins pouvoirs et instructions de Sa Sainteté le pape Pie VII.

Art. 2. Le ministre des relations extérieures est chargé de l'exécution du présent arrêté.

Hugues Maret à Joseph. Paris, 12 juillet 1801.

« J'ai eu l'honneur de me rendre chez vous, citoyen, pour vous remettre l'expédition de l'arrêté qui vous nomme, avec les citoyens Cretet et Bernier, ministre plénipotentiaire pour traiter avec la cour de Rome des matières ecclésiastiques actuellement en discussion. Le premier consul désire que cette négociation soit terminée dans les vingt-quatre heures. Il attache un grand prix à ce que la convention à intervenir porte la date du 14 juillet; vous jugerez sans doute, en prenant connaissance de cette affaire, qu'elle est parvenue à un point de maturité tel, qu'une prompte conclusion peut être demandée à la sagacité et au zèle des plénipotentiaires. Les citoyens Bernier et Cretet se rendront demain chez vous à neuf heures du matin, pour l'ouverture des opérations.

Le ministre des relations extérieures vous remettra les projets de convention déjà rédigés contradictoirement et provisoirement, ainsi que toutes pièces et documents nécessaires. »

Nap. à Jos. 19 juillet 1801.

« Il me paraît nécessaire que vous vous entendiez bien avec le cardinal Consalvi pour tout ce qui est relatif aux évêques constitutionnels, puisqu'il me semble que le cardinal Consalvi croit que le pape n'est pas tenu par le concordat d'adresser un bref aux évêques constitutionnels comme aux non constitutionnels, pour qu'ils se démettent de leurs siéges ; et qu'au contraire ce cardinal croit indispensable qu'avant même que ces évêques puissent être nommés à des évêchés, ils se rétractent (1); chose qu'on ne peut pas exiger d'eux sans les déshonorer, et sans compromettre l'autorité temporelle qui les a toujours appuyés, surtout lors de l'assemblée constituante.

Cet objet me paraît très-essentiel à régler. »

Nap. à Jos. Paris, 19 juillet 1801.

« Je désire, citoyen, que vous continuiez vos conférences avec le cardinal Consalvi et vos autres collègues :

1° Pour arranger ce qui est relatif aux constitutionnels, et faire en sorte que les évêques constitutionnels soient éligibles comme les autres.

2° Arrêter la rédaction de la bulle. Je désirerais que cette bulle fût publiée en France le plus tôt possible, afin que je pusse sur-le-champ nommer aux archevêchés et évêchés. Je désirerais que la bulle pût être publiée à Paris le 15 août. Pour cette époque, toutes mes nominations seront faites, de manière que les nouveaux évêques pourront entrer en fonctions dans les premiers jours de fructidor.

Faites sentir que j'attache quelque importance à ce que cette affaire marche avec célérité, parce que, le mois de frimaire étant l'époque de la réunion du

(1) Tout le monde comprendra la haute importance de cette lettre, qui traite d'un des points capitaux du concordat.

corps législatif et des discussions, je désirerais qu'elle fût déjà alors sanctionnée.

Il serait bon de tenir un protocole de tous ces objets. »

« Citoyen, l'intention du premier consul est de prendre des mesures définitives pour établir tout ce qui est relatif aux prêtres constitutionnels, et terminer d'une manière invariable la marche à suivre dans toutes les affaires ecclésiastiques. Il avait marqué le désir qu'il fût tenu un protocole de toutes les discussions qui ont eu lieu dans la négociation dont vous avez été chargé avec les ministres de Sa Sainteté. Il me charge de vous demander ce protocole, qui doit lui faire connaître les dispositions de la cour de Rome sur tous les objets en discussion, et l'éclairer sur les dernières déterminations qui restent à prendre.

Talleyrand à Joseph. Paris, 27 juillet 1801.

Je vous prie en même temps de m'envoyer le projet de bulle qui a dû être convenu entre les ministres du saint-siége et vous, ainsi que celui de la nouvelle circonscription des diocèses français. »

« Monsieur, j'ai l'honneur de vous annoncer que ce matin est arrivé le courrier de Rome, avec la ratification de Sa Sainteté de la convention que nous avons signée. Je vais remettre au ministre des relations extérieures une copie littérale de la ratification, laquelle est simple, telle qu'elle devait être.

L'archevêque de Corinthe a Joseph. Paris, 27 août 1801.

Le courrier a dû retarder de quelques jours son départ à cause de la rédaction de la bulle, qui m'a été également envoyée, suivant les ordres que le ministre des relations extérieures avait donnés au ministre Cacault. J'attendrai actuellement les ordres pour cet échange des ratifications. Je ne doute pas que ce sera avec vous que j'aurai l'honneur de les échanger.

J'ai l'honneur aussi de vous remettre une lettre du cardinal Consalvi. »

Le cardinal Consalvi à Joseph. Rome, 16 août 1801.

« Excellence, je ne saurais pas envoyer à Paris la ratification et les réponses que l'on y attend de nous, sans écrire particulièrement à Votre Excellence, et lui recommander de la manière la plus expresse l'heureuse issue de l'affaire qui nous occupe; mais ce n'est pas moi qui fais à Votre Excellence cette recommandation. Ayant rendu compte à Sa Sainteté de tout ce qui s'est passé à Paris lorsque j'ai eu le bonheur d'y être pour cette même affaire, je lui ai parlé de Votre Excellence, et je lui ai dit combien de droits elle avait à notre estime particulière et à notre reconnaissance.

Le saint-père m'a ordonné de la remercier, et en même temps de lui recommander monseigneur l'archevêque de Corinthe, afin qu'elle lui accorde sa protection auprès du premier consul, pour la bonne réussite de l'affaire en question. Votre Excellence verra que l'on est arrivé au dernier degré possible. Il n'y a pas d'exemple, dans l'histoire de l'Église, de tant de douceur, de modération, d'affection paternelle de la part de son chef. Votre Excellence verra qu'il n'y a pas un mot capable d'aigrir, au lieu d'adoucir; elle verra que l'on va au-devant d'elle. Ses intentions, ses désirs, que je connaissais si bien, ont été satisfaits par Sa Sainteté autant qu'elle a pu le faire. Votre Excellence est trop raisonnable pour ne pas en être entièrement satisfaite. Monseigneur l'archevêque de Corinthe a l'ordre de lui faire voir tout, et de lui rendre un compte exact de l'affaire, et de lui demander sa faveur et sa protection. Je m'en rapporte à lui de tout ce qu'il dira de notre part. J'ai envoyé tout : ratification, bulle, bref, observations, tout a été fait. Le cardinal Caprara viendra bientôt. Dans un très-court espace de temps, j'ai pu réussir à faire achever ici l'ouvrage d'un ou deux mois. Ma santé en a beaucoup souffert; je suis très-fatigué, mais mon zèle ne s'effraye pas; je ferai toujours ce qui me sera possible pour le bien de la religion, et pour la conservation de la bonne harmonie et des liens réciproques entre les deux gouvernements : c'est mon vœu bien sincère.

Votre Excellence se souviendra que nous parlâmes un jour de la dévotion de madame votre femme, et que je vous dis que j'avais demandé un chapelet béni par le saint-père, pour le lui envoyer. Sa Sainteté lui envoie donc celui que le courrier apporte à M. Spina, et, sachant combien elle est pieuse, lui donne sa bénédiction paternelle, et lui souhaite du ciel tous les bonheurs, etc. »

Talleyrand à Joseph. Paris, 9 septembre 1801.

« Je vous informe, citoyen, que le premier consul a ratifié la convention du 20 messidor (15 juillet), et je vous transmets cette ratification, en vous invitant à vous réunir aux citoyens Cretet et Bernier, pour faire l'échange des ratifications respectives avec monsignor Spina et le père Cazelli, ministre plénipotentiaire du saint-siége. Il ne manque plus que cette formalité et celle du procès-verbal d'échange, à la consommation d'un des actes les plus importants du gouvernement de la république française. »

Les trois pièces qui suivent feront connaître parfaitement l'affaire relative aux objets d'art, que Joseph Bonaparte fut chargé de terminer.

Le cardinal Consalvi à Joseph. Rome, 1er sept. 1801.

« Excellence, j'ai l'ordre du saint-père d'envoyer un courrier extraordinaire à Paris pour l'affaire des objets d'art. J'ai eu l'honneur de parler à Paris au premier consul sur cet objet. Je le priai de faire réflexion sur la différence très-essentielle de ceux qui étaient propriétés particulières, et de ceux qui autrefois étaient au musée Vatican. Le saint-père ne fera pas opposition pour livrer ceux-ci, si le premier consul le veut, quoiqu'il pût y avoir lieu à espérer qu'il n'exigerait pas qu'on les livrât; mais pour les propriétés des particuliers, ayant parlé au premier consul, je le trouvai très-bien disposé en faveur du duc Braschi. C'était conséquent à la restitution décrétée en sa faveur, des biens confisqués le même jour que les objets d'art. Je ne le trouvai pas aussi bien pour les Albani, qu'il croyait peu amis de la France; mais il finit par me dire que cependant ces considérations-là ne devaient pas changer les règles de la justice. Je trouvai de bonnes dispositions aussi dans M. Chaptal, qui me dit que l'on enverrait des pleins pouvoirs à M. Cacault, qui ne les a pas reçus. Au contraire, les deux commissaires sont arrivés, qui, à la suite d'un décret, il est vrai, antérieur à mon voyage, mais qui cependant n'est pas encore révoqué, veulent que l'on livre, outre les objets qui appartenaient déjà au musée, ceux aussi qui sont aux particuliers, tels que ceux d'Albani, Braschi, etc. Le saint-père n'a trouvé d'autre parti meilleur que d'expédier un courrier à Paris, et d'exposer au premier consul, par le moyen de son ministre, ses motifs pour désirer une modification en faveur des propriétés des particuliers. Monsignor Spina fait remettre à Votre Excellence un mémoire où ces motifs sont exposés. Il invoque à son appui les sentiments de justice et d'équité qui font tant d'honneur à son caractère. Le saint-père ne trouve pas qu'il soit possible que l'on veuille exiger de lui qu'il renouvelle les exemples des visites domiciliaires, et qu'il fasse rendre par des moyens de violence, par ceux qui les ont repris, les objets dont ils réclament toujours les droits de propriété; droits que, même lors de l'invasion, l'armée française proclamait vouloir conserver intacts. Le premier consul a donné une preuve très-récente du jugement qu'il portait sur de telles confiscations, par la restitution des biens confisqués au duc Braschi. Pourra-t-on croire qu'il veuille ôter les statues confisquées à celui auquel il a rendu les biens confisqués? Pour ce qui regarde la famille Albani, outre les mêmes raisons qui parlent en sa faveur, Votre Excellence sait l'intérêt que prend à lui la cour impériale. Le saint-père se trouverait compromis entre ces deux puissances, si le premier consul ne prononçait pas en faveur du prince Albani, qui d'ailleurs a toujours été étranger à ce qui se passait à Rome. Votre Excellence peut en parler avec M. le comte de Cobenzl. Enfin, j'ajouterai que l'on se dispute pour peu de chose dans le fond; mais l'intérêt de quelques commissaires ou acquéreurs particuliers, qui ont profité du nom de la république, fait ses efforts pour soutenir la confiscation.

Sa Sainteté m'a donné l'ordre de prier particulièrement Votre Excellence d'appuyer cette affaire auprès du premier consul. Elle attend de sa justice que l'ordre soit donné de ne pas inquiéter les particuliers propriétaires. Le caractère dont le saint-père est revêtu ne lui permet pas d'exercer un ministère aussi odieux, et qui part d'un principe reconnu injuste par le gouvernement actuel de la France. Pour ce qui regarde les objets appartenant déjà au pape, il répète que, si le premier consul le veut, il n'y aura aucune opposition de sa part. La manière dont le saint-père se conduit constamment vis-à-vis du gouvernement ne fait pas douter que l'on ne voudra pas troubler son repos, soit en le compromettant avec d'autres puissances, soit en le forçant à traiter ses sujets d'une manière aussi contraire aux sentiments de son cœur. Je reçois l'ordre de Sa Sainteté de vous recommander les intérêts de tous ces particuliers : elle ne doute pas d'une issue heureuse par votre entremise. »

« Citoyen ambassadeur, vous savez qu'après votre départ de Rome, à l'entrée des troupes françaises dans cette ville, les commissaires du gouvernement saisirent tous les biens du cardinal Albani et ceux de la famille Braschi. A cette époque, une partie de leurs propriétés fut vendue; l'autre, consistant particulièrement en statues, tableaux, fut réservée pour être transportée à Paris au Muséum national.

Cacault, ministre à Rome, à Joseph. Rome, 1er sept. 1801.

La négligence des délégués d'alors, la nécessité de restaurer beaucoup de ces objets, et, depuis, les revers de l'an VII, empêchèrent d'effectuer le transport général.

Ils restèrent donc à Rome; les uns furent emportés à Naples par les Napolitains : ceux-là ne sont pas la matière d'un procès; ils doivent être restitués, aux termes du traité de Florence.

Les autres ne sortirent pas de Rome. La famille Braschi reprit et replaça dans sa maison ce qui lui appartenait; la famille Albani fut assez négligente pour laisser à *Repa grande* les effets saisis, dans les mêmes caisses où les Français les avaient mis.

Au moment de l'entrée de l'armée d'observation en Étrurie, le général Murat écrivit à Rome, à Sa Sainteté, et mit tout ce qui n'avait pas été distrait de ces objets sous la sauvegarde particulière de sa loyauté, et invita le secrétaire d'État à y faire apposer les scellés; ce qui fut exécuté sur les caisses Albani et deux autres d'origine anglaise.

En floréal dernier, le gouvernement français envoya en Italie le citoyen Dufourny en qualité de commissaire, pour la récupération des objets d'art acquis à la France.

En thermidor dernier, le cardinal Consalvi se trouvait à Paris; il observe aujourd'hui que, d'après une conversation qu'il a eue avec votre frère et le ministre Chaptal, il lui a paru que les instructions du citoyen Dufourny se trouvaient naturellement modifiées par les circonstances.

Voilà, citoyen ambassadeur, l'état des choses. Les pouvoirs du citoyen Dufourny n'admettent aucune excuse, aucun délai; la cour de Rome, harcelée par le ministre de Vienne près le saint-siége, protecteur déclaré du cardinal Albani, refuse ce que demande le citoyen Dufourny.

J'ai, de mon côté, appuyé la demande du commissaire français; je dois cependant, dans ma conscience, sentir l'inconvenance qu'il y a à reprendre une partie des objets réclamés dans la maison même des propriétaires.

Au milieu de ce conflit d'opinions contraires, la cour de Rome s'est décidée à envoyer à Paris un courrier.

Je pense que, lorsque les commissaires français sont venus en Italie, ils n'avaient pas le droit de prendre tous les biens de la famille Braschi, pas plus que ceux du prince Borghèse, qui ont été respectés.

Le premier consul paraît être de cet avis, et le pape ne peut, ni ne doit, en avoir un autre.

L'héritier du cardinal Albani est le prince Albani, attaché à l'ancien archiduc de Milan. On sollicite ici vivement pour lui de la part de l'Empereur, et les mêmes raisons de droit subsistent en sa faveur : il a déclaré, par le ministre de Vienne, que Sa Sainteté serait responsable de tout ce qui arriverait.

La famille Albani est une famille attachée, dévouée à la cour de Vienne, et il n'existe à Rome, de cette famille, que le vieux cardinal de ce nom, âgé de quatre-vingt-huit ans. On la considère comme ennemie de la France, en raison de ses liaisons avec la maison impériale ; mais une maison particulière peut-elle jamais être prise à partie par une grande puissance, et être dépouillée, ainsi qu'on a dépouillé la villa appartenant à la famille Albani ?

Nous voulons qu'on restitue à Visconti et Piranesi tout ce qu'on leur a pris à Rome ; nous le voulons et l'obtenons : il n'y a plus alors de parité. On avait fait ces confiscations, parce qu'ils étaient ennemis de Naples et de la coalition : ne sommes-nous pas tombés dans la même erreur, relativement à la saisie des biens Albani ? Pouvons-nous donc demander la restitution des biens Piranesi, et ne pas faire celle d'Albani et Braschi ?...

Il reste à Naples une plus grande quantité de caisses enlevées à la villa Albani qu'il n'y en a à Rome ; mais dans la totalité de ces caisses, dont le nombre est énorme, la plupart ne contiennent que des objets communs, qui ne valent pas le port à payer pour les transporter à Paris. Il y a quelques objets capitaux, comme le bas-relief d'Antinoüs d'Albani, la statue d'Antinoüs appartenant à Braschi ; mais, quelle que soit la quantité de ces objets, a-t-on le droit de forcer le pape à les donner ?

A l'époque actuelle de notre révolution, il est essentiel d'observer deux rapports particuliers sous lesquels le gouvernement français peut être considéré :

L'un est ce système de contributions, de pillage, de dévastations qui nous a assez signalés en Italie ; l'autre, un esprit de sagesse, de fixité, de justice, qui a paru le 18 brumaire, s'est développé avec le génie de Bonaparte, et a signalé les traités de paix de l'an IX.

Il me semble que, si, en vertu du premier système, on s'est cru en droit de saisir les biens Albani et Braschi, aujourd'hui, d'après le second, on n'a pas celui de les réclamer encore. On a parlé de m'envoyer un pouvoir pour terminer à l'amiable; j'ai voulu, cher ambassadeur, que d'avance vous connussiez mon opinion. Je dois vous avertir que ma décision, dans mon âme et conscience, ne serait pas conforme à ce désir immodéré, trop répandu à Paris, d'y accumuler sans exception, et sans l'acheter, tout ce qu'il y avait de beau en Italie. C'est moi qui ai envoyé les cent plus beaux objets qui y sont aujourd'hui ; je l'ai fait avec plaisir quand notre droit était légitime : maintenant je ne vois pas de la même manière la contestation qui s'établit à Rome.

J'ai cru devoir vous écrire, mon cher ambassadeur, avec cette confiance et cette effusion de cœur, pour que dans l'occasion vous fassiez cesser les incertitudes qui subsistent encore à Rome avec l'ancien système et le nouveau, qui est le nôtre, celui qui convient à la gloire et à la prospérité d'un grand État.

Mes respects à madame Julie; vous connaissez mon sincère et véritable attachement.

P. S. Lorsqu'on a sollicité du pape un concordat, des brefs et des bulles, on ne peut se dissimuler qu'un premier sentiment de crainte n'ait puissamment agi sur son âme et sur celle de ses conseils; voilà sans doute ce qui a fait promptement décider en principe un accommodement avec la France; mais, s'il est sensé d'avoir trouvé dans les succès de nos armes cette cause primitive de la bienveillance de la cour de Rome, il ne faut pas cesser d'apercevoir dans la réussite totale des affaires religieuses, je dirai même dans l'espèce de grâce qu'on y a mise de ce côté, un véritable sentiment d'estime et de haute considération pour le système adopté par le premier consul, pour cette modération respectable qui a guidé ses démarches, et cette sorte de garantie qu'offre actuellement le gouvernement français. Qui n'avoue aujourd'hui que tous ses actes ont un caractère de justice mêlé de force qui apprend aux nations à compter sur notre parole, et combien nous haïssons le système qui a précédé? »

« Excellence, je vous prie de vouloir bien agréer tous mes remercîments pour l'intérêt que vous avez pris à l'affaire des statues. J'ai l'ordre de Sa Sainteté de vous remercier beaucoup de sa part. J'avais prédit au saint-père qu'il ne pouvait pas manquer de réussir, si Votre Excellence le prenait à cœur.

Le cardinal Consalvi à Joseph. Rome, octobre 1801.

Sa Sainteté m'ordonne aussi de recommander à Votre Excellence les affaires de la religion : elle sait qu'elles sont bien confiées. Si je puis me flatter de recevoir de Votre Excellence un véritable bienfait, je la prie de choisir un moment pour rappeler mon plus grand respect au premier consul.

J'en demande aussi un autre à Votre Excellence, c'est de disposer de moi comme de son plus fidèle et attaché serviteur : elle me l'a promis, je compte sur sa parole. Votre Excellence m'a inspiré trop d'estime, et je lui dois trop de reconnaissance, pour que je ne désire pas de lui rendre tout ce que je peux au monde. J'espère que Votre Excellence voudra bien présenter mes respects à madame sa femme, qui me ferait bien de l'honneur si elle voulait disposer de mes services.

Les frères Piranesi trouveront en moi tout l'appui et tous les soins dont ils pourraient avoir besoin.

Je prie Votre Excellence d'agréer les sentiments de ma haute considération et de mon respectueux et tendre attachement. »

Nap. à Jos. Paris, 29 déc. 1801.

« Louis et Hortense doivent décidément se marier le 14 ; ils logeront dans ma maison, rue de la Victoire.

Je ne partirai probablement pour Lyon que dans le courant de la décade prochaine. Le ministre des relations extérieures est parti depuis le 2, celui de l'intérieur partira le 11.

Quatre cent cinquante députés cisalpins sont arrivés à Lyon depuis quinze jours, et, à l'heure qu'il est, les opérations de la consulte doivent avoir commencé.

J'espère, avant mon départ, recevoir deux ou trois fois des nouvelles d'Amiens, et connaître positivement le jour où le traité définitif sera signé. Il me paraît qu'il n'y a plus aujourd'hui aucun obstacle sérieux. »

Joseph était alors à Amiens, plénipotentiaire pour la république française, et négociant avec lord Cornwallis, plénipotentiaire pour le gouvernement anglais. On sait combien le premier consul et le pays tout entier avaient hâte de voir la paix conclue et signée entre les deux puissances.

« Je pars demain à minuit pour Lyon : je ne resterai que onze à douze jours.

Nap. à Jos. Paris, 6 janvier 1802.

Je crois que le général Bernadotte s'est rendu à Amiens. Qu'il y soit ou non, je désire qu'il te fasse connaître s'il lui convient d'aller à la Guadeloupe comme capitaine général. Cette île prospère, sa culture est dans la plus grande activité; mais Lacrosse s'étant indisposé les habitants, et n'ayant avec lui que cinq cents blancs, en a été chassé, et un mulâtre s'est mis à la tête de la colonie. Ils ignoraient alors la paix. On fait partir trois vaisseaux, quatre frégates et trois mille hommes de bonne infanterie, afin de désarmer les noirs et de rétablir pour toujours la tranquillité. C'est une mission importante et agréable sous tous les points de vue, puisqu'il y a aujourd'hui quelque gloire à acquérir et un grand service à rendre à la république, en faisant rentrer pour toujours cette colonie dans l'ordre. D'ailleurs, c'est une position d'où l'on peut partir pour aller prendre possession de la Louisiane, et même de la Martinique et de Sainte-Lucie.

Si ceci tente l'ambition de Bernadotte, comme il paraît que cela est, il faut que tu me le fasses promptement connaître; car l'expédition partira dans pluviôse, et ces missions aux colonies sont demandées par les généraux qui ont le plus de réputation. J'attends le retour du courrier pour y nommer. »

Bernadotte n'eut pas cette mission; le brave et malheureux général Leclerc, qui venait d'épouser Pauline Bonaparte, fut chargé de se rendre à Saint-Domingue. Il y mourut, et sa femme rapporta son corps en France.

Nap. à Jos. Paris, 1er février 1802.

« Je reçois votre lettre du 12 pluviôse. Il paraît que tout marche à Amiens. Huit jours plus tôt ou huit jours plus tard sont actuellement indifférents.

Les affaires de la Cisalpine paraissent avoir fait assez généralement plaisir.

Je désire que vous parliez à lord Cornwallis de l'abominable ouvrage (1) que vous trouverez ci-joint, et lui fassiez sentir combien il est contraire à la dignité des deux États de laisser à Londres un émigré imprimer de pareilles sottises, dans un temps où je m'emploie particulièrement à étouffer tout ce qui pourrait être fait comme une plainte particulière.

Vous devez dire aussi à lord Cornwallis qu'il doit

(1) Allusion à l'un des pamphlets qui se publiaient par milliers à Londres, et dont l'Angleterre favorisait l'introduction en France.

ajouter peu de foi aux renseignements que lui envoie M. Jackson, parce qu'il ne voit que de mauvaises sociétés, et que ses renseignements lui sont donnés par des escrocs qui ne veulent que de l'argent. Ceux qu'il lui a envoyés jusqu'à présent doivent lui en donner la preuve.

Sébastiani est de retour de Constantinople. Le Grand Seigneur m'a écrit une lettre dont je suis très-content. »

« Je reçois votre dépêche du 16 ventôse (6 mars) : je ne vois pas qu'il y ait aujourd'hui une différence sensible entre les différents projets. La dernière rédaction du projet anglais pour Malte ne s'éloigne pas beaucoup de la nôtre. Il est aussi facile de trouver un *mezzo-termine* pour les affaires des prisonniers. Je ne vois donc pas ce qui peut empêcher aujourd'hui la conclusion du traité. Si lord Cornwallis est de bonne foi, la paix doit être signée le 12, à midi. S'il en est autrement, il serait évident que le cabinet anglais serait livré à des combinaisons différentes ; ce qui, dans la position actuelle de l'Europe, ne serait qu'un esprit de vertige. En tous cas, je compte recevoir le 19, à midi, le retour de mon courrier, qui me fasse connaître positivement ce qu'il en est. J'ai cédé tout ce qu'ont voulu les Anglais ; si la paix n'a pas lieu sur-le-champ, je ne redoute point la guerre. Expliquez-vous-en fortement, et que le 19, à midi, je sache à quoi m'en tenir ; car, comme il paraît que les Anglais ont donné des ordres d'armer à Plymouth, il est

Nap. à Jos. Paris, 7 mars 1802.

convenable que je puisse prendre des précautions pour nos flottes.

Quant à l'ambassadeur turc, il est impossible que nous discutions de ce que nous avons toujours dit : je ne veux point faire la paix de la Turquie à Amiens, ce qui n'empêche pas l'article qui assure et garantit l'intégrité de l'empire ottoman. »

Nap. à Jos. Paris, 8 mars 1802. « Je reçois votre lettre du 18. J'adopte, quoique avec regret, la formule : La Sublime Porte est invitée à accéder au présent traité. Mon intention n'en est pas moins de faire un traité avec la Porte, car enfin ce traité ne termine pas tous nos différends. N'ayant pas dans ce moment-ci les pièces sous les yeux, je ne sais pas s'il y a un article qui garantisse l'intégrité de la Turquie. Cet article paraît nécessaire à mettre.

Au reste, je vous donne toute latitude convenable pour signer dans la nuit. Vous serez en conférence lorsque vous recevrez ce courrier. Je ne pense pas qu'il arrive avant neuf heures du soir.

Je crois, comme vous, extrêmement important de ne plus perdre un instant. Faites donc tout ce qu'il est possible pour terminer et signer.

Vous aurez soin de me faire connaître, dans votre réponse, si le courrier est arrivé avant *neuf heures*, lui ayant, dans ce cas, promis 600 francs.

J'attends mon courrier demain avant midi. »

Nap. à Jos. Malmaison, 10 mars 1802. « Il est cinq heures après midi, et je n'ai pas encore reçu le courrier que vous m'avez annoncé devoir m'expédier après votre conférence d'hier au matin, et que j'attendais à minuit. Cependant les dépêches d'Otto (1) et toutes les lettres d'Angleterre confirment les armements considérables et le départ d'escadres successives. Lord Hawkesbury a dit à Otto que Cornwallis avait reçu ses dernières instructions. Les différences qui existaient d'Amiens étaient si peu de chose, qu'elles ne paraissaient pas devoir autoriser le ministre à tant de fracas. Une lettre d'Amiens, que je suppose de M. Merry, a porté l'alarme dans Londres, en certifiant que je ne voulais pas la paix. Le moindre retard dans ces circonstances est donc vraiment préjudiciable, et peut être d'une grande conséquence pour nos escadres et nos expéditions navales.

Veuillez donc rendre compte par courriers extraordinaires de ce que vous faites, et de tout ce qu'on vous dit ; car il est pour moi bien évident que si, à l'heure que j'écris, la paix n'est pas signée ou convenue, il y a à Londres changement de système.

Cependant, quoi qu'il en soit, continuez toujours votre négociation, en vous contentant de mettre au protocole des notes qui fassent bien sentir que ce sont les Anglais qui ne veulent pas la paix et y apportent des retardements. »

Nap. à Jos. Malmaison, 11 mars 1802.

« Je reçois votre lettre du 20 ventôse (10 mars), et j'y vois que, quoique d'accord, vous n'avez rien signé. Ce retard paraît tout à fait extraordinaire. Il

(1) Otto était ministre de France à Londres.

est cependant bien certain que lord Cornwallis avait reçu ses dernières instructions, et qu'il n'avait plus qu'à signer. Moustache, que j'attends dans l'après-midi, commencera sans doute à éclaircir ce mystère.

Sous quelque prétexte que ce soit, je ne veux pas qu'on substitue au mot Ligurie le mot Gênes. J'aime mieux qu'on n'en parle pas. Je ne veux pas non plus évacuer Otrante avant que les Anglais évacuent Malte. Le *mezzo-termine* est de n'en pas parler. Cela pourrait se faire dans l'hypothèse où ils auraient dû garder Malte six ou huit mois; mais aujourd'hui que tout doit être évacué dans l'espace de trois mois, il est inutile d'en parler. »

Nap. à Jos. Paris, 11 mars 1802.

« Moustache vient d'arriver : je vous ai déjà fait connaître, par le courrier parti il y a trois heures, que je n'attache aucune importance à la reconnaissance de la Ligurie. Je n'en attache pas davantage à l'article secret relatif à Naples, vu qu'il est sans objet, et qu'il est impossible que j'évacue Tarente avec l'artillerie, etc., avant trois mois, même avec la meilleure volonté. Ce sont donc des articles tout à fait inutiles.

Je ne vois donc plus aucun obstacle à la paix. Il faut seulement avoir soin de rédiger l'article des prisonniers de manière à ce que le sens ne puisse pas empêcher le Portugal de nous payer ce qu'il nous doit par les articles secrets de son traité. Ceci est pour votre gouverne, car vous ne devez pas en dire un mot, l'Angleterre n'en ayant jamais parlé.

Vous pouvez annoncer directement à lord Cornwallis : que le roi de Prusse a reconnu la république italienne, et m'a fait féliciter, par son ambassadeur, sur le résultat du congrès de Lyon;

Que, le 17 au soir, M. de Cobenzl a reçu de Vienne un courrier, et m'a notifié personnellement que l'Empereur voyait avec plaisir la république italienne arrachée aux horreurs de l'anarchie, et qu'il était prêt à recevoir l'ambassadeur italien que je voudrais lui envoyer ;

Que tous les princes d'Italie ont également reconnu la république italienne ;

Qu'enfin M. Markoff vient de recevoir le courrier qu'il avait expédié à sa cour pour lui faire part du congrès de Lyon, et que l'empereur Alexandre est plus disposé que jamais à marcher de concert avec la France pour toutes les grandes affaires de l'Europe.

Vous ferez aussi connaître à lord Cornwallis que je ne suis pas dupe des mouvements hostiles de Londres; que ce ne sont pas des intrigues de l'Europe, mais des intrigues de cabinet pour un changement de ministres; et que je plaindrai l'Angleterre, si de si misérables intrigues rallument la guerre.

Ajoutez encore que je suis intimement convaincu que, dans la position actuelle de l'Europe, l'Angleterre ne peut pas raisonnablement faire seule la guerre contre nous.

Si vous croyez que la paix soit signée dans vingt-quatre heures, gardez Moustache; vous l'enverrez à Londres l'annoncer à Otto. »

Nap. à Jos. Paris, 11 mars 1802.

« Il est neuf heures : une dépêche télégraphique de Brest, du 21 au soir, m'apprend que notre escadre est arrivée le 16 pluviôse (5 février) au Cap; que notre armée a débarqué; que le Cap et toute la superbe plaine du nord étaient occupés par nos troupes. Je m'empresse de vous envoyer ces nouvelles, pour que vous en fassiez l'usage que vous jugerez convenable. Ce ne sera que dans trois jours que le courrier arrivera, et que j'aurai des détails; mais il m'a paru qu'il n'était pas indifférent que vous sussiez promptement que, nos troupes ayant entièrement débarqué, l'armée et la flotte se trouvent avoir un point d'appui tranquille, à tout événement. »

Nap. à Jos. Paris, 21 mars 1802.

« On m'a mis sous les yeux votre dernière lettre. Votre conduite, et surtout l'esprit de réserve que vous avez montré, est convenable.

Il paraît qu'aujourd'hui nous sommes de nouveau en rapprochement. Otto me mande que, quant aux prisonniers, les ministres sont convenus que ce qu'ont coûté à la France les prisonniers faits sur les alliés de l'Angleterre entrerait en compensation. Cette rédaction me paraît convenable.

Quant à Malte, il n'y a pas d'inconvénient de déclarer, puisque c'est un fait, que la place de grand maître est vacante; bien entendu qu'en conséquence d'un des articles, où il est dit que les Français ni les Anglais n'auront de langue, on ne pourra prendre pour grand maître aucun natif français. Cette réserve est spécialement pour les Bourbons, puisque l'on dit qu'il entre dans les vues de l'Angleterre de placer un Bourbon grand maître. Nous entendons que les émigrés français n'entrent pour rien dans le choix d'un grand maître, puisqu'il n'y a plus de langue de France, et que les émigrés, quoique proscrits, sont toujours Français.

Les mots *faisant partie de l'armée napolitaine,* que l'on veut substituer au mot *natif,* sont assez essentiels, si le vœu secret est d'y mettre des émigrés français ou des Anglais : si ce changement ne tient pas à ces deux vues, il devient moins important.

Ce qui est relatif au prince d'Orange pourrait passer, si l'on y ajoutait : *Propriété patrimoniale.*

Ce qui est très-important à l'article de Malte, c'est qu'il ne soit point question de noblesse; cela contraste avec notre organisation : nous ne pouvons pas en parler. Il serait absurde de nous faire dire qu'il faudra être noble pour entrer dans l'ordre de Malte; ne pas en parler est le *mezzo-termine* convenable : cet article est le plus important.

Mettre l'article de la Turquie en dernier, et ôter les mots *alliés de l'Angleterre*, est aussi important; sans quoi il faudra mettre aussi *anciens alliés de la France, alliés de la Russie et de l'Empereur;* mais le mieux est de supprimer les mots *alliés de la Grande-Bretagne.* C'est un article fort important, parce que ces mots seuls donneraient à l'Angleterre une espèce de suprématie qui n'est pas convenable pour nous.

Je viens de recevoir des lettres de Saint-Domingue, du 1er ventôse (20 février) : elles sont très-bonnes. Le port Républicain a été pris avec tous les forts, sans que rien ait été brûlé. On a pris la caisse militaire de Toussaint, où il y avait 2 millions 500 mille francs. Le port de la Paix et Saint-Domingue sont occupés. La partie espagnole est soumise, et, le 29 (18 février), le général Leclerc était parti pour attaquer Toussaint, qui tenait position avec sept à huit mille hommes. Vous trouverez ci-joint une lettre de Jérôme. »

Jos. à Nap. Amiens, 5 mars 1802. (7 heures du matin.)

« Citoyen consul, lord Cornwallis m'a fait demander une conférence pour ce soir ; elle pourra se prolonger bien avant dans la nuit ; il est donc possible que j'aie encore une réponse de Paris. C'est surtout de la Porte qu'il doit être question, c'est ce qu'il m'a annoncé ; il doit une réponse à la note que je lui ai remise sur cet objet ; il m'a dit d'avance qu'on insistait décidément sur cet article, et qu'il ne lui serait pas possible de s'écarter des ordres qu'il avait ; que le ministère britannique avait déjà essuyé trop de reproches d'avoir abandonné ou peu soutenu ses autres alliés, pour abandonner encore celui-ci. Cependant je crois que lord Cornwallis désire bien finir, et je crois qu'il signera demain le projet de traité que je lui ai présenté, avec la dernière rédaction de l'article de Malte, et l'article des prisonniers, rédigé convenablement, et de manière à ce que nous n'ayons pas un sou à débourser, mais avec ou moins l'article suivant : *La Sublime Porte est invitée à accéder au présent traité.*

Si je suis autorisé à l'insertion de cet article, vous pouvez compter que le traité sera signé dans vingt-quatre heures; si je n'y suis pas autorisé, il ne le sera pas; vous pouvez prendre vos mesures en conséquence dès ce moment. Lord Cornwallis, que j'ai vu hier, m'a laissé cette opinion; il venait de recevoir un nouveau courrier qui avait déjà agi sur lui; et il n'est pas douteux que sa détermination peut faire celle du ministère, qui paraît être si faible et si hésitant, que la paix et la guerre tiennent au moindre fil. Toute réflexion faite, je me détermine à renvoyer le courrier; je l'attends ici sur les dix heures du soir : mes courriers ne mettent que sept heures. La réponse est : *Oui* ou *Non*.

J'écris de la chambre de ma femme. »

« Citoyen consul, votre courrier arrive dans le moment; la conférence était terminée; vous en connaîtrez le résultat par la copie de ma lettre au ministre des relations, qui lui a été expédiée depuis quatre heures; par précaution, j'en envoie le duplicata. Jos. à Nap. 9 mars 1802. (11 heures du soir.)

Demain, je ferai usage de la faculté qui m'est accordée; ce ne sera pas ma faute si le traité ne se signe pas dès demain : l'intégrité des possessions de la Porte est garantie par un article du traité.

Je vous renvoie votre courrier, afin que vous sachiez avant midi où en sont les affaires ici : si elles se terminent, vous aurez un autre courrier demain dans la nuit. »

« Citoyen consul, j'écris en détail au ministre des relations extérieures. Lord Cornwallis a expédié au- Jos. à Nap. Amiens, 11 mars 1802.

jourd'hui un courrier porteur de toutes ses notes et ses projets; il n'a pas encore reçu l'article des prisonniers. Sur les plaintes que je lui ai faites sur ce retard, il m'a répondu qu'il en était personnellement très-fâché, mais qu'on avait négligé probablement de lui tenir parole exactement, n'espérant pas que le terme fût si prochain; il m'a demandé d'attendre le retour du courrier. Je lui ai toutefois adressé une note à ce sujet. »

Jos. à Nap. Amiens, 12 mars 1802. (11 heures du matin.)

« Citoyen consul, je reçois votre lettre du 21; j'ai eu aujourd'hui une conférence avec lord Cornwallis, dans laquelle nous avons revu tous les articles déjà arrêtés. Il me paraît attendre avec autant d'impatience que moi le retour de son courrier. Il est sans doute de bonne foi. Je ne puis me persuader qu'il s'abaisse au rôle odieux qu'il jouerait s'il ne l'était pas; je puis vous donner là-dessus toutes les assurances possibles. Il convient avoir reçu toutes les instructions, excepté celles sur les prisonniers; il a proposé lui-même aujourd'hui d'ajouter au paragraphe du projet sur Malte, qui stipule l'évacuation de cette île par les troupes anglaises, les mots suivants : *Et plus tôt, si faire se peut :* ce qui a été adopté. Il m'a déclaré qu'il ne serait content, à son retour de Londres, que lorsqu'il apprendrait que le traité est exécuté, et que, dès le moment de la signature, on s'occuperait en Angleterre du départ des troupes de Malte.

Le ministre d'Espagne approuve le traité; celui de Batavie le signera aussi, mais en rappelant toujours les espérances dont il m'a souvent entretenu. Demain, nous nous réunirons pour arrêter ce qui est de forme, comme la langue, le cérémonial, les titres, pour n'être pas arrêtés par les détails. »

« Citoyen consul, la conférence du 19 ventôse (10 mars) n'ayant produit aucun résultat qui pût être consigné au protocole, j'ai adressé à lord Cornwallis la note dont copie ci-jointe. Mon but était de le faire convenir qu'il était, lui ou son gouvernement, la cause des délais de la négociation. J'attendis ses réponses toute la journée du 19 et le matin du 20 : comme je ne les recevais pas, je vis lord Cornwallis, qui avait toujours travaillé, et qui m'assura avoir employé tout son temps à écrire à Londres. J'en ai rendu compte au ministre, et vous ai écrit tout ceci hier 20 (11 mars) (1). Mon courrier, parti à 6 heures du soir, est arrivé à l'heure où j'écris à Paris. Par précaution sans doute superflue, voici la copie de ma lettre au ministre, lettre B (2) :

Jos. à Nap. Amiens, 12 mars 1802.

A minuit, du 20 au 21 ventôse, il y a cinq heures, j'ai reçu la réponse ci-jointe, lettre C, de lord Cornwallis à ma note du 19 ; j'ai fait une seconde dépêche pour le ministre, sous la lettre D, qui allait partir au moment où votre courrier arrive. Je la lui remets, et il part.

(1) On ne doit pas perdre de vue que nous avons adopté pour tout cet ouvrage les dates du calendrier grégorien.

(2) Nous avons pensé qu'il était inutile de placer ici ces différentes lettres, notes, pièces ou protocoles ; cela nous entraînerait trop loin.

Je ne suis pas étonné qu'on ait donné l'alarme à Londres. J'ai toujours soupçonné que tous les Anglais qui composent la légation ne désirent pas également la paix. Lord Cornwallis la désire sans doute; mais voyant les armements qu'on a faits, le succès des partisans de la guerre parmi les gens les plus influents de la cour, il veut aujourd'hui tirer parti du besoin que nous devons avoir de conclure vite, de peur que la majorité des suffrages du cabinet britannique, qui est encore pour la paix, ne soit bientôt acquise à la guerre; il sera d'autant plus approuvé qu'il obtiendra davantage. L'article d'Otrante est la seule chose sur laquelle nous ne soyons pas d'accord; il répète toujours que, quant à l'article des prisonniers, qu'il attend, il conviendra aux deux partis. Je crois avoir bien prouvé, par ma note du 19 et par la réponse de lord Cornwallis du 20, que les retards sont occasionnés par les Anglais.

Il est bon que je sache votre dernier mot sur l'évacuation d'Otrante, dont je ne ferai usage qu'à toute extrémité. Il serait possible, s'il y avait mauvaise volonté à Londres, que l'on s'attachât à ce dernier fil de discorde, qui aurait, pour les partisans de la guerre, l'air de l'honneur, parce qu'ils ne manqueraient pas de dire qu'ils n'ont pas voulu souscrire à l'oppression d'un ancien allié. Cet article était à peu près convenu, et il a toujours été supposé admis dans tout le cours de la négociation.

J'enverrai tous les jours un courrier; je crois pouvoir assurer hardiment que lord Cornwallis croit sûrement à la paix, si nous ne mettons plus aucun obstacle qui l'oblige à l'envoi d'un nouveau courrier; il avoue bien que les dispositions étaient bien plus mauvaises depuis les dernières affaires d'Italie: il ne faut donner aucun prétexte sur les articles dérivant directement de la négociation. »

« Citoyen consul, j'ai reçu vos lettres du 21; je vais en faire usage dans la conférence qui va avoir lieu; je ne doute pas d'un résultat très-prochain. Lord Cornwallis n'a pas encore de réponse à l'heure qu'il est.

Jos. à Nap. Amiens, 13 mars 1802.

Je renvoie Moustache; il pourrait revenir encore une fois, et se trouver ici à temps pour être envoyé à Londres. »

« Citoyen consul, je rends compte de l'état des choses au ministre des relations extérieures.

Jos. à Nap. Amiens, 14 mars 1802. (4 heures du soir.)

Le ministre batave continue ses réclamations.

Lord Cornwallis attend toujours l'article des prisonniers. »

« Citoyen consul, j'écris au ministre : nous avons été d'accord sur les articles de détail dans la conférence d'aujourd'hui. J'ai fait à lord Cornwallis les communications dont vous m'avez chargé; il m'a paru les entendre avec plaisir, comme assurant plus encore la conclusion prochaine de la négociation.

Jos. à Nap. Amiens, 14 mars 1802. (1 heure du matin.)

Il m'a dit que l'Angleterre reconnaîtrait aussi la république italienne lorsque nous n'aurions plus l'épée à la main. Il attend son courrier le 26 ou le 27; je garde le vôtre jusqu'au retour de Moustache, pour en avoir un toujours prêt à envoyer à Londres. »

Jos. à Nap. Amiens, 17 mars 1802.

« Citoyen consul, vous serez très-surpris en lisant la dépêche que j'envoie à la hâte au ministre; vous ne serez pas plus indigné que je l'ai été : j'ai dû le témoigner vivement à lord Cornwallis, qui, lui-même, est fort agité. Il a eu beaucoup de peine à dissimuler, pendant une conférence de sept heures, son indignation sur le rôle qu'on lui fait jouer; il ne nie pas que sa position ne soit fausse, mais il espère encore dans son prochain courrier. Je lui ai parlé un langage violent sur les membres du cabinet qui voulaient la guerre. Il m'a répliqué souvent que M. Addington se laissait trop épouvanter par eux, et que c'est pour les confondre par une paix avantageuse qu'il s'expose peut-être à rompre les négociations. Comme l'article des prisonniers est tout à fait en contradiction avec ce qu'il m'avait toujours dit, et qu'il n'est pas homme à nier ce qu'il aurait seulement laissé soupçonner, à plus forte raison un engagement répété, il fera son possible pour se retirer de cette position. Il m'a conjuré de suspendre toute note jusqu'à son prochain courrier, qui doit arriver après-demain; je lui ai dit qu'étant obligé de me mettre en règle dans une circonstance aussi critique, il m'était impossible de ne pas vous instruire sur-le-champ, et que je ne pouvais plus répondre de rien.

S'il est quelques articles de leur nouveau projet auxquels vous voulez consentir, marquez-le-moi, et croyez que je ne m'en servirai qu'en cas de besoin. Je persiste à vous répondre de lord Cornwallis; mais ce sont les murmures de Londres dont il serait plus utile de pouvoir répondre, puisque lord Cornwallis ne prend rien sur lui, qu'il est surveillé par M. Merry, qui m'a répété ce soir qu'il s'était compromis sur l'article des prisonniers, et qui, il y a quelques jours, s'est vanté au citoyen Dupuis de l'avoir annoncé à Londres, et de lui avoir fait retirer cet article des prisonniers, ce qui aurait occasionné tout ce retard et cette agitation. Malgré tout ceci, la position de l'Europe est telle que je la vois comme le public; il n'est pas douteux que la paix se signera; il ne faut pas attaquer de front le gouvernement ni le peuple anglais. C'est dans cet esprit que j'ai rédigé à la hâte la note que j'envoie au ministre, et que je ne présenterai à lord Cornwallis que lorsque vous l'aurez approuvée. Je puis la recevoir la nuit prochaine.

Je ne doute pas du succès; il faut encore quelques jours de patience et de fermeté; ces gens-ci ne peuvent être vaincus que par leurs propres armes, de l'imperturbabilité et de l'inertie; ils ont toujours triomphé de ce qu'ils appellent la pétulance française dans tous les traités précédents; il est possible de les forcer à perdre désormais cet espoir, à moins d'événements majeurs, comme celui de la flotte, ou des dispositions des puissances continentales. Retardons quelque temps, et nous y gagnerons un article chaque jour. »

« Citoyen consul, je reçois votre lettre; j'écris en détail au ministre. Les émigrés sont exclus par le paragraphe 1er de l'art. 10; mais le pape seul peut

Jos. à Nap. Amiens, 23 mars 1802.

empêcher qu'ils soient introduits dans l'ordre par leur affiliation dans la langue russe, qui n'est pas encore reconnue.

J'ai besoin d'une nouvelle dépêche, avant de conclure; on insiste invinciblement sur l'article des Barbaresques; on ne veut pas s'engager à les pacifier avec les petites puissances de l'Italie. Faut-il signer en cédant sur cet article ? Le ministre anglais s'appuie sur ce qu'il ne résulte pas évidence des préliminaires. Si Moustache retourne avec votre décision favorable, je l'enverrai à Londres. »

Jos. à Nap. Amiens, 25 mars 1802.

« Citoyen consul, la paix est enfin signée. Le citoyen Dupuis porte le traité. J'ai prié le ministre de vous le présenter. Il pourra répondre à toutes vos demandes; c'est un homme d'une probité virginale, plein d'honneur, de zèle et de talents.

Si vous appliquez au ministère de la marine le plan adopté pour ceux de la guerre et de l'intérieur, le citoyen Dupuis est l'homme qui mérite le plus votre confiance pour être placé à la tête de l'administration générale des colonies, avec le titre de conseiller d'État. Je serai à Paris le 6. »

Talleyrand à Joseph. Lyon, 26 janvier 1802.

« Mon cher Joseph, votre lettre pour Sallicetti partira demain. Je sors de l'assemblée générale de la consulte cisalpine : le premier consul a consenti à conserver la haute direction des affaires, jusqu'au temps où la république cisalpine pourra être abandonnée à ses propres forces. Melzi est vice-président. La séance a été longue, parce qu'elle a été interrompue mille fois par des applaudissements. Le consul se porte à merveille ; Lyon l'adore; il partira d'ici le 8, et espère avoir de bonnes nouvelles d'Amiens à son arrivée. Je pars demain. Adieu, mon cher Joseph; je vous aime et vous embrasse. Dites à Azara, de ma part, que Melzi est président. »

Talleyrand à Joseph. Paris, 22 février 1802.

« J'expédie, mon cher Joseph, par ordre du premier consul, un courrier au citoyen Otto; ma lettre a pour objet de montrer que nous sommes faciles sur tous les points, mais que ce n'est point par crainte. Je vous envoie le *Moniteur*, qui vous portera des nouvelles de l'arrivée de la flotte à Saint-Domingue, et un article de Paris qui peut vous servir.

Mille amitiés.

Finissez, finissez donc!... »

Talleyrand à Joseph. Paris, 14 mars 1802. (Midi et demi.)

« Le premier consul, sous les yeux duquel, mon cher Joseph, je viens de mettre votre n° 44, reçu ce matin, et à qui j'ai remis la lettre qui y était jointe, me charge de vous dire qu'il admet la rédaction de l'article 20 et de celui que vous proposez pour être l'article 21. Il approuve également que le traité soit rédigé en anglais et en français, avec la réserve que cet exemple ne tirera pas à conséquence.

Nous ajournons la reconnaissance de la république italienne jusqu'après l'échange des ratifications ; tâchez d'obtenir quelque promesse de lord Cornwallis sur cet objet; mais que cela ne retarde point d'un quart d'heure la signature.

Adieu, mon cher Joseph; je vois que le 26 vous

serez arrivé glorieusement au terme de vos brillants et utiles travaux, et que vous aurez accompli le plus difficile et le plus bel ouvrage de notre mémorable époque. Adieu; je vous aime et vous embrasse. »

Joseph à Otto. Amiens, 26 mars 1802.

« J'ai la satisfaction de vous annoncer la signature du traité définitif qui vient d'avoir lieu, il y a une heure.

La rédaction qui avait été arrêtée le 22 ventôse (13 mars) a été en très-grande partie conservée, avec les changements que vous connaissez, et quelques modifications à l'article des prisonniers de Malte, sur ma demande.

Lord Cornwallis n'a pas démenti un instant le caractère qui lui avait acquis toute ma confiance, dès le commencement de la négociation.

Je ne puis que me féliciter infiniment des rapports que cette négociation a établis entre nous. Je vous prie de vouloir bien regarder comme un témoignage de ces sentiments l'empressement que je mets à vous instruire de la conclusion d'une affaire que vous avez si bien commencée, et qui n'a cessé de vous intéresser. J'ai reçu avec bien de la satisfaction votre dernière dépêche. »

Otto à Joseph. Londres, 29 mars 1802.

« Citoyen, je m'étais plu à croire que rien ne pourrait ajouter à l'extase que j'éprouverais en voyant le terme de vos importants travaux. Vous m'avez convaincu du contraire; l'attention très-flatteuse que vous avez eue pour moi, en m'adressant cette nouvelle ravissante, lui a donné encore plus de prix. Non-seulement j'y ai trouvé un témoignage bien honorable de vos sentiments pour moi, mais j'ai eu de plus la satisfaction d'annoncer le premier au ministère anglais et au prince de Galles un événement qui les enchante. Je ne perdrai jamais le souvenir de ce beau moment, et je conserverai une reconnaissance éternelle pour celui qui me l'a procuré.

Les dispositions amicales que vous a inspirées la loyauté de lord Cornwallis sont réciproques. La franchise de votre caractère et vos procédés envers le plénipotentiaire anglais ont beaucoup contribué à accélérer la conclusion de la paix.

Agréez de nouveau mes sincères remercîments et les assurances de ma plus haute considération. »

Les deux lettres ci-dessous, l'une du prince d'Orange, l'autre de la Fayette, se rattachant aux missions diplomatiques confiées à Joseph Bonaparte, nous les placerons ici, avant d'entamer la correspondance de 1803.

Le prince d'Orange à Joseph (1). Paris, 21 mai 1802.

« Citoyen conseiller d'État, l'intérêt que vous avez témoigné prendre à l'arrangement favorable des indemnités de la maison d'Orange m'a inspiré trop de reconnaissance et de confiance pour ne pas

(1) Cette lettre se rapporte, ainsi qu'on le verra, aux réclamations qui furent adressées à la France, après le traité de Lunéville, par les princes de la rive gauche du Rhin et quelques autres petits souverains. On sait que, malgré la protection de Joseph Bonaparte, la maison d'Orange fut forcée de se soumettre à la volonté du premier consul, et de borner sa prétention à l'indemnité qu'il avait fixée ; elle dut en outre renoncer solennellement au stathoudérat de Hollande, et reconnaître la république batave.

me flatter que vous excuserez mon importunité de vous adresser, jusque dans votre retraite, des réclamations à l'égard des déterminations qui paraissent avoir été prises à notre égard. Plein de confiance dans la manière dont vous avez eu la bonté de vous exprimer sur cette matière, et dans l'espoir donné des dispositions du premier consul, que celui-ci m'a répétées dans la dernière audience qu'il m'a accordée, j'attendais patiemment la décision de notre sort, nourrissant l'espoir que j'aurais été prévenu des intentions du gouvernement à notre égard, quand je fus dernièrement informé, par le général Beurnonville, que le lot destiné à la maison d'Orange se bornait à l'évêché de Fulde, une abbaye et une ville, formant ensemble une population de 102,000 âmes, et donnant, d'après mes données, un revenu de 400,000 florins. Je ne vous cacherai pas que je fus profondément navré en recevant une communication à laquelle j'avais d'autant moins lieu de m'attendre, que jamais une aussi petite indemnité n'avait été proposée pour notre maison; que la convention secrète de Berlin et le traité d'Amiens nous donnaient des droits incontestables à avoir des dédommagements équivalents à nos pertes, et, par-dessus tout, que la ferme persuasion dans les vues favorables et équitables du premier consul nous faisait espérer une fin avantageuse pour la maison, à l'égard de son indemnisation; celui-ci ayant eu la bonté de me dire que, si nous ne pouvions obtenir les 600 mille âmes que nous désirions, notre dédommagement serait du moins considérable et suffisant pour soutenir le lustre dont notre maison a joui depuis plusieurs siècles en Europe. J'ai pris la liberté d'écrire hier au premier consul pour implorer de nouveau sa bienveillance sur nos intérêts, persuadé que, s'il voulait prendre en considération ce que nous perdons, et le comparer à ce qui nous est destiné, il se convaincrait aisément qu'il n'y a pas de parallèle à faire. Dans une conférence que j'eus aujourd'hui avec le ministre Talleyrand et le général Beurnonville, je cherchai également à prouver à quel point nous avions raison de trouver l'arrangement en question hors de toute comparaison avec une compensation équivalente. Je viens de faire parvenir une note au général Beurnonville, dans laquelle j'insiste, non-seulement sur l'augmentation de notre lot par des bailliages, mais encore sur la restitution des domaines, à moins que les Bataves n'en payent le prix ; l'indemnisation territoriale ayant tellement été réduite au-dessous de tout calcul, et environ au cinquième de ce que le Directoire destinait en 1796, qu'il ne saurait être rétabli une espèce d'équilibre que d'une semblable manière. Enfin, j'ai demandé que les séquestres apposés par la république batave sur les rentes des individus de la maison d'Orange fusent levés, et qu'ils fussent traités comme chaque particulier. Maintenant je reprends mes recours en vous, fondant tout mon espoir sur celui que vous m'avez donné de plaider notre cause et d'employer votre crédit en notre faveur ; et, vous ayant mis au fait de ce qui a eu lieu en ces circonstances, je prends la liberté d'émettre le vœu que vous puissiez nous faire obtenir en Allemagne des États assez considérables pour pouvoir être en compensation équivalente de nos pertes; ou bien que la restitution des domaines soit effectuée, à charge de les vendre dans un temps marqué, si l'on ne pouvait convenir avec les Bataves du prix qu'ils payeraient pour les garder: en tous cas, je désirerais que la levée du séquestre des rentes des individus pût être effectuée. En obtenant la pleine exécution de l'article 18 du traité d'Amiens, vous vous attirerez de nouveaux droits à notre reconnaissance; et je me flatte que l'espoir que je fonde, et les assurances que vous m'avez données de vouloir épouser nos intérêts, répondront entièrement à mon attente. C'est avec ces sentiments et avec ceux d'une considération très-distinguée que, etc.

La Fayette à Joseph (1). La Grange, 17 déc. 1804.

« Monseigneur, la bienveillance que Votre Altesse Impériale m'a toujours témoignée, m'autorise à lui parler d'un intérêt public sur lequel je serais heureux de fixer aujourd'hui son attention. Le rapprochement de la France et des États-Unis, que vous avez opéré, Monseigneur, a été consolidé par la cession de la Louisiane. Cet excellent système politique sera

(1) La Louisiane avait été cédée aux États-Unis, moyennant le payement de 80 millions, par un traité conclu le 13 mars 1803. Les Américains désiraient compléter leurs possessions sur le golfe du Mexique par l'acquisition de la Floride, qui appartenait à l'Espagne, et ils demandèrent à ce sujet l'intervention de la France; c'est ce qui fait l'objet de la lettre de la Fayette. La Floride ne fut cédée par l'Espagne aux États-Unis qu'en 1821.

complet le jour où vous aurez terminé, comme il dépend de vous, la négociation américaine avec l'Espagne. Il me semble qu'elle éprouve des difficultés plus utiles à nos ennemis qu'à nos alliés. Je crois devoir remplir un devoir envers l'Empereur, en profitant de mes relations avec vous, Monseigneur, par la confiance qu'ils m'inspirent, pour vous conjurer d'obtenir le peu de mots qui détermineraient à l'instant la cour de Madrid. J'avoue que des sentiments d'attachement et de reconnaissance pour les États-Unis se mêlent à mes vœux; mais j'ai dû quelquefois à ces liens personnels le bonheur de servir ma patrie. J'en éprouverais un grand, si je pouvais contribuer en quelque chose à votre désir de hâter des arrangements dont le délai ne peut plaire qu'aux Anglais, et dont j'aimerais que les États-Unis eussent toute l'obligation à la France. »

Nap. à Jos. Saint-Cloud, 11 avril 1803.

« Je vous envoie, citoyen Joseph, le travail relatif aux tribunaux de Corse, tel qu'il a été arrêté. Il n'était pas encore expédié, lorsqu'il m'est revenu qu'il renfermait de mauvais choix. Comme c'est un objet fort important, je vous prie de réunir le cardinal de Lyon et les personnes que vous sauriez avoir de bons renseignements sur les sujets, et de m'envoyer un nouveau travail prêt à signer, avec les changements qui vous paraîtront nécessaires. »

Nap. à Jos. Camp de Boulogne, le ... 1803.

« Paulette (1) m'écrit que son mariage a été pu-

(1) Nom familier donné par Napoléon à sa sœur Pauline, veuve du général Leclerc, et depuis princesse Borghèse.

blié, et qu'elle part demain pour Rome. Il serait convenable que toi ou maman écriviez à la mère de Borghèse, pour la lui recommander. Je désire également que tu lui fasses connaître que je prendrai volontiers pour officier, avec moi, le frère de Borghèse, s'il veut être militaire.

Je serai encore une semaine absent. »

Vers le milieu de l'année 1803, Napoléon témoigna le plus vif désir de voir son frère aîné à la tête du sénat, le premier grand corps de l'État. Joseph, qui consentait volontiers à sortir de la vie privée pour être utile à son pays, mais nullement pour remplir des grandes charges de l'État, supplia le premier consul de faire un autre choix. Il s'engagea, à ce sujet, une correspondance qui montre dans tout son éclat, d'une part, le beau caractère, l'admirable simplicité de Joseph; d'un autre, le cas que Napoléon faisait de ses services.

Quelques mois auparavant, au contraire, Joseph avait accepté avec bonheur le titre de membre de l'Institut, titre en rapport avec ses études et ses goûts.

Joseph au consul Lebrun, membre de l'Institut. Paris, 7 avril 1803.

« Citoyen consul, j'ai réfléchi à ce que vous avez bien voulu me dire sur l'intention que vous ont manifestée quelques-uns de vos collègues de me faire l'honneur de m'admettre dans la troisième classe de l'Institut. Je me suis présenté chez vous et chez eux, pour leur témoigner combien je serais flatté d'obtenir leurs suffrages; j'accepterais avec le plus grand plaisir un témoignage aussi honorable de leur estime. »

« J'estime qu'il est utile à l'État et à moi que vous acceptiez la place de chancelier, si le sénat vous y présente. Je jugerai le cas que je dois faire de votre attachement et de vous par la conduite que vous tiendrez. » Nap. à Jos. 1803.

« Il y a plus de six mois que quelques sénateurs m'ont dit qu'ils pensaient à moi pour la place de chancelier du sénat; il y a plus de six mois que je leur ai témoigné une volonté décidée à ne pas l'accepter. Je crois avoir persuadé à quelques-uns que ma détermination était sacrée. Les citoyens Laplace, Lacépède sont de ce nombre. Depuis, j'ai supplié le premier consul de ne pas penser à moi. J'ai exposé à un frère dont l'affection pour moi ne s'est jamais démentie, que cette place de chancelier ne me convenait pas; qu'elle détruirait tout mon bonheur par les devoirs qu'elle m'imposerait, devoirs qui sont en opposition avec ma manière d'être et mon caractère; qu'il m'était difficile de changer à mon âge, sans des efforts de tous les instants; que l'utilité dont je pourrais être ne méritait pas le sacrifice que l'on m'imposerait. Il y a trois jours que j'ai prié le citoyen Fargues de croire à la sincérité de mes instances; je lui ai même écrit en partant de Paris; je suis parti dans la persuasion que je ne serais pas présenté. J'apprends dans ce moment qu'il est encore question de moi; je supplie le premier consul, j'exige de l'amitié d'un frère tendrement aimé pour lui-même, de ne pas insister pour me donner une charge qui est pour moi une Jos. à Nap. Beauvais, 12 sept. 1803.

chaîne que ma raison me dit de ne pas m'imposer à porter.

Il importe peu au gouvernement que cette place soit occupée par moi ou par un autre ; il y va, pour un homme qui n'a nulle ambition, du bonheur de sa vie. Ma santé, d'ailleurs, ne me permet pas absolument d'accepter une place que mon honneur m'obligerait à remplir tout entière.

Je prie donc mon frère de faire dire un mot pour m'éviter un très-grand malheur; ce serait la première fois qu'il m'aurait refusé une chose juste, demandée avec tant d'instance. »

Joseph aux citoyens Jacqueminot et Lefebvre, sénateurs. Beauvais, 12 sept. 1803.

« Je viens d'écrire, mon cher collègue, au premier consul, en le priant de permettre que je ne sois pas présenté pour la place de chancelier. Je n'ai jamais varié là-dessus, et rien au monde ne changera ma résolution à cet égard. Veuillez donc, mon cher collègue, me rendre le service important d'empêcher un refus à une faveur insigne du sénat. Je regarde ce refus comme l'une des choses les plus pénibles qui pourraient m'arriver, et cependant j'y suis déterminé. »

Joseph au président du sénat. Beauvais, 13 sept. 1803.

« Citoyen président, j'ai eu l'honneur de vous écrire il y a quelques jours ; je ne prévoyais pas que j'aurais bientôt le regret de vous occuper encore de moi; mais je ne puis m'en dispenser, s'il est vrai que quelques-uns de nos collègues, aveuglés par leur extrême indulgence pour moi, pensent à me proposer pour chancelier du sénat. Quelque inconvenante que puisse paraître cette démarche, permettez-moi, citoyen président, de prier nos collègues de ne pas penser à moi pour aucune des places d'officiers du sénat. Nous sommes nous-mêmes les premiers juges de notre aptitude, et je sens qu'il n'est personne dans le sénat qui soit moins propre que moi à occuper ces places.

Évitez-moi, de grâce, l'extrême déplaisir de refuser une faveur du sénat. Mes habitudes, ma santé ne me permettraient pas absolument d'accepter aucune de ces places, qui peuvent être confiées avec tant de succès à des magistrats, à des administrateurs blanchis dans les affaires, à des généraux distingués, à des savants dont la France s'honore.

En mon absence, que votre extrême obligeance, citoyen président, excuse auprès du sénat, assemblé en famille, ce qu'il peut y avoir de hasardé dans la démarche d'un de ses plus jeunes membres, qui devrait craindre, mal à propos peut-être, de lui déplaire en l'occupant de lui, mais qui redoute plus encore la nécessité où il pourrait se trouver de se dérober à un bienfait insigne du sénat, détermination toutefois que sa raison lui dicterait. »

« Le citoyen Talleyrand sort de chez moi; il a bien empiré ma position, par l'insistance qu'il m'a dit que vous mettiez à ce que j'acceptasse une place que j'ai déclaré publiquement ne pas vouloir. Jos. à Nap. Paris, 18 sept. 1803.

Il faut que ce que vous voulez soit impossible, puisque je ne le fais pas.

L'affection que vous me témoignez me rend vraiment malheureux; mais elle me trouve inébranlable; je m'abandonne à la conscience de mon devoir : il ne m'est pas permis de délibérer.

Vous me reprochez de sacrifier votre intérêt, l'intérêt de l'État, à mes habitudes et à la modération de mon caractère. Si le malheur de la France veut que vous quittiez le continent (1), je prends ici l'engagement d'occuper les postes les plus périlleux qu'il vous plaira de me confier. Je serai ce que vous voudrez, membre du gouvernement, successeur désigné : rien ne m'épouvantera, *quoique je ne désire rien.* J'espère, par ma résolution et par mon intégrité du moins, être digne de vous.

Je vous conjure de considérer que, d'un mot au citoyen Monge, vous me déchargez d'un poids immense, de l'obligation que je me suis imposée de refuser une faveur du sénat. Vous me donnerez ainsi la preuve la plus personnelle de votre amitié. Ce qui serait une lâcheté dans moi est une générosité dans l'homme tout-puissant, et j'ose dire un devoir dans un frère. Si vous lisiez dans mon cœur, il y a longtemps que vous m'auriez accordé ce que je vous demande avec tant d'instance. Quels que soient les événements qui m'attendent, tant que j'existerai, mon cœur sera tel que vous l'avez connu. »

En avril 1804, cédant aux désirs de son frère, Joseph, qui d'ailleurs avait tout lieu de croire que la grande-armée ne tarderait pas à opérer une des-

(1) Tout se préparait alors pour une descente en Angleterre.

cente en Angleterre, se rendit au camp de Boulogne, prit le commandement du 4e de ligne, de la division Vandamme (deuxième du camp de Boulogne), et vint s'établir au petit village d'Outreau, situé au sud de la ville, à une demi-lieue sur la rive gauche de la Liane. Il adressa de là, à différents personnages, quelques lettres pleines de cœur et de sentiment; puis, au mois d'avril de l'année suivante (1805), il reçut de l'Empereur l'importante mission de parcourir les principales villes de la Belgique. Il rendit compte à Napoléon de la situation de ce pays, ainsi qu'on le verra plus loin.

Le 1er mai, il revint au camp d'Outreau; il y passa une quinzaine de jours, et commença une nouvelle tournée dans le nord et dans l'est de la France. Ce ne fut que vers le 6 juin qu'il se rendit à sa terre de Mortefontaine, où il resta jusqu'au départ de Napoléon pour l'Allemagne, à la fin de septembre.

Joseph au cardinal Spina. Camp d'Outreau, 14 juin 1804.

« Monsieur le cardinal, je reçois avec beaucoup de plaisir la lettre que Votre Éminence m'a fait l'honneur de m'écrire; elle connaît mes sentiments pour elle; j'espère qu'elle m'a assez apprécié pour être convaincue qu'ils sont indépendants des événements extérieurs dont nous sommes tour à tour les jouets sur la terre. L'estime réciproque que des âmes élevées se portent, les sentiments qui en dérivent, doivent être aussi indépendants que l'âme elle-même, et aussi peu susceptibles d'altération qu'elle.

Veuillez croire, Monseigneur, que, quels que soient les événements heureux que le ciel m'envoie, je n'en verrai pas qui puisse me faire oublier celui qui me permit de signer avec Votre Éminence le traité le plus cher à mon cœur, puisqu'il a rétabli le calme dans tant de millions d'hommes divisés et malheureux, et qu'il m'a procuré l'avantage d'être connu de Votre Éminence.

Je la prie de vouloir agréer l'hommage de tous ces sentiments et ceux de mon attachement. »

Joseph à l'évêque de Nice. Outreau, 14 juin 1804.

« J'ai reçu, mon cher ami, votre lettre ; vous savez que mes sentiments sont indépendants des événements. Je désire comme vous que tout ce qui vient de se passer tende au bien de l'État, et je l'espère. Quels que soient mes goûts et mes opinions, tout dans moi cède au sentiment du devoir et de la nécessité. Je ferai ce qui dépendra de moi pour ne pas paraître tout à fait indigne de tant d'élévation; mais ce que je n'apprendrai pas du temps, c'est la juste appréciation des grandeurs. Le peu de cas que j'en ai toujours fait m'empêchera au moins d'en être ébloui.

Je ne considère les hommes que par leurs sentiments et leurs actions : c'est ce qui fait que je vous considère et vous estime toujours beaucoup. Vous ne devez rien à votre maître; je n'ai besoin d'aucun titre nouveau pour mériter toujours celui de votre ami. Vos sentiments et les miens sont ceux de la religion et de la philosophie : voilà le nœud d'union de ces deux sœurs immortelles. »

« Mon frère, j'ai reçu votre lettre; j'attends avec impatience votre arrivée à Boulogne; il paraît que la marine manque de fonds, même de ceux nécessaires à la solde : je ne doute pas qu'ils ne soient bientôt faits.

Jos. à Nap. Outreau, 14 juin 1804.

L'amiral Bruix est arrivé, et considéré par l'armée de terre et de mer; n'avez-vous pas le projet de faire quelque chose pour lui ? Toutes les grâces que vous lui accorderez feront grand plaisir ici. Le respect que je vous dois, à tant de titres, n'égalera jamais la tendre affection de votre frère. »

« Monsieur et cher collègue, la Légion d'honneur doit être à peu près organisée ; vous trouverez naturel que je désire connaître le résultat du travail du grand conseil, surtout pour les nominations des grands officiers et commandeurs qui servent dans l'armée de Saint-Omer. Je vous prie de vouloir bien m'en faire adresser la note, après avoir pris les ordres du grand conseil, si vous le jugez nécessaire. Le service public m'obligeant à être éloigné de son sein, il trouvera sans doute bon que je reste le moins étranger possible à ses opérations, lorsque ses choix seront faits.

Joseph à Lacépède. Outreau, 20 juin 1804.

Vous connaissez les sentiments d'attachement et de considération de votre collègue. »

« M. Xavier Audouin, j'ai reçu votre lettre; je suis très-sensible aux expressions obligeantes qu'elle contient; vous m'avez bien jugé en pensant qu'aucun événement ne saurait changer mes affections et mes opinions. Il y a longtemps que je désire vous

Joseph à M. Xavier Audouin. Outreau, 25 juin 1804.

être utile; vos longs services pour la république, vos travaux, dont vous m'avez quelquefois envoyé le résultat, m'ont fait souvent regretter de ne point vous voir placé convenablement.

Veuillez agréer avec quelque obligeance l'expression de ces sentiments, et croyez à toute mon estime et à tout mon intérêt. »

Joseph à M. Regnauld. Outreau, 25 juin 1804.

« J'ai reçu, mon cher Regnauld (1), votre lettre par laquelle vous m'annoncez votre promotion au grade de grand officier de la Légion d'honneur; elle m'a fait beaucoup de plaisir. Vous rapportez tout à moi, parce que vous comptez mes affections et mes vœux pour tout ce qui vous est agréable; j'accepte donc votre reconnaissance, elle ne m'est pas à charge; on n'est embarrassé que des sentiments de ceux pour qui on n'a pas beaucoup d'affection, et vous savez que je vous aime véritablement depuis longtemps. Vous êtes dans le petit nombre de personnes qui doivent me connaître assez pour savoir que le titre que je mérite le mieux est aussi celui que j'aime le mieux. Écrivez-moi donc comme à un ancien et constant ami, et sachez que la vérité et la générosité de mon caractère ne me permettraient pas de regarder longtemps comme un ami celui qui, dans le commerce intime d'homme à homme, ne me traiterait pas comme son égal. Les hommes pèsent par leur seul poids dans les relations individuelles; et ce n'est que parce que je crois valoir

(1) Regnauld de Saint-Jean-d'Angély.

mieux que mes titres, que je n'en veux pas de vous et de ceux que je crois véritablement mes amis. Il n'est pas ici question des cérémonies publiques, où tous les hommes ne sont pour le magistrat que des individus dont il ne connaît ni n'apprécie les affections ; ils lui doivent conséquemment tout ce qu'on a voulu qu'ils lui dussent, et je ne me refuse pas à accepter tout ce qu'on croira me devoir dans ces occurrences.

Convertissez Rœderer, que j'aime aussi beaucoup, à mes opinions, et ne me donnez pas le chagrin de penser que vous croyez que j'ai besoin d'échafaudage pour être à la hauteur de mes amis; songez que ma position est telle, que je ne puis plus voir deux hommes que j'aime se donner la main, sans croire que je suis étranger à leurs affections, le jour où ils me traiteront différemment qu'ils ne m'ont traité jusqu'ici dans le commerce intérieur.

Croyez à la vérité de ces sentiments; présentez, je vous prie, mes hommages à madame, et croyez-moi votre ami. »

Joseph au maréchal Lefebvre. Outreau, 13 juillet 1804.

« Monsieur et cher collègue (1), je vous remercie bien de tout ce que votre amitié pour moi vous inspire, même au delà des obligations de votre charge; je suis fort heureux des dispositions du sénat à mon égard : me dire qu'elles ressemblent à celles que je vous connais pour moi, c'est me dire la chose la

(1) Le maréchal Lefebvre, plus tard duc de Dantzig, était membre du sénat, et à ce titre collègue de Joseph Bonaparte.

plus agréable, et me prouver le mieux combien il répond à mes sentiments pour chacun de nos collègues.

Je regarde comme la plus belle prérogative de la place de grand électeur celle qui me place au centre du sénat; je serai fort heureux de me trouver à portée de cultiver tous les jours de plus en plus sa bienveillance, et de mériter ce que les grandeurs ne donnent pas, l'affection de mes collègues et de tous les amis de leur pays. Comptez donc, mon cher maréchal, sur mon empressement à me loger au sénat, et agréez tous mes remercîments des soins que vous voulez bien vous donner pour cet objet.

Vous connaissez tout mon attachement pour vous, mon cher collègue : agréez-en de nouveau l'assurance. Dites à madame la maréchale que son fils se conduit très-bien, et présentez-lui mon hommage. »

Ces quelques lettres sont empreintes d'un grand cachet de véritable philosophie ; nous avons cru devoir les publier, parce que, selon nous, elles font parfaitement connaître le caractère de Joseph Bonaparte, et qu'elles servent à prouver ce que nous avons avancé au commencement de cet ouvrage : c'est que chaque nouveau titre, chaque nouvelle dignité donnés par Napoléon à son frère aîné, et acceptés de ce dernier, étaient un sacrifice fait par lui à l'amitié et au devoir, et nullement une faveur sollicitée ou désirée.

Une couronne ne valait pas pour Joseph le bonheur du foyer domestique; mais une couronne sût toujours lui imposer des sacrifices devant lesquels il ne recula jamais.

Pendant la fin de l'année 1804 et le commencement de 1805, les deux frères furent constamment ensemble, ce qui explique pourquoi nous n'avons aucune lettre de l'un ni de l'autre.

Vers le milieu d'avril 1805, Joseph entreprit un voyage dans le Nord ; et, à partir du 17 de ce mois, nous trouvons les lettres suivantes :

Jos. à Nap. Bruxelles, 17 avril 1805.

« Sire, je suis arrivé dans cette ville depuis trois jours; j'y ai été parfaitement accueilli, comme appartenant doublement en cette occasion à Votre Majesté. Le collége a nommé pour candidat au sénat M. de Mérode, que Votre Majesté avait nommé président du collége lors de sa dernière session. Le choix de l'ancien chancelier des états de Brabant a été renouvelé par l'assemblée : le meilleur esprit y règne; les premières maisons m'ont paru les plus empressées auprès de moi.

Le préfet me paraît un homme d'une grande simplicité de mœurs, et d'une sévérité de principes dont il paraît que l'administration de ce pays a besoin. Le corps municipal se loue beaucoup de l'ordre et de l'économie que l'on retrouve dans les affaires de la ville, depuis que M. Chaban y donne tous ses soins, et qu'il remplit à cet égard les fonctions de maire.

J'ai reçu du général Belliard une note relative à l'ancien maire ; je l'ai engagé à suspendre, et à attendre les nouveaux ordres que Votre Majesté voudra lui faire donner. On continue les arrestations nécessitées par la découverte d'un système très-étendu de contrebande, organisé dans presque toutes les villes de la Belgique.

J'ai causé aujourd'hui avec le juge instructeur de la procédure contre un grand nombre de gens connus sous le nom de *garotteurs ;* ils sont organisés régulièrement ; il y en a déjà plus de cent d'arrêtés ; on est occupé dans ce moment de l'arrestation d'un grand nombre d'autres que l'on connaît par les dépositions de leurs complices ; un brasseur de Bruxelles, assez riche, retiré de cette bande dont il avait fait longtemps partie, et payant à la caisse sa non-activité, a donné tous les renseignements. Le juge m'a dit qu'il y avait encore cent brigands à arrêter.

Je lui ai demandé s'il croyait qu'il y eût des instigations étrangères au pays dans ce mouvement ; il ne le pense pas, quoiqu'il m'ait assuré que, lorsque les Anglais étaient en Hollande, et les Russes en Suisse avant la bataille de Zurich, les mêmes symptômes s'étaient manifestés, et qu'il avait reconnu quelques-uns des mêmes agents.

Je suppose que Votre Majesté sera instruite de tout ceci ; cependant j'ai pensé qu'elle trouverait bon que je lui parlasse directement de ce que je vois dans ce pays. »

Jos. à Nap. Bruxelles, 17 avril 1805.

« Sire, M. Mécuz, président du tribunal de commerce de Bruxelles, l'un des propriétaires les plus riches du département de la Dyle, a reçu une lettre de convocation du préfet, et il s'est présenté au collége électoral. Il a été observé qu'il n'avait pas assisté à la dernière session, et qu'il n'était pas compris dans la liste des électeurs du département; qu'il y avait deux Mécuz, mais que ni l'un ni l'autre n'était celui qui se présentait. Le président du tribunal de commerce a dit qu'il avait pensé que le préfet avait été autorisé à lui adresser la lettre qu'il avait reçue, et qui le désignait par ses noms, prénoms et qualités. Il est de fait que l'on a été induit en erreur à la préfecture par la similitude du nom de Mécuz et de celui d'un habitant de la campagne assez ignoré, et que sa santé a empêché d'assister à l'assemblée, et par l'importance qu'a dans ce pays M. Mécuz, président du tribunal de commerce.

Le collége a témoigné son regret du désagrément qu'éprouvait M. Mécuz, obligé de sortir de son sein, et le vœu très-spontanément et unanimement émis pour que Sa Majesté l'Empereur daignât lui donner une nouvelle preuve de sa bienveillance, en usant de sa prérogative en faveur d'un homme aussi estimé que M. Mécuz, et en ordonnant que son nom soit inscrit sur le tableau des électeurs du département de la Dyle.

Je supplie Votre Majesté d'accéder au vœu des membres du collége électoral. Leurs sentiments pour votre personne m'ont paru aussi vifs que sincères. »

Jos. à Nap.
Bruxelles,
22 avril
1805.

« Sire, l'assemblée électorale du département

de la Dyle est terminée depuis avant-hier. Les choix ont été très-bons, et je suis très-content des dispositions des habitants de ce pays pour Votre Majesté et pour ce qui a l'honneur de vous appartenir.

Je n'ai pu refuser à l'intérêt qu'ils m'ont marqué quelques recommandations pour les ministres de la guerre et de l'intérieur, pour des lycéês : je prie Votre Majesté de leur témoigner sa volonté à cet égard.

On m'a demandé ici avec une très-vive instance le rétablissement de l'hospice militaire aux boues de Saint-Amand. Les camps placés sur la côte fournissent beaucoup de malades qui ont besoin des eaux. On envoie à Bayonne, à cent cinquante lieues, tandis qu'il y a des eaux aussi bonnes à vingt lieues d'ici. Dans l'hôpital militaire de Bruxelles seul, il y a plus de cent malades qui ont besoin de prendre les eaux. Le rétablissement de l'hospice de Saint-Amand ne coûtera pas 6,000 francs.

Je compte partir aujourd'hui pour Anvers ; je me rendrai par la côte à Boulogne, où j'espère trouver les ordres de Votre Majesté. Je les y attendrai jusqu'au 20. Après quoi, je me rendrai sur les bords du Rhin ; je visiterai Strasbourg, Metz, Nancy, où j'ai un bataillon de mon régiment, Luxembourg. Cette marche est conforme à ce que Votre Majesté a bien voulu me dire à Fontainebleau. Si je reçois de nouvelles instructions, je les remplirai avec beaucoup d'exactitude.

Agréez, Sire, l'hommage de mon profond respect, etc. »

« Sire, je pars aujourd'hui d'Anvers, où j'ai passé trois jours; j'ai visité dans le plus grand détail la ville, l'arsenal de construction, et la citadelle. Je suis arrivé ici prévenu contre les dispositions des habitants, et je pars bien satisfait des témoignages qu'ils m'ont donnés, des sentiments qu'ils professent pour Votre Majesté. Jos. à Nap. Anvers, 25 avril 1805.

Il y a cinq vaisseaux et une frégate sur le chantier; huit cents ouvriers sont occupés à préparer de nouvelles cales et les bois nécessaires à de nouvelles constructions. Un bassin est indispensable; le plus expéditif, ce serait de faire creuser de six pieds le local que l'on destine aux bâtiments de l'État. Un projet vraiment digne de Votre Majesté serait l'établissement à Terneuse (1). Les vaisseaux pourraient en sortir et y rentrer entièrement armés; mais il paraît que, pour la confection d'un port capable de contenir quinze vaisseaux, d'un arsenal, d'un chantier proportionné, il faudrait une dépense de 15 millions.

La citadelle d'Anvers resserre beaucoup les chantiers de la marine : il paraît qu'elle est jugée indispensable. »

« Sire, le ministre de la guerre m'écrit de Turin que Votre Majesté se plaignait de ce que le major du régiment que je commande n'était pas à Boulogne. C'est une erreur de fait. Le major du 4e est au camp depuis vingt jours, et je lui en ai donné Jos. à Nap. Gand, 28 avril 1805.

(1) Petit port à l'embouchure de l'Escaut occidental.

l'ordre le jour même que j'ai appris sa nomination par lui-même.

Le général Dumas (1) est avec moi depuis quelques jours; je l'ai rencontré dans l'arrondissement du camp, dont il est chef d'état-major. Si Votre Majesté le trouvait bon, après avoir consulté le général en chef Davout, je l'emmènerais avec moi sur le Rhin, où il me serait fort utile : ce désir de ma part est subordonné à la volonté du maréchal Davout et aux ordres de Votre Majesté.

Je suis aussi satisfait de Gand que je l'ai été de Bruxelles et d'Anvers. »

Jos. à Nap. Bruxelles. 28 avril 1805.

« Sire, la flottille batave vient de perdre quelques bateaux, qui ont été pris par l'ennemi au cap Grisnez. On compte que les soldats des différents corps qui étaient embarqués sur les bateaux pourront s'élever à deux cents. L'amiral Verhuel, qui a été quelque temps malade à Ostende, s'est rendu à Dunkerque, où je le verrai demain; j'écrirai à Votre Majesté, s'il me dit quelque chose qui mérite de lui être soumis. Dans tous les cas, je pense que Votre Majesté trouve bon que je lui mande tout ce que j'apprends d'important, quoiqu'il soit probable que Votre Majesté soit instruite directement, et avant moi, par les généraux en chef. »

Jos. à Nap. Bruges, 25 avril 1805.

« Sire, le colonel du génie Beaufort, marié à une riche héritière de Bruxelles, y jouit de la considération publique. Je pense que Votre Majesté ferait

(1) Mathieu Dumas, auteur du *Précis des événements militaires*.

une chose agréable au pays et utile à son service en accueillant sa demande (1).

Je connais particulièrement M. Beaufort : Votre Majesté peut compter sur son dévouement. »

« Sire, Gand, Bruges, Ostende et cette ville m'ont paru dans les mêmes dispositions d'esprit, de cœur, que j'avais remarquées dans les habitants de Bruxelles et d'Anvers. J'ai été reçu dans les bruyères qui terminent l'empire par une cavalerie de près de mille hommes, en grande partie maires, adjoints et notaires des pays environnants à six lieues à la ronde. J'ai appris avec peine que beaucoup de ces hommes robustes et décidés étaient, dès l'enfance, habitués à la contrebande, qui se fait beaucoup par cette frontière. Le château est une vieille masure. Ils m'ont fait une réception tout à fait féodale; il a fallu marcher sous leurs vieilles bannières, qu'ils appellent les *sermens*. Il y avait une nombreuse population.

Jos. à Nap. Dunkerque, 30 avril 1805.

J'ai vu les troupes d'Ostende et de Dunkerque; elles sont en très-bon état, et désirent marcher à l'ennemi.

L'amiral Verhuel se porte mieux; il m'a accompagné sur la flottille; elle est parfaitement tenue. Les garnisons sont contentes du séjour qu'elles font à bord des bateaux plats. L'amiral m'a dit que le malheur arrivé à huit de ces bateaux plats lui avait donné au moins la conviction du mal qu'ils pou-

(1) Cet officier supérieur désirait être attaché à la personne de l'empereur.

vaient faire à l'ennemi : il paraît que ces bateaux s'étaient trop éloignés de la côte.

M. Somis, colonel du génie en Hollande, est venu me voir à Anvers; il commence à vieillir; je le recommande aux bontés connues de Votre Majesté pour lui, lorsqu'il sera question d'une promotion de généraux dans l'arme du génie : il est un des officiers les plus anciens de cette arme. »

Jos. à Nap. Camp d'Outreau, 1er mai 1805.

« Sire, le général Teullié se charge de ma lettre; le corps qu'il commande est bien tenu, et bien en harmonie avec les troupes françaises et les habitants de Calais.

Le ministre de la guerre avait oublié d'avertir le général en chef de mon arrivée au camp; on ne m'y a pas rendu les honneurs prescrits par le décret de Votre Majesté, ce qui a quelques inconvénients pour moi. Je prie Votre Majesté de donner ses ordres au ministre pour le moment de mon départ; sans quoi, j'aurais l'air d'être ici sans votre aveu. Je viens de recevoir à l'instant même la lettre de Votre Majesté, en date du 6 courant, de Stupinigi (1); elle m'a été fort agréable.

L'armée est ici dans une très-belle tenue et un très-bon esprit. »

Jos. à Nap. Boulogne, 3 mai 1805.

« Sire, avant le départ de Votre Majesté de Paris, je lui ai demandé son agrément pour le mariage d'une nièce de ma femme, fille de M. Anthoine,

(1) Château près de Turin, où Napoléon séjourna, du 29 germinal au 9 floréal an XIII, avant d'aller à Milan pour y prendre la couronne d'Italie.

trésorier de la cohorte de Marseille, avec le général de division Saligny, commandant à Bordeaux. Ce général écrit aujourd'hui au ministre de la guerre pour prendre les ordres de Votre Majesté; je l'ai assuré que vous ne désapprouveriez pas ce mariage, et que Votre Majesté lui ferait la faveur d'en signer le contrat. Je supplie Votre Majesté de vouloir bien trouver bon que le ministre de la guerre permette son séjour à Paris jusqu'au 4 juin prochain. »

«Sire, j'ai vu à Ambleteuse (1) l'ingénieur en chef, qui m'assure que 250,000 francs lui suffiraient pour mettre ce port en état de recevoir toute la flottille batave dans six semaines. Jos. à Nap. Boulogne, 7 mai 1805.

J'ai vu à Ambleteuse la 1re division du camp d'Ostende, elle est en bon état; les deux autres divisions de cette armée, également bien tenues, ne sont pas aussi bien armées; celle surtout du général Friant a besoin de quelques centaines de fusils.

Les divisions du camp de Boulogne sont toutes les quatre bien armées; elles ont beaucoup gagné du côté de l'instruction et de la tenue : j'ai déjà vu

(1) Ambleteuse était autrefois une ville considérable et l'un des meilleurs ports de la Manche. Au dix-septième siècle commença son ensablement, causé par les vents d'ouest. En 1680, Louis XIV et Vauban vinrent dans cette ville, et y firent exécuter des travaux qui permirent à des vaisseaux de 40 canons d'y aborder. Ces travaux furent négligés, et l'ensablement continua. Napoléon les fit reprendre en 1804, et 320 bâtiments, formant l'aile droite de la flottille de Boulogne, y trouvèrent un asile. Aujourd'hui les travaux ont disparu sous les sables, et Ambleteuse n'est plus qu'un pauvre village de 500 habitants, où les bateaux pêcheurs peuvent à peine aborder.

manœuvrer celle des généraux Vandamme, Suchet et Saint-Hilaire; j'ose dire à Votre Majesté qu'elle en sera contente. Demain, les 2e et 3e doivent manœuvrer ensemble.

Le port de Boulogne est plein de bateaux de toute espèce; il manque, pour compléter les équipages, de douze à quatorze cents matelots : il est possible d'en trouver huit cents; le désarmement, les canots des états-majors en donneraient deux cents, et l'on en trouverait environ six cents, en diminuant de deux matelots les équipages des péniches. Il paraît que cette diminution peut s'opérer sans dangers. Les soldats de terre sont bien habitués à la mer et aux manœuvres des rames.

Votre Majesté sait sans doute tout cela; mais elle ne trouvera pas mauvais que je lui dise un peu ce qu'elle ne trouverait que dans des rapports différents, qu'elle n'a peut-être pas sous les yeux.

J'ai remarqué à Bruxelles deux hommes précieux, qui pourraient l'un et l'autre être employés utilement. L'un est M. de Mérode-Vesterlo, qui pourrait être maire de Bruxelles : je pourrai l'y déterminer, si j'en reçois l'ordre de Votre Majesté; l'autre, M. Ovendès-Fosses, jeune homme plein de connaissances, d'esprit, et d'envie de les employer : celui-ci a 400,000 livres de rente; il serait volontiers préfet, et occuperait toute autre place dans laquelle il pourrait mériter de fixer les regards de Votre Majesté. »

Jos. à Nap. « Sire, j'ai reçu votre lettre d'Alexandrie en date du 13 floréal. J'ai été affligé d'apprendre que Votre Majesté ait pu croire que j'ai donné de l'argent aux troupes. Je ne me suis permis que de faire donner quelques gratifications à des musiques des corps qui sont venues jouer pour moi, et aux détachements qui m'ont escorté. Quant aux troupes que j'ai vues, surtout la ligne, dans les camps d'Ostende et de Saint-Omer, je ne leur ai pas fait donner un sou. Dorénavant, je n'en ferai pas même donner aux détachements qui m'accompagnent. J'ai été peiné de voir que la lettre de Votre Majesté n'a pour but que ce seul objet, sur lequel Votre Majesté a été induite en erreur. J'ai fait tous mes efforts pour lui être agréable, et j'attends avec impatience la première lettre de Votre Majesté, dans l'espérance qu'elle me portera des paroles plus consolantes, et conformes, j'ose le dire, aux sentiments de Votre Majesté pour moi (1). » Boulogne, 10 mai 1805.

Jos. à Nap. Boulogne, 11 mai 1805.

« Sire, j'ai vu, le 19, la flottille impériale : Votre Majesté en sera satisfaite. On travaille à la réparation des bâtiments de transport. Les matelots sont aujourd'hui bien tenus ; les garnisons sont contentes de la vie du bord, où elles sont proprement. Les généraux et officiers de mer m'ont paru rivaliser de zèle avec ceux de terre.

Je pars aujourd'hui; je compte voir Arras, Douai, Tournay, Maestricht, Juliers, et remonter le Rhin jusqu'à Strasbourg, où j'espère trouver les ordres

(1) Les quelques lettres de Napoléon à son frère, pendant la première moitié de l'année 1805, nous manquent.

de Votre Majesté. Dans cette tournée, je m'occuperai, comme je l'ai fait jusqu'ici, à recueillir toute l'instruction que les différents points que je vais parcourir pourront m'offrir.

Je compte être à Strasbourg le 28 mai. »

Jos. à Nap. Lille, 13 mai 1805.

« Sire, j'ai reçu la lettre de Votre Majesté du 4 mai. Le général Mathieu Dumas n'a pas quitté l'armée; il doit être ce soir à Dunkerque. J'ai vu à Saint-Omer la réserve de cavalerie : les hommes sont bien tenus, les chevaux bien portants.

A Arras, j'ai vu les grenadiers de la réserve : ils m'ont donné les témoignages les moins équivoques de leur attachement pour Votre Majesté; il a été poussé jusqu'à l'enthousiasme, et tout semblable à celui du général que Votre Majesté leur a donné pour chef. Il n'est pas un grenadier qui ne m'ait accueilli par les cris répétés de *Vive l'Empereur!* en masse, sous les armes, comme ceux que j'ai rencontrés isolément dans la ville.

J'ai couché à Douai le 22; j'ai vu dans le plus grand détail l'arsenal et la fonderie : le colonel Duchesnois, directeur, et le fondeur Béranger m'ont paru deux hommes d'un grand mérite; j'ai été bien content de cette journée.

Je suis arrivé ici il y a six heures; j'ai employé ce temps à visiter la citadelle et les places les plus importantes de la ville. Je ne perds aucun moment, et j'ose espérer que Votre Majesté sera contente de moi, lorsque je la verrai. »

Jos. à Nap.

« Sire, j'ai vu à Tournay la manufacture de tapis

de l'empire qui emploie le plus d'ouvriers (6,000), qui vend le moins cher, et qui est dans une situation très-prospère. Les routes qui aboutissent à Tournay commencent à se réparer. A Bruxelles, le préfet et le général m'ont dit qu'ils étaient très-contents de la situation du pays. Le château de Laken se répare; si on envoie les meubles de Paris, il peut être habitable dans un mois. Mayence, 19 mai 1805.

La fonderie de Liége est en très-bon état; les travaux sont cependant ralentis; mais il y a beaucoup de pièces dont la marine peut se servir, si elle en a besoin. J'ai vu cet établissement en grand détail; j'ai regretté que le sénateur Monge n'y fût pas encore arrivé; on l'attendait sous peu de jours.

J'ai été, il y a deux jours, à Juliers; j'ai visité les nouveaux ouvrages ordonnés par Votre Majesté. Il faudrait encore cent mille écus pour terminer l'ouvrage destiné à défendre le passage de la route et l'approche de l'ennemi, du côté où les inondations ne sont pas possibles. Le bastion de gauche est terminé, les deux autres sont hors de terre.

Je compte passer ici deux ou trois jours; je voyage dans un sévère incognito, afin d'avoir le temps de voir et de m'occuper pour ma propre instruction. »

« Sire, le préfet du département m'a parlé de l'entreprise que Votre Majesté a accordée à cette ville, comme d'une chose dont l'exécution presse beaucoup pour profiter de la campagne, et se mettre en mesure avant le retour de l'hiver. Le plan dressé Jos. à Nap. Mayence, 21 mai 1805.

par l'ingénieur, conformément au décret impérial du 9 vendémiaire an XIII, est attendu avec impatience, revêtu de l'approbation de Votre Majesté.

L'école normale pour l'enseignement de la langue française paraît beaucoup intéresser ; le plan a été envoyé au ministre de l'intérieur.

Le haras de Deux-Ponts doit être rétabli, en exécution des ordres de Votre Majesté ; les états des biens ont été envoyés au ministère ; ils existent à peu près en totalité ; on n'attend plus que les derniers ordres.

J'ai visité les fortifications avec toute l'attention possible. »

Jos. à Nap. Strasbourg, 22 mai 1805.

« Sire, j'ai visité les fortifications de Landau, qui sont en bon état ; cette place est dominée même par le fort, qui est un ouvrage séparé du corps de la place. Ses trois bastions auraient besoin de réparations ; le revêtement en est délabré. J'ai suivi les lignes de la Queich et celles de Weissembourg jusqu'à Lauterbourg ; les ouvrages n'offrent plus le même intérêt depuis la réunion. Le pont de Lauterbourg n'est point dominé, mais il y a tout à y faire.

Le fort Vauban est ruiné entièrement, il n'y a plus aucun bâtiment ; les fortifications existent encore en assez bon état.

Je vais m'occuper de visiter tous les ouvrages et établissements militaires qui existent dans cette ville, où je viens de voir le maréchal Kellermann, qui m'a paru très-content des dispositions des habitants.

Je prie Votre Majesté de trouver bon que je lui rende compte de la parfaite tenue et de la bonne conduite de la gendarmerie; je l'ai trouvée également bonne dans les départements que j'ai traversés. »

« J'ai vu dans le plus grand détail Huningue, Neuf-Brisac et Strasbourg, d'où je compte partir incessamment. Je passerai par Nancy, Metz, Luxembourg et Mézières, pour me rendre à Morfontaine, où j'attends les ordres de Votre Majesté, n'en ayant pas trouvé ici. Je prends ce parti comme le plus naturel, et celui qui me met à même de remplir plus sûrement vos intentions, dès qu'elles me seront connues. Je ne pouvais hésiter qu'entre celui d'aller à Boulogne ou en Belgique; mais je ne dois pas me rendre à l'armée jusqu'à ce que je sache que le général en chef a été prévenu par le ministre de la guerre de mon arrivée. Je n'ai pas de logement en Belgique; j'ai demeuré à Bruxelles chez le préfet, pendant huit jours. A mon retour, j'ai dû aller à l'auberge; ce que je ne pourrais pas faire si je devais rester quelque temps dans ce pays.

Jos. à Nap. Strasbourg, 30 mai 1805.

Il est beaucoup à désirer qu'il soit possible à Votre Majesté de voir les places qui sont le long du Rhin, pour décider elle-même de leur sort. Les ingénieurs ne sont pas également du même avis; et, en général, elles exigent des réparations. »

« Sire, je suis arrivé hier ici avec ma femme, que j'ai rencontrée à Nancy, de retour de Plombières. Je n'ai pas été à Metz, ni à Luxembourg, comme

Jos. à Nap. Morfontaine, 7 juin 1805.

j'en avais d'abord eu le projet. N'ayant pas reçu de lettres de Votre Majesté depuis Arras, j'ai cru devoir précipiter mon retour ici, où je suis à portée de recevoir les ordres de Votre Majesté, et de les exécuter avec promptitude, soit qu'ils m'appellent à Boulogne, en Belgique, ou partout ailleurs. Je ne sais à quoi attribuer le silence de Votre Majesté; elle trouvera bon que je lui avoue que j'en suis sensiblement affligé ; elle a mis tant de bienveillance dans les premières lettres qu'elle a daigné m'écrire, que je dois craindre de lui avoir déplu, depuis l'époque où j'ai cessé de recevoir de ses lettres. Si cela était, ce serait bien involontairement; car j'ai mis tous mes soins et toute mon ambition à remplir ses instructions bienveillantes à mon égard, en me conduisant, dans le voyage que j'ai fait, selon les règles qu'elle avait bien voulu me tracer elle-même. C'est ainsi qu'en Belgique j'ai reçu avec l'éclat que j'ai cru conforme aux vues de Votre Majesté. A Boulogne, j'ai fait manœuvrer mon régiment, et fait manœuvrer des troupes tous les jours. Dans les places fortes, Mayence, Strasbourg, Landau, j'ai gardé un incognito qui m'a permis de donner tout mon temps à mon instruction. Votre Majesté a daigné me prescrire cette marche. En me parlant de Strasbourg, elle m'a dit : « Il faut y garder un demi-incognito, et y passer huit jours, pour en connaître les fortifications. » J'avais espéré trouver là, ou ici, de nouveaux ordres. Je les attendrai avec impatience au milieu de ma famille, et je serai charmé de trouver l'occasion de témoigner à Votre Majesté tout le bonheur que je mets à me conformer à sa volonté. »

« Sire, depuis ma lettre du 7, j'ai reçu celle que Votre Majesté a bien voulu m'écrire. J'ai vu avec bien du plaisir qu'elle était contente de Jérôme, et avec bien du chagrin qu'il n'en était pas de même de Lucien ; mais j'espère que tout s'arrangera, et que Votre Majesté finira par être contente de tout le monde. C'est mon vœu le plus vif, et pour lequel il n'est aucun sacrifice qui ne me parût agréable ; si je pouvais y contribuer en quelque chose, je m'estimerais heureux des efforts que je pourrais faire pour cela. Jos. à Nap. Morfontaine, 17 juin 1805.

J'ai vu ma mère, qui se porte bien, et madame Borghèse, dont la santé est évidemment délabrée. Il paraît qu'elle a la poitrine attaquée ; elle est très-bonne, et très-patiente dans ses souffrances.

Ma femme et mes enfants se rappellent au souvenir de Votre Majesté : je la prie de croire à toute mon affection. »

« Sire, j'ai appris, il y a une heure, le départ de Votre Majesté. Conformément au vœu que je lui en avais manifesté, et qu'elle a bien voulu ne pas repousser, j'étais au moment de monter en voiture pour la suivre, lorsqu'une lettre du secrétaire d'État, portant convocation du conseil privé, qui doit avoir lieu à trois heures, *quoique Sa Majesté soit partie,* me retient encore ici. Jos. à Nap. Paris, 2 août 1805.

Si je ne reçois pas d'ordres contraires, je partirai à l'issue de ce conseil pour me rendre auprès de Votre Majesté, et la suivre partout où elle voudra bien me le permettre. »

Prêt à partir pour l'Allemagne, Napoléon songea, en son absence, à faire connaître sa volonté, par des instructions précises, aux divers agents de son gouvernement.

Il avait eu d'abord l'intention d'emmener à l'armée son frère Joseph, pour lui faire partager ses dangers et sa gloire; mais, songeant que ce prince était l'homme sur lequel il pouvait le plus compter, non-seulement à cause des liens de famille, mais à cause de son caractère et de l'affection qui les unissait, il résolut de le laisser dans sa capitale comme un autre lui-même.

Il prescrivit à l'archichancelier Cambacérès, dans le dévouement et le bon jugement duquel il avait la confiance la plus grande, d'aider le prince Joseph; il donna à un autre de ses frères, le prince Louis (1), connétable de France, le commandement de la force armée; enfin, il prescrivit les dispositions suivantes :

«Le grand électeur (2) pourra convoquer et présider le sénat dans toutes les circonstances où ce corps se réunit, soit sur la convocation du président, soit pour les élections qui lui sont attribuées, soit pour délibérer sur les affaires intérieures.

« Le grand conseil d'administration sera présidé par lui. Le connétable (3) commandera, sous nos ordres, notre garde impériale, la garde nationale

(1) Le prince Louis, qui ne devait pas tarder à être roi de Hollande, était encore fort jeune.

(2) Le prince Joseph.

(3) Le prince Louis.

de Paris et celle des villes et départements de la première division. Il commandera également la garde municipale de Paris, et toutes les troupes qui se trouveront dans l'étendue de ladite division. Il fera exécuter toutes les dispositions relatives à l'objet de son commandement, et principalement, soit par le ministre de la guerre, soit par le directeur de l'administration de la guerre faisant les fonctions, etc. (1).

« L'archichancelier (2) présidera le conseil d'État, conformément à notre décision de ce jour; il signera les renvois des affaires des divers départements du ministère qui seront de nature à être délibérées en conseil.

« Tous les ministres correspondront directement avec nous pour les affaires de leur département.

« Néanmoins, ils se rassembleront, le mercredi de chaque semaine, au Luxembourg, chez le grand électeur. Le connétable et l'archichancelier assisteront à cette séance; les ministres y porteront les objets de détail et du contentieux de leurs administrations, lesquels seront remis à l'archichancelier, pour nous être transmis dans la forme ordinaire. L'archichancelier y joindra une courte analyse de ce qu'il aura de plus pressant à expédier, et des notes sur les affaires qui lui en paraîtront susceptibles.

« Le grand électeur et le connétable adresseront également les observations qu'ils jugeront conve-

(1) Le général Dejean.
(2) Cambacérès.

nables sur les affaires qui auront donné lieu à une diversité d'opinions.

« Nous entendons, en général, que toutes les affaires qui, dans l'ordre ordinaire du gouvernement et de l'administration, ont besoin de notre signature, continuent à nous être présentées à cet effet.

« Toutes les fois que le grand juge jugera qu'une demande est dans le cas d'être admise, et que des circonstances urgentes exigent une prompte décision, le grand électeur pourra, sur la demande de ce ministre, convoquer un conseil privé, dont nous désignerons les membres. Il nous adressera le procès-verbal de ce conseil, dressé par l'un des ministres appelés; et, en cas de diversité d'opinions, il y joindra le résumé de celles qui auront été énoncées de part et d'autre.

« Toutes les fois qu'un ministre jugera nécessaire une conférence avec d'autres ministres pour traiter une affaire de son département, il en fera la demande au grand électeur, qui convoquera, à cet effet, les ministres dont le concours sera nécessaire.

« S'il survient des événements extraordinaires de police sur lesquels nous ne puissions pas statuer à temps, à raison de notre éloignement, et qui exigent le concours de différents ministres, le grand électeur convoquera les ministres dont la présence sera nécessaire. Si l'exécution des mesures que le grand électeur aura approuvées excède les bornes de l'autorité ministérielle, et qu'il ne soit pas possible d'attendre notre décision, il sera tenu de cette conférence un procès-verbal dressé par le ministre du département que l'affaire concerne, et signé par le grand électeur. En conséquence dudit procès-verbal, le ministre se trouvera autorisé à exécuter les dispositions, telles que les aura prescrites le grand électeur, après avoir entendu l'opinion du connétable, de l'archichancelier, et des ministres.

« Dans tous les cas d'événements extraordinaires militaires, le grand électeur, sur la demande du ministre faisant les fonctions de ministre de la guerre, convoquera les ministres dont le concours sera jugé nécessaire, et il sera procédé ultérieurement, comme il est dit ci-dessus.

« Pendant tout le temps où le ministre de la guerre sera à l'armée, il continuera à faire le travail du personnel, la répartition des fonds de son département, l'expédition des ordres qui seront donnés directement par nous, soit relativement au mouvement et à ce qui tient aux opérations militaires, soit pour ce qui concerne les bureaux du génie et de l'artillerie, enfin tout ce qui est relatif aux prisonniers de guerre. Les autres parties de son administration seront exercées par le ministre directeur de l'administration de la guerre, qui signera les décisions et les ordonnances qui ne l'auront pas été par le ministre de la guerre; lesquelles seront délivrées conformément à la désignation qui aura été faite par ledit ministre pour l'emploi des fonds.

« Le travail sera soumis au ministre directeur de l'administration de la guerre par M. Denniée, secrétaire général, qui travaillera avec tous les chefs de division et de bureau, et qui continuera à faire, au nom du ministre de la guerre, toutes les signatures que nécessiteront les décisions données, soit par ce ministre, soit par le ministre directeur (1).

« Le connétable nous adressera tous les jours un rapport sur la partie que nous lui avons confiée.

« Le ministre de la police (2) nous écrira tous les jours par l'estafette dont nous avons ordonné l'établissement.

« Le ministre de la marine (3) nous écrira sur tous les objets importants, et au moins deux fois par semaine.

« Les autres ministres nous écriront tous, aussi souvent qu'ils auront à nous entretenir des affaires de leur département.

« Toutes les lettres nous seront adressées directement. Les dépêches télégraphiques transmises à Paris, ou à transmettre de Paris, seront portées au grand électeur avant qu'il puisse y être donné cours.

« Au palais de Saint-Cloud, le 1er vendémiaire an XIV (23 septembre 1805).

« NAPOLÉON.

« *Par l'Empereur*,

« Le secrétaire d'État,

« Hugues MARET. »

Après avoir lu cet ordre général laissé par l'Em-

(1) Le général Dejean.

(2) Fouché.

(3) Decrès.

pereur, Joseph adressa au sénat les paroles suivantes :

« Sénateurs, l'intérêt de l'État, le salut de tant de citoyens qui ont fourni avec nous cette longue et sanglante carrière de la révolution, doit imposer à tous les amis de leur pays l'obligation de servir l'ordre de choses actuellement établi, au poste où les événements les ont placés.

Quant à moi, résigné à l'éclat comme je l'eusse été à l'obscurité, il me sera bien doux de reconnaître, par les sentiments que vous continuerez à porter à un ancien collègue, que je ne me serai pas éloigné des principes que j'ai toujours professés.

Puissé-je, Messieurs, mériter que vous me disiez toujours votre pensée tout entière ! En vous manifestant ce vœu, permettez-moi l'espérance de le voir rempli. »

Depuis le jour de son départ jusqu'à celui où Joseph se rendit à l'armée de Naples, une correspondance importante fut échangée entre les deux frères.

Nous allons la reproduire ici. Les lettres de l'Empereur ont pour objet principal les opérations militaires ; cependant Napoléon y traite souvent aussi les affaires de l'intérieur.

Les lettres de Joseph ont rapport à l'esprit public de l'empire, et principalement de la capitale, à la levée des conscrits, à la crise financière de la Banque de France (1), et enfin à l'effet produit par

(1) Cette crise de la Banque de France est parfaitement expliquée dans l'*Histoire du Consulat et de l'Empire* de M. Thiers, au commencement du livre XXII, 6e volume.

les grandes nouvelles arrivant journellement d'Allemagne.

Le jour même du départ de l'Empereur pour Strasbourg, Joseph lui écrivit :

Jos. à Nap. Paris, 24 sept. 1805.

« Sire, le sénat a, sous ma présidence, élu les membres du corps législatif des départements du Var, Vaucluse, Vendée et de l'Yonne, dont Votre Majesté trouvera ci-joint l'état nominatif. Les choix sont bons.

Sous la présidence de M. de Neufchâteau, il a adopté, à l'unanimité de 77 voix, le projet du sénatus-consulte sur la levée de quatre-vingt mille conscrits.

Le projet pour la garde nationale a aussi été adopté à l'unanimité. J'ai assisté à ces deux scrutins, mais je n'ai pu présider, n'ayant pas encore reçu la délégation de Votre Majesté. »

D'après la constitution de 1804, le corps législatif était seul appelé à voter la levée des jeunes soldats et la contribution; mais comme il n'était pas assemblé, et comme il aurait fallu perdre du temps pour le convoquer, Napoléon s'adressa au sénat, dans les attributions duquel ne rentraient pas ces mesures.

Jos. à Nap. Paris, 25 sept. 1805.

« Sire, les ministres se sont réunis ce matin au Luxembourg. D'après l'avis du connétable et de l'archichancelier, j'ai ajourné plusieurs affaires qui tendaient à exempter de la conscription quelques individus destinés à l'état ecclésiastique, et j'ai engagé le grand juge et le ministre de l'intérieur à remettre à un autre moment l'exécution des projets utiles, mais qui auraient exigé des sacrifices du Trésor public.

M. Barbé-Marbois (1) m'a demandé une conférence, dans laquelle il a désiré que j'entendisse le ministre des finances; il m'a rendu compte de la situation de la Banque. La régence a pris un arrêté par lequel elle ordonne d'abord le remboursement d'un seul billet de 1,000 fr. au même porteur, et suspend, jusqu'à l'exécution de cette mesure, l'échange d'un plus grand nombre de billets qui se trouvent dans les mêmes mains. Elle a échangé aujourd'hui pour 600,000 fr. Il lui restait ce soir en caisse 1,300,000 fr.

La régence demandait que les préposés de l'enregistrement eussent ordre de refuser d'enregistrer les protêts des billets de banque : il n'y a eu qu'une opinion, que cette demande était inadmissible, parce qu'elle ne remplirait pas son but, puisque le refus de l'enregistrement ne pouvait pas garantir du recours aux tribunaux;

Parce que ce serait fournir une arme à tous les débiteurs de mauvaise foi;

Parce que ce serait imprimer aux billets de banque le caractère de papier-monnaie, en lui donnant un cours forcé.

On espère que la mesure qui a été mise à exécution aujourd'hui donnera le temps à la régence de

(1) M. Barbé-Marbois avait, à cette époque, le portefeuille du Trésor.

recevoir le numéraire qu'elle attend. Avant un mois, elle pourra avoir 12 à 14 millions.

Le public, revenu de sa terreur panique, s'apercevra que la Banque est réellement bien au-dessus de ses affaires.

J'ai causé ce soir avec MM. Cretet, Mollien, Defermon et Duchâtel; ils ont tous la même opinion.

J'ai eu beaucoup de peine à convaincre M. Perregaux que la mesure du protêt était mauvaise; il a fini par se rendre à l'évidence.

Les billets de 1,000 fr. se changeaient aujourd'hui pour 992 fr.

Le ministre du Trésor public rend à Votre Majesté un compte plus précis et plus détaillé. »

Nap. à Jos. Strasbourg, 25 sept. 1805.

« Mon frère, je suis arrivé à Strasbourg. Toute l'armée a passé le Rhin. L'ennemi est aux débouchés de la forêt Noire. Nos manœuvres vont bientôt commencer. Faites ce qui vous sera possible pour pousser la nation à la conscription. Je suis très-satisfait des départements que j'ai traversés. Sur ce, je prie Dieu qu'il vous ait en sa sainte et digne garde. »

Jos. à Nap. Paris, 26 sept. 1805.

« Sire, pour l'exécution de la mesure prescrite par Votre Majesté, relativement au sursis qui pourrait être demandé par le grand juge, et qui ne serait accordé qu'après la formation d'un conseil privé, dont Votre Majesté s'est réservé de désigner les membres (1), il serait à propos qu'elle voulût bien faire cette désignation : elle servirait pour tous

(1) Voir l'ordre général laissé par l'Empereur.

les cas qui se présenteraient jusqu'à nouvel ordre. Si le cas de réunir un conseil privé pour cet objet se présentait, il serait trop tard de vous demander cette désignation, puisque le but de ce conseil étant la grâce du condamné, la surséance en est le moyen, et que cette surséance doit pouvoir être accordée dans les vingt-quatre heures.

Le sénat s'est occupé, dans sa séance d'aujourd'hui, du sénatus-consulte relatif aux candidats au corps législatif du département du Nord; il a été voté à l'unanimité.

La Banque a continué aujourd'hui ses payements selon le mode adopté hier. Les inquiétudes qu'elle avait excitées paraissent se calmer. »

« Sire, j'ai su aujourd'hui à deux heures après-midi, par le télégraphe, votre arrivée à Strasbourg; je l'ai dit aux sénateurs, qui l'ont appris avec plaisir. Jos. à Nap. Paris, 27 sept. 1805.

Le sénat a terminé les élections au corps législatif; j'ai l'honneur de vous adresser l'état de ceux qui ont été élus aujourd'hui à la presque unanimité.

La Banque avait échangé hier pour 573,000 fr., et avait reçu 70,700 fr. Il lui restait en caisse plus de 1,400,000 fr. Le public n'a pas montré beaucoup de défiance; il y a eu en payements isolés 298,000 fr.

Aujourd'hui, l'état est à peu près le même. M. Perregaux m'a dit que les changeurs ne changeraient pas, parce qu'ils veulent avoir un bénéfice, et qu'ils craignent le préfet de police, qui les fait surveiller pour qu'ils échangent au pair. M. Perregaux pense que, jusqu'à ce que la Banque ait reçu quelques millions, il serait bon de fermer les yeux, et de laisser aux changeurs la faculté de changer en faisant quelques bénéfices : ce serait, dit-il, un moindre mal que d'être menacé de se voir privé du secours de ces auxiliaires, auxquels il croit beaucoup de numéraire. Je vous soumets ces observations, c'est à vous à les juger.

Il y a dans le public de la confiance, quoique l'on ne dissimule pas que la partie est forte; l'on craint que les ennemis, en leur qualité d'agresseurs, n'aient pris les devants.

J'ai vu le maréchal Augereau, qui m'a dit que ses troupes étaient dans le meilleur état; il est parti pour la campagne, sa femme étant très-malade.

Le général S..... est à Paris; j'ai vu le ministre de la police, qui a dû lui donner l'ordre d'en partir.

M. de Brigode, auditeur au conseil d'État, ayant été nommé législateur, le sénateur Rœderer rappelle son fils à la bienveillance de Votre Majesté.

Le maréchal Serrurier reçoit de Hollande des nouvelles qui lui font croire que ce pays est à la veille d'être attaqué; il désire être employé à sa défense. »

Jos. à Nap. Paris, 28 sept. 1805.

« Sire, je vous envoie un rapport qui m'a été adressé, et dont vous jugerez l'importance.

Le général Victor m'adresse une demande pour être employé militairement.

La Banque continue à échanger comme dans les

trois jours précédents ; le ministre du Trésor public m'a paru content des efforts que font les régents ; ils sont secondés par le bon esprit du public. »

« Sire, je reçois la lettre de Votre Majesté datée de Strasbourg du 4 (25 septembre); je sens trop l'importance de la conscription pour ne pas faire ce qui dépend de moi pour la presser. Je reçois beaucoup de monde, et je dis à tous combien il importe à la nation de faire tous les efforts imaginables pour que l'armée soit portée au point indiqué par les besoins de la guerre, et par là arriver plus tôt à une paix durable et glorieuse. Tout le monde me paraît sentir cette vérité; l'opinion ici est bonne et très-bonne, d'après les renseignements que je puis avoir. Jos. à Nap. 29 sept. 1805.

La Banque se soutient; hier elle avait échangé pour 641,000 fr.; il lui restait en caisse 1,698,000 fr. M. Perregaux m'a dit qu'il aurait désiré que l'on eût échangé un peu moins pour le service du Trésor public pendant quelques jours, pour lui donner le temps de réunir beaucoup de numéraire; les arrivages vont se presser.

Le préfet de Marseille a fait arrêter et, on dit, partir pour Paris des individus qui ont figuré en première ligne en 93, comme prévenus d'une conspiration. Je tiens de beaucoup de Marseillais qui n'aiment pas les terroristes arrêtés, qu'on ne croit pas à la conspiration, mais bien à quelques propos de ces gens contre le préfet, que les révolutionnaires n'aiment pas. Le ministre de la police m'a parlé dans le même sens. Il serait peut-être bien d'envoyer M. Thibaudeau à Lyon, et de nommer préfet à Marseille un homme qui n'y porte aucune prévention, et qui serait également bien accueilli par tout le monde.

Le prince Louis a passé une revue très-longue et très-minutieuse; la garnison a été très-contente; il se porte bien. Je n'ai qu'à me louer des procédés de M. l'archichancelier et des ministres.

Ne doutez pas, Sire, de mon empressement à vous seconder de tout mon pouvoir. »

Nap. à Jos. Strasbourg, 30 sept. 1805.

« Mon frère, je pars à l'instant pour porter mon quartier général à Louisbourg sur le Necker. Toute l'armée est déjà avancée de plusieurs marches en Allemagne. Tout le monde est bien disposé. L'armée n'a rien perdu, ni par les désertions, ni par les maladies. Le temps est superbe. L'empereur d'Autriche, qui était venu à son armée, est retourné à Vienne, et l'épouvante est déjà dans les rangs ennemis. Les renseignements que j'ai, portent que l'ennemi retire des troupes d'Italie pour les faire marcher sur la Bavière. Voyez le ministre de la police, le ministre Dejean et le secrétaire général de la guerre, et sachez si l'on a expédié tout ce qui est relatif à l'appel de la conscription de la réserve. Si ces ministres et les préfets y mettent un peu de zèle, les conscrits doivent être rendus aux corps dans le courant de vendémiaire (23 septembre au 23 octobre). J'entends bien que la conscription de l'an XIV (1805) devrait me joindre en brumaire (23 octobre au 23 novembre). Suivez cette affaire autant qu'il vous sera possible. »

« Sire, j'ai reçu du trésorier de la couronne, par votre ordre, 100,000 écus, que je vais employer à faire acquitter les dépenses du Luxembourg, où je suis définitivement établi. Je vous prie d'agréer mes remercîments : j'aurais été fort embarrassé de payer ce que je devais.

Jos. à Nap. Paris, 30 sept. 1805

Je vous envoie une demande de M. Botta de Turin, pour être employé dans la guerre actuelle; comme j'ignore les services qu'il a rendus et ceux qu'il peut rendre, vous en jugerez.

La journée d'hier dimanche a été un jour de répit pour la Banque; il est à remarquer que, sur une recette qu'elle a faite dans Paris, la semaine dernière, de 14,347,000 francs, elle n'a touché en espèces que 386,000 francs : elle continue toutes les mesures pour faire arriver du numéraire à Paris. »

« Mon frère, l'armée est en grande marche. Le 1er et le 2e corps sont réunis aux Bavarois, et sont partis de Wurtzbourg; les 3e, 4e et 6e (1) sont au delà du Necker. L'ennemi fait des marches et contre-marches, et paraît fort embarrassé. Avant peu de jours, nous en serons aux mains. L'armée n'a perdu personne, ni par la désertion, ni par les mala-

Nap. à Jos. Essling, 1er octobre 1805.

(1) Le 1er corps, commandé par Bernadotte, venait du Hanovre; le 2e, commandé par Marmont, venait de Zeist en Hollande; les 3e, 4e et 6e, sous Davout, Soult et Ney, venaient du camp de Boulogne, et avaient passé le Rhin depuis Manheim jusqu'à Strasbourg.

dies. Je serai ce soir à Stuttgard. Comme les mouvements vont être très-rapides, ne soyez pas étonné si vous êtes quelques jours sans recevoir de mes nouvelles. Il suffit que vous fassiez mettre dans le *Moniteur* que l'Empereur est à Stuttgard ; que l'armée a passé le Necker, et a déjà remporté deux grandes victoires : la première, parce qu'elle n'a ni malades ni déserteurs; qu'au contraire, beaucoup de conscrits l'ont rejointe; la seconde victoire, c'est que les armées bavaroise, danoise et wurtembergeoise se sont réunies à l'armée française, et que tout le peuple d'Allemagne est bien disposé pour nous. »

Jos. à Nap. Paris, 1er octobre 1805.

« Sire, j'ai reçu votre lettre pour convoquer le sénat ; il se réunira le 13, pour entendre le projet de sénatus-consulte qui lui sera proposé par les orateurs du gouvernement relativement à Gênes.

La Banque continue d'échanger 600,000 francs par jour environ contre ses billets : sa réserve s'élève aujourd'hui à près de 3,000,000.

M. Paroisse, que j'avais envoyé à Rome, n'a pas réussi, quelles qu'aient été mes lettres et mes instructions. Lucien me répond en me chargeant de vous demander des passe-ports : je m'acquitte de cette pénible commission.

La conscription va bien à Paris.

M. Sallicetti, que j'ai vu aujourd'hui, espère recevoir des ordres pour l'Italie.

Une commission du tribunat part aujourd'hui pour porter une adresse à Votre Majesté; elle suivra de près ma lettre. »

« Mon frère, je suis entré hier à Louisbourg (1); je suis logé chez l'électeur, qui s'est définitivement mis avec nous. Il n'y a pas encore eu de sang de répandu de part et d'autre; cependant quelques patrouilles de cavalerie ennemies ont été coupées, et l'on m'a amené une trentaine de prisonniers à cheval. Nous sommes tous en grande marche et en grandes manœuvres militaires. » Nap. à Jos. Louisbourg, 2 octobre 1805.

« Sire, les ministres se sont réunis ce matin au Luxembourg avec le connétable et l'archichancelier, qui adresse à Votre Majesté le résultat de la conférence. Jos. à Nap. Paris, 2 octobre 1805.

J'ai rappelé à MM. les ministres tout le prix que vous mettez aux démarches qui peuvent hâter la conscription et la rendre complète.

La proclamation à l'armée est trouvée digne de Votre Majesté et de son armée.

L'opération des gardes d'honneur ne paraît encore avoir aucun résultat.

La conscription a commencé aujourd'hui à Paris, avec beaucoup de succès et de bon esprit dans les jeunes gens.

La Banque s'est bien montrée pour M. Desprez, agent du Trésor, pour lequel elle est prête à donner, dans ce mois, 45 millions, s'ils sont nécessaires.

Elle a aujourd'hui en numéraire 3,500,000 fr.

Les Anglais ont dirigé des brûlots sur Boulogne sans succès; ils ont tous été détournés, et un a été pris. »

(1) *Louisbourg* ou *Ludwisbourg*, ville du Wurtemberg, avec un magnifique château royal.

Nap. à Jos. Louisbourg, 3 octobre 1805.

« Mon frère, je pars cette nuit. Les événements vont devenir tous les jours plus intéressants. Il suffit que vous fassiez mettre dans le *Moniteur* que l'Empereur se porte bien; qu'il était encore vendredi, 12 vendémiaire, à Louisbourg; que la jonction de l'armée avec les Bavarois est faite. J'ai entendu hier, au théâtre de cette cour, l'opéra allemand de *Don Juan*. J'imagine que la musique de cet opéra est la même que celle de l'opéra qu'on donne à Paris : elle m'a paru fort bonne. »

Jos. à Nap. Paris, 3 octobre 1805.

« Sire, cette ville jouit d'un calme parfait. On a beaucoup de confiance dans les opérations de la guerre, et cependant on accueille tous les bruits de paix qui circulent.

Le sénat vient de perdre M. Pléville-Lepelley (1), l'un de ses membres : il laisse dans la plus profonde misère une fille et des petites-filles qui ont été connues de Votre Majesté : ne serait-il pas possible de les faire jouir d'une partie ou de la totalité de la pension accordée aux veuves des sénateurs?

J'ai reçu une lettre de Jérôme, qui m'annonce sa prochaine arrivée ici. Si vous avez quelque chose à me prescrire à cette occasion, il serait bon que je susse d'avance quelles sont vos intentions à son égard. »

Nap. à Jos. Louisbourg, 4 octobre 1805.

« Mon frère, j'apprends avec plaisir que la conscription marche bien à Paris. Apprenez-moi si les

(1) Pléville-Lepelley, né en 1726, ministre de la marine en 1797, vice-amiral en 1798, sénateur, etc.

réserves des années x, xi, xii et xiii (1801, 1802, 1803, 1804) sont parties. Je pars à l'instant même de Louisbourg.

« Sire, j'ai reçu votre lettre du 9 vendémiaire. J'ai vu les ministres, qui m'instruiront demain plus en détail de l'état de la conscription, et qui m'ont assuré aujourd'hui que la levée de la réserve et celle de l'an xiv (1805) allaient très-bien; j'ai vu ce soir cinq maires de Paris, qui m'ont dit que cette opération s'est faite avec calme et bonne volonté dans leurs arrondissements. — Jos. à Nap. Paris, 4 octobre 1805.

Il y a eu plus de foule qu'à l'ordinaire aujourd'hui à la Banque. Il lui reste en réserve 3,500,000 fr.

Jérôme est arrivé; il sort de chez moi, et il part pour se rendre près de vous. Son désir est de servir sous vos yeux, et, dans tous les cas, d'exécuter vos ordres.

Il ne paraîtrait pas que ce qui a été dit sur son compte, pendant sa relâche à Toulon, soit vrai : je crois que près de vous il sera très-bon; loin, il est possible qu'il se laisse plus aller aux passions de son âge et aux mouvements de sa position.

On dit aussi que le conseiller d'État Mounier va être nommé préfet de Lyon. Il est prêt à obéir; mais il aurait désiré, attendu son peu de fortune, que vous n'eussiez pas jeté les yeux sur lui pour cette place, qui exige une grande représentation. »

« Sire, le sénat a reçu ce matin le message par lequel vous lui annoncez que vous avez bien voulu me donner la présidence de ce corps : je suis fort — Jos. à Nap. Paris, 5 octobre 1805.

touché des expressions bienveillantes dont Votre Majesté a bien voulu se servir en parlant de moi : j'espère justifier votre confiance, et la joie que le sénat a bien voulu témoigner à la lecture du message de Votre Majesté.

L'inspecteur général de la gendarmerie est très-satisfait de l'état de la conscription, de la réserve et de la levée de l'an XIV (1805) dans les départements qui avoisinent Paris, et dont les nouvelles lui sont déjà parvenues.

Les ministres et M. Lacuée m'ont dit que tout était en bon train, et qu'ils espéraient que vous seriez satisfait. C'est la première demande que je leur fais dès que je les vois ; et comme ils viennent me voir assez souvent, ils en sont souvent occupés.

La Banque est beaucoup plus obsédée depuis deux jours par les porteurs de billets ; on a fait ouvrir une heure plus tôt à la fin de la semaine ; les chefs d'ateliers sont forcés d'échanger leurs billets pour du numéraire.

La Banque a aujourd'hui en réserve près de 4 millions.

Le sénat a entendu aujourd'hui les orateurs du gouvernement sur le projet du sénatus-consulte relatif à la réunion de Gênes, et nommé une commission, qui fera son rapport au sénat mardi. »

Jos. à Nap. Paris, 6 octobre 1805.

« Sire, la levée de la conscription de l'an XIV se fait partout avec chaleur. D'après tous les renseignements que j'ai pris, vous pouvez compter sur quarante mille hommes arrivés à l'armée en brumaire (23 octobre au 23 novembre), et le reste en frimaire (23 novembre au 23 décembre).

La levée des réserves des années IX, X, XI, XII et XIII (1800, 1801, 1802, 1803 et 1804) va être bientôt en pleine activité; les ordres pour son exécution n'ont pu partir que le 4 vendémiaire (26 septembre); il est à croire qu'en brumaire la plus grande partie de ces conscrits seront à l'armée.

J'envoie à Votre Majesté une lettre d'un maire de Paris, qui me rend compte de l'exécution de la levée dans le quatrième arrondissement. Les autres sont dans la même position : j'ai promis à ce maire mes bons offices près de Votre Majesté pour la Légion d'honneur, lorsque j'aurai vu les résultats de son zèle pour les levées de la réserve de l'an 1800.

M. Noizet (de Senlis) remplirait convenablement la place d'inspecteur à Fontainebleau; il est un des plus anciens sous-inspecteurs; c'est un homme sûr; je vous en écris autant par intérêt pour votre service que par intérêt pour M. Noizet.

M. Barbé-Marbois m'a paru désirer d'être autorisé à faire des payements de plusieurs millions à M. Vanlerberghe (1); il croit qu'il est beaucoup dû à ce fournisseur, et qu'il est essentiel de lui faire donner en payement les propres engagements de M. Vanlerberghe vis-à-vis le Trésor.

(1) Un des trois membres de l'association des *négociants réunis*. Les deux autres étaient MM. Desprez et le fameux Ouvrard. M. Vanlerberghe était spécialement chargé du commerce des grains pour le service des armées françaises; il le faisait avec zèle et honnêteté.

Dois-je faire lire sur les théâtres principaux de Paris les nouvelles importantes qui m'arriveraient, comme cela s'est pratiqué lors de Marengo et des autres victoires ? »

M. de Menneval à Joseph. Donawert, 7 octobre 1805.

« Monseigneur, Votre Altesse Impériale recevra par ce courrier une lettre de Sa Majesté, qui a été renvoyée de Strasbourg au quartier général avec le paquet pour Paris, par une erreur du directeur de la poste. L'Empereur me charge de vous écrire qu'il se porte bien ; qu'il est trop occupé pour vous donner de ses nouvelles. Le bulletin de la grande armée, que M. Maret doit envoyer au *Moniteur* par le courrier, vous donnera une idée de la situation de l'armée. Une partie des divisions a passé le Danube ; il y a déjà eu quelques échauffourées.

Je prie Votre Altesse d'agréer l'hommage de mon respectueux dévouement. »

M. de Menneval à Joseph. Donawert, 7 octobre 1805.

« Monseigneur, l'Empereur m'ordonne d'écrire à Votre Altesse pour lui donner des nouvelles de l'armée. Il ne vous écrit pas, parce qu'il est trop occupé. Tout va au mieux, on se bat à force ; les Autrichiens sont tournés, et dans la plus grande consternation ; de grands événements auront lieu sous peu de jours. Le Danube est passé ; l'Empereur est sur le point de le passer lui-même : l'armée est pleine d'ardeur, et n'aspire qu'à une grande bataille. Je vous écris ce peu de mots à la hâte ; demain ou après, j'aurai l'honneur de vous instruire de ce qui se sera passé. Je prie Votre Altesse d'agréer l'hommage de mon respectueux dévouement. »

« Sire, j'ai reçu la lettre de Votre Majesté, de Louisbourg du 11 vendémiaire (3 octobre). Les habitants de Saintes craignant qu'on ne transfère le chef-lieu du département à la Rochelle, je prends la liberté d'adresser à Votre Majesté la lettre que je reçois du sénateur Lemercier. Il me semble que l'on peut bien ajourner cette question à un temps plus calme, à moins qu'il n'y ait des raisons pressantes que j'ignore : Votre Majesté en jugera. Jos. à Nap. Paris, 7 octobre 1805.

Le président du sénat et les préteurs mettent une égale importance à ce que je leur adresse immédiatement et exclusivement les uns des autres les ordres de convocation ; le président voulant donner aux préteurs l'ordre, et ceux-ci prétendant ne le recevoir que de moi. Votre Majesté a-t-elle une volonté là-dessus? Je serai bien aise de la connaître, afin de m'y conformer. »

« Sire, le sénatus-consulte pour la réunion de Gênes est passé à la presque unanimité : cependant nous avons été obligés d'aller à un second tour de scrutin, parce que nous n'étions que soixante-douze sénateurs, et que, selon l'article 90 de la constitution, il faut être les deux tiers de la totalité des membres du sénat. Il y a cent huit sénateurs, il faut une majorité de soixante-treize ; mais dès demain, par le départ des sénateurs Rampon, Aboville, etc., nous pourrons difficilement réunir les deux tiers des membres du sénat. Le seul remède serait un sénatus-consulte portant que le sénat pourrait délibérer lorsque la majorité des membres Jos. à Nap. Paris, 8 octobre 1805.

seraient présents. Cette mesure est nécessitée par les absences légitimes des sénateurs à sénatoreries, princes, généraux, cardinaux, évêques, etc.

La Banque a donné aujourd'hui près de 600,000 fr. de numéraire contre des billets : elle a en réserve au plus 4 millions : il y a eu aujourd'hui plus d'affluence que de coutume : la queue s'étendait jusqu'au milieu de la place des Victoires; elle était formée au point du jour.

Jérôme, ayant reçu, par le canal du ministre de la marine, les ordres de Votre Majesté, s'est déterminé à renoncer à son voyage d'Allemagne; il est au moment de son départ pour la destination qui lui est transmise par le ministre de la marine. »

Nap. à Jos. Zusmarshaussen, 9 octobre 1805.

« Mon frère, vous aurez une idée des mouvements qui ont eu lieu ici par les trois bulletins qui ont été envoyés à Paris. Remettez la lettre ci-jointe au préfet de Paris. Le temps s'est gâté depuis deux jours ; il fait beaucoup de pluie.

Nous serons ce soir, ou demain au plus tard, à Munich. Les Russes commencent à arriver. L'ennemi s'affaiblit beaucoup en Italie pour envoyer des troupes ici. Ces trois ou quatre jours seront probablement très-animés, et pourront donner lieu à des faits d'armes assez notables.

Le combat de Wertingen fait beaucoup d'honneur aux dragons et à la cavalerie. C'est un petit succès fort agréable pour Murat, qui commandait.

Le bon esprit de l'armée, son désir d'en venir

à des affaires sérieuses, et sa patience à supporter les fatigues, sont de très-bons présages.

Mon quartier général est aujourd'hui à Zusmarshaussen. Je n'ai ici ni voiture, ni bureau, ni rien, mais je me rendrai ce soir au quartier général d'Augsbourg.

Je tiens l'armée ennemie cernée dans Ulm; elle a été défaite hier soir par le corps de Ney; à demain les détails. »

« Sire, l'on a été obligé de dissiper cette nuit une assemblée de cinq à six cents individus, qui s'était portée à la place des Victoires pour attendre l'ouverture de la Banque. Cet état ne paraît pas pouvoir finir tant que la Banque n'aura pas 15 à 20 millions de numéraire; les régents n'espèrent y parvenir qu'autant que l'on diminuerait les demandes que fait M. Desprez. Le connétable me prévient que, d'un moment à l'autre, il peut être dans le cas de quitter Paris, et d'emmener avec lui toute la garnison, excepté les vétérans : je crois qu'il est de mon devoir de faire observer à Votre Majesté que, dans la situation actuelle de Paris, il ne serait pas sage de ne pas y laisser au moins un bon régiment. Tous les jours la force armée est obligée de contenir l'impatience du rassemblement formé aux avenues de la Banque, et les vétérans seuls ne suffiraient pas au service de Paris, qui est au reste, à ce point près, parfaitement tranquille; il n'y a pas d'inquiétude à avoir, autre que celle qui résulterait d'un mouvement désordonné et spontané de la queue de la

Jos. à Nap. Paris, 9 octobre 1805.

Banque, si quelques mauvais sujets pouvaient avoir l'espoir de la piller impunément; ce qui ne peut se concevoir que par l'absence de cette force publique. Je pense donc qu'il n'est pas de circonstances qui puissent permettre d'enlever toute la garnison active de Paris. Je soumets ces observations à la sagesse de Votre Majesté. La levée des réserves de l'an IX, X, XI et XII partira de Paris dans huit jours; celle de l'an XIV est terminée, elle va aussi partir; les maires que j'ai vus ce soir sont tous contents de l'esprit qui anime les jeunes conscrits. »

Jos. à Nap. Paris, 10 octobre, 1805.

« Sire, la foule a été encore plus considérable aujourd'hui à la Banque; elle a reçu plus de 800,000 francs, et donné plus de 500,000 francs au public et aux établissements.

Le billet de 1,000 francs perd assez généralement 40 francs; c'est un escompte qui s'établit ainsi.

Les conscrits de l'an XIV partiront de Versailles dans huit jours, ceux des réserves dans trois jours. Le préfet, que j'ai vu aujourd'hui, m'a dit qu'il était content de l'esprit qui anime ces jeunes gens; il ne m'a pas caché cependant les difficultés que l'on a à faire partir les conscrits des réserves de l'an IX et de l'an X : la plupart sont mariés et ont des enfants. Il ne pense pas qu'ils s'élèvent dans tout l'empire à plus de 4,000. Il propose de les faire remplacer par les conscrits qui font partie des gardes des préfets dans chaque département, ou par des conscrits de l'an XIV. Je l'ai engagé à presser de tout son pouvoir l'exécution des mesures arrêtées par Votre Majesté. Cependant je lui soumets ces idées.

Le maréchal Jourdan est, depuis son retour d'Italie, à la campagne; il n'a vu personne à Paris (1).

Le général Macdonald m'a prié hier de le rappeler au souvenir de Votre Majesté, pour être employé n'importe dans quel grade; je crois que Votre Majesté peut compter sur lui. »

Jos. à Nap. Paris, 11 octobre 1805.

« Sire, j'ai présidé aujourd'hui le conseil d'administration du sénat, qui a prorogé les crédits des préteurs jusqu'au 1er janvier 1806. J'ai remis à cette époque la reddition des comptes des préteurs, et la fixation des crédits qui leur seront nécessaires pour la nouvelle année.

Il restera en caisse au 1er janvier près de 200,000 francs, que l'on propose d'employer à achever des travaux indispensables, qui donneront du pain à des ouvriers qui en manqueront au commencement de l'hiver.

Il a été proposé de mettre à la disposition des titulaires des quinze nouvelles sénatoreries le revenu des huit premiers mois échus avant leur nomination, pour être employés aux réparations des chefs-lieux; j'ai ajourné, quoique je trouve la proposition juste, dans l'espérance que Votre Majesté me dira si elle approuve cette mesure. Si les nouveaux titulaires reçoivent cette somme, ils au-

(1) L'armée d'Italie, chargée d'opérer contre l'archiduc Charles, avait été mise sous le commandement du maréchal Masséna depuis le commencement de la campagne.

ront eu 14,000 francs. Les anciens en ont eu 21,000.

On nous a présenté les sénatoreries de M. Tronchet et de M. Vaubois pour être définitivement constituées; elles le seront dans une séance qui est ajournée au 26 du courant. Si Votre Majesté avait des ordres à me faire parvenir sur ces objets, j'espère les recevoir d'ici à cette époque.

J'ai l'honneur de lui transmettre une demande que M. François de Neufchâteau a lue au conseil d'administration, qui, à l'unanimité, a désiré que je soumisse cette demande à Votre Majesté; je n'ai pas cru pouvoir rien prendre sur moi, d'autant plus que j'ai déjà pris la liberté d'en entretenir Votre Majesté.

Les conscrits de l'an XIV partent de tous les côtés : ceux des réserves des années XI et XII sont en route ; ceux des années IX et X partent plus difficilement, mais on s'en occupe.

Il y a eu moins de foule à la Banque aujourd'hui ; elle a échangé pour 500,000 fr., et reçu 400,000 fr..

Nous attendons avec impatience des nouvelles de Votre Majesté. L'opinion publique est ici très-bonne ; le peuple manifeste de la confiance, et a supporté avec beaucoup de calme la gêne résultant du resserrement du numéraire et de la dépréciation des billets de Banque, qui perdent 4 pour 100. Le grand juge, consulté par le Tribunal de commerce sur des contestations entre les créanciers qui refusent de recevoir des billets de la Banque, et des débiteurs qui n'ont pas d'autres signes monétaires à donner, a été d'avis que le Tribunal devait ajourner la décision de la question ; je pense que Votre Majesté approuvera cette mesure ; je ne crois pas que le grand juge pût faire autre chose. S'il eût ordonné de faire recevoir le billet, il lui donnait le caractère de papier-monnaie, ce qui est la chose la plus odieuse que l'on puisse présenter au commerce. »

« Sire, je reçois la lettre de Votre Majesté du 12 vendémiaire (4 octobre), et les nouvelles que me transmet M. de Menneval en date du 16 vendémiaire (8 octobre). Le public de Paris est plein de confiance, et nous nous attendons tous à de bonnes nouvelles. Les mouvements rétrogrades de l'ennemi nous font bien augurer des avantages que Votre Majesté tirera de l'hésitation qui paraît caractériser tous ses mouvements, et qui prouverait qu'il n'a pas prévu quelle pourrait être la marche de la grande-armée.

Jos. à Nap. Paris, 13 octobre 1805.

Il y a eu un peu plus d'affluence à la Banque hier samedi ; c'est ce qui arrive à la fin de chaque semaine : on attend des piastres d'Espagne.

Les journaux anglais du 4 octobre donnent la nouvelle de la prise d'un convoi anglais venant des Indes orientales. Il paraîtrait que nous nous sommes rendus maîtres du *Calcutta*, vaisseau de 50 canons qui escortait le convoi ; l'action a eu lieu le 27 septembre, par 49 degrés de latitude et 9 de longitude. »

« Sire, j'ai reçu le deuxième bulletin de l'armée, et les nouvelles que Votre Majesté m'a fait adresser par M. de Menneval du 17 vendémiaire (9 octobre) au

Jos. à Nap. Paris, 14 octobre 1805.

matin : elles ont été publiées et affichées dans Paris, et ont produit un très-bon effet. Les actions de la Banque et les effets publics ont éprouvé une hausse sensible.

J'attends à tout moment les détails de cette première affaire, qui ouvre d'une manière bien remarquable cette campagne, et nous fait espérer des choses dignes d'un si glorieux début. »

Jos. à Nap. Paris, 15 octobre 1805.

« Sire, les conscrits des réserves des années IX et X sont partis de Versailles le 20 vendémiaire (12 octobre). Le préfet me marque qu'il est assuré qu'ils ne déserteront pas. Je mets sous les yeux de Votre Majesté ce fait, parce que je me suis permis de l'entretenir, dans une de mes lettres précédentes, des difficultés que prévoit le préfet, et des idées qu'il soumettait pour remplacer ce déficit ; je l'engageai à faire tous ses efforts, et à compter sur le bon esprit de nos jeunes gens. Il m'écrit aujourd'hui que le succès a surpassé ses espérances, que tous partent gaiement, conscrits des réserves des années IX, X, XI et XII, comme ceux de l'an XIV.

Je n'ai pas reçu de nouvelles de l'armée aujourd'hui ; le temps est brumeux, et ne permettait pas d'en espérer par le télégraphe. »

Jos. à Nap. Paris, 15 octobre 1805.

« Sire, je reçois à l'instant la lettre de Votre Majesté, datée de Zusmarshausen le 18 vendémiaire (10 octobre), et le troisième bulletin de l'armée ; les deux dernières lignes de la lettre de Votre Majesté annoncent la défaite de l'armée ennemie par le corps du maréchal Ney. Je n'ai pas reçu la lettre de Votre Majesté pour le préfet de Paris, soit qu'elle ait été oubliée à son quartier général, ou égarée à Strasbourg. J'attends avec impatience les nouveaux détails que Votre Majesté m'a fait espérer.

L'affluence à la Banque a été considérable aujourd'hui, quoique la confiance dans les succès de Votre Majesté soit généralement établie, et l'opinion très-bonne à Paris. Elle l'a été constamment.

Je viens de recevoir la nouvelle de la mort du sénateur Cacault : c'était un homme bien attaché à Votre Majesté; ce sera un admirateur de moins de ses travaux. Tout nous fait espérer qu'ils seront aussi heureux que les précédents. »

Jos. à Nap. Paris, 16 octobre 1805.

« Sire, les ministres se sont réunis ce matin au Luxembourg; j'ai été forcé d'autoriser M. Portalis fils, secrétaire général des cultes, à signer au nom du ministre, attendu l'indisposition de son père, qui est retenu au lit.

Le ministre de la marine propose à Votre Majesté une réforme dans les officiers de la flottille à Boulogne, ce qui opérerait une économie de 6 millions. Le ministre pense que, dans un mois, après en avoir reçu l'ordre, il rétablirait ce service tel qu'il est aujourd'hui. Je n'ai pas cru pouvoir prendre sur moi de donner cette autorisation : il a soumis son projet à Votre Majesté.

Des agitateurs avaient fait courir de faux bruits sur l'armée ce matin; les effets publics ont été quelques instants en baisse, mais ils se sont relevés à la fin de la bourse. J'ai fait savoir les bonnes nouvelles que Votre Majesté a bien voulu m'annoncer par son premier secrétaire, dans sa lettre du 18 vendémiaire (10 octobre), sans cependant les publier : je pense qu'il faut donner les nouvelles entières et avec tous les détails. Le troisième bulletin ne parlait que de quatre mille prisonniers, tandis que la veille on avait crié dans les rues de Paris une grande victoire, et la prise de quinze mille Autrichiens. On est resté bien au-dessous de l'imagination, et, dans ce cas, des choses merveilleuses perdent beaucoup de leur prix. Ces nouvelles exagérées étaient arrivées de Strasbourg.

Je viens d'être informé, par plusieurs maires de Paris, du présent que Votre Majesté a fait à la ville des drapeaux et des canons pris à l'ennemi. Le préfet en a reçu l'avis par une lettre de Votre Majesté; j'ai supposé que c'est celle que vous m'ordonniez de lui remettre, et qui lui aura été adressée directement de Strasbourg : si c'est contre la volonté de Votre Majesté, j'ai le droit de m'en plaindre (1).

Les bulletins de l'armée sont envoyés directement au *Moniteur :* ils sont connus sur-le-champ. On prend des mesures que je ne puis pas prévoir, et que Votre Majesté pourrait me reprocher, sans que j'aie pu y prendre part. Je n'aurais pas laissé tirer le canon pour le combat de Wertingen, si j'avais eu le temps de l'annoncer au connétable.

Je supplie Votre Majesté de ne pas voir dans ces

(1) Cette lettre avait été un instant égarée, ainsi que cela résulte de la lettre du 7 octobre de M. de Menneval.

détails un misérable amour-propre, mais seulement le désir que je dois avoir que la volonté de Votre Majesté soit faite en tout, que sa bonne volonté pour moi ne devienne pas méfiance, et que sa confiance ne soit pas trompée.

J'ai tout lieu de croire que les dépêches de Votre Majesté sont retardées à Strasbourg.

Au reste, tout va bien ici; la Banque continue cependant à être pressée, mais on nous fait espérer du numéraire d'Espagne. Ses billets perdaient jusqu'à cinq pour cent; depuis les nouvelles, ils ne perdent plus que trois. »

Jos. à Nap. Paris, 17 octobre 1805.

« Sire, je reçois le cinquième bulletin de la grande-armée. A l'heure qu'il est, la grande bataille doit avoir eu lieu. On est ici plein de confiance, et tout se ressent de ces dispositions de l'opinion. La Banque est remise; les effets publics haussent; les conscrits partent joyeusement; ceux des réserves de la Seine sont partis en grande partie, le reste va suivre; la revue de départ commence aujourd'hui pour les conscrits de l'an XIV : tous les détachements vont être successivement mis en route. Je trouve partout ici beaucoup de bonne volonté; vous pouvez compter sur toute l'activité que vous pouvez désirer pour l'exécution des ordres que Votre Majesté me donnera. »

Jos. à Nap. Paris, 18 octobre 1805.

« Sire, nous attendons avec bien de l'impatience vos nouvelles, postérieures à celles contenues dans le cinquième bulletin.

Tous les conscrits de Paris seront partis demain soir : ils partent pleins de bonne volonté.

Les billets de la Banque ne perdent plus aujourd'hui qu'un pour cent; les effets publics sont en hausse : le public est plein de confiance et de bonne volonté. »

Jos. à Nap. Paris, 19 octobre 1805.

« Sire, nous n'avons pas de nouvelles de l'armée depuis le 20 vendémiaire (12 octobre).

J'ai présidé hier le conseil d'administration du sénat; il a ouvert un crédit de 50,000 francs aux préteurs jusqu'au 1er janvier de l'an 1806, et a remis à cette époque toutes les affaires ultérieures.

Il a constitué la sénatorerie d'Amiens.

Je vois beaucoup de monde; je suis presque toujours accessible au Luxembourg, et je crois ne pas me tromper en assurant à Votre Majesté qu'elle doit être contente de l'opinion des habitants de Paris. »

Jos. à Nap. Paris, 20 octobre 1805.

« Sire, je n'ai pas de nouvelles de Votre Majesté depuis sa lettre du 20 vendémiaire (12 octobre) (1).

Le télégraphe ne m'a transmis, jusqu'ici, aucune nouvelle : il circule qu'Ulm est au pouvoir de Votre Majesté.

Je reçois à l'instant, par l'estafette, la même nouvelle de Strasbourg, du 26 vendémiaire (18 octobre).

Il est présumable que les Autrichiens, coupés du côté du Tyrol, se sont enfuis dans la Franconie,

(1) Cette lettre nous manque.

et interceptent momentanément les communications avec l'armée.

Tout va très-bien ici. »

« Mon frère, vous aurez appris, par les bulletins qui vous sont envoyés, les brillants succès que nous avons obtenus. Tout va au mieux. J'ai lieu d'être extrêmement satisfait de l'esprit d'héroïsme et d'attachement à ma personne qui anime l'armée. »

Nap. à Jos. Augsbourg, 21 octobre 1805.

« Sire, je n'ai pas de lettre de Votre Majesté depuis celle du 20 vendémiaire (12 octobre). Le télégraphe annonce aujourd'hui de grands succès, la prise d'Ulm, et une affaire dans laquelle l'ennemi aurait perdu quarante mille hommes ; mais tout cela sur la foi d'une lettre particulière de Memmingen. Toutefois, je crois à ces bonnes nouvelles, mais j'en attends avec bien de l'impatience la confirmation officielle.

Jos. à Nap. Paris, 21 oct. 1805.

Il y a eu aujourd'hui une séance au sénat; j'ai donné ces nouvelles, afin de calmer l'impatience du public. Je ne particularise aucun fait dans le *Moniteur*, afin de laisser à la relation officielle tout l'effet qu'il est bon qu'elle ait.

La Banque continue à donner de 5 à 600,000 fr. de numéraire par jour : sa réserve est aujourd'hui de près de 5 millions. »

« Sire, j'ai su par des lettres particulières transmises par le télégraphe, par une lettre que Sa Majesté l'Impératrice a bien voulu m'écrire du 29, les succès prodigieux des armes de Votre Majesté ; ils

Jos. à Nap. Paris, 23 octobre 1805.

surpassent tout ce que nous pouvions attendre, et ce n'est pas sans admiration, je l'avoue, que je me rappelle tout ce que vous avez bien voulu me dire à Boulogne. Votre Majesté exécute ponctuellement tout ce qu'elle a imaginé; elle prédit son arrivée à Vienne pour le 18 brumaire (9 novembre) : je ne désespère pas de recevoir ses ordres de cette ville à cette époque (1).

L'impatience du public était extrême aujourd'hui; et, quoique je n'aie pas de relations officielles, j'ai cru devoir prendre sur moi de faire insérer dans le *Moniteur* l'énoncé des faits principaux, tels que Votre Majesté les lira dans le numéro du 2 brumaire (24 octobre). Le connétable et l'archichancelier, que j'ai consultés, ont été du même avis. La relation officielle est attendue avec une grande impatience.

J'ai eu aujourd'hui le travail des ministres. Je dois rappeler à Votre Majesté le projet de distribution pour les mois de brumaire et frimaire (23 octobre au 22 décembre), que le ministre du Trésor public a adressé à Votre Majesté le 15 du courant.

Les fonds publics, les billets de Banque se ressentent des heureuses nouvelles que le public devinait depuis plusieurs jours, et dont nous avons la certitude aujourd'hui : mais on ignore encore les détails. »

(1) Cette lettre, très-curieuse, confirme parfaitement ce que dit M. Daru au sujet du plan de campagne contre l'Autriche, que lui dicta Napoléon. Voir à ce sujet le récit fait par M. Daru lui-même, et cité dans l'*Histoire des Français* de M. Th. Lavallée, t. IV, p. 385.

« Sire, je reçois le message de Votre Majesté au sénat, d'Elchingen, du 26 vendémiaire an XIV (18 octobre 1805), et en même temps le sixième bulletin de la grande-armée. Jos. à Nap. Paris, 24 octobre 1805.

Le *Moniteur* était déjà distribué ; le sénat se réunit à onze heures. Nous prendrons les mesures pour que le public soit instruit le plus tôt possible des heureuses nouvelles dont Votre Majesté nous donne la confirmation.

Le canon les annoncera à la capitale, et les journaux aux départements. »

« Sire, j'ai reçu ce matin à huit heures le message de Votre Majesté au sénat, et le sixième bulletin. Le sénat s'est réuni à midi; les grands dignitaires et les ministres y ont assisté : tout le monde a été transporté de joie à la lecture du message et du bulletin. Les articles où il est dit que les soldats se plaignent que Votre Majesté n'emploie presque plus leurs baïonnettes, mais bien leurs jambes ; celui où Votre Majesté dit à un colonel autrichien, « Je n'ai pas oublié mon premier métier de soldat, » ont fait un plaisir infini : le sénat ne savait que faire pour témoigner à Votre Majesté sa reconnaissance et son admiration. Il a approuvé une adresse qui a été rédigée séance tenante; elle sera présentée à Votre Majesté par MM. Colaud, membre du bureau, Monge, Sainte-Suzanne et Garnier-Laboissière. Tous auraient voulu partir, mais nous avons cru qu'il ne fallait pas multiplier les sénateurs sur les routes; le sénat se trouve déjà bien dégarni. Votre Majesté peut compter sur Jos. à Nap. 24 octobre 1805.

le dévouement des quatre sénateurs qui sont partis il y a une heure, comme sur celui de tous les membres du sénat en général. Le cinquième bulletin de la grande-armée a été lu à tous les spectacles et publié dans les rues, partout. On a remarqué que les deux traits cités plus haut ont produit le même effet. Aux Français, où j'étais, le public a manifesté la plus grande joie, et les cris de *Vive l'Empereur!* ont, dans ces deux endroits, interrompu la lecture pendant longtemps.

La conscription va bien, l'état actuel des armées va rendre cette opération plus facile encore. J'ai autorisé le ministre des cultes à faire célébrer un *Te Deum* dans les églises. »

Jos. à Nap. Paris, 26 octobre 1805.

« Sire, nous avons reçu aujourd'hui le premier bulletin de l'armée d'Italie. L'allégresse occasionnée par les bulletins de la grande-armée se soutient sans nuances de partis. Tant de résultats, obtenus avec si peu de sang, donneront à Votre Majesté tous les conscrits qu'elle voudra; ils partent de tous les côtés, avant l'époque de rigueur.

J'attends avec bien de l'impatience les nouvelles de Votre Majesté; je n'ai pas reçu de ses lettres depuis le 20 vendémiaire (12 octobre); elle a mieux fait que d'écrire. »

Nap. à Jos. Munich, 27 octobre 1805.

« Mon frère, je pense qu'il est assez convenable de ne rien mettre dans le *Moniteur* des bruits que l'on répand. A mesure que je m'éloigne on en répandra de faux, qu'on sera obligé de démentir. Il faut donc laisser le temps aux nouvelles réelles d'arriver. »

J'espère qu'à la fin du mois je pourrai vous témoigner ma satisfaction sur l'arrivée des conscrits. Je n'ai point encore fait de grandes pertes. Cependant, si la guerre se prolonge, il faut que je calcule sur une forte armée à laisser dans le Nord, pour protéger la Hollande.

La Prusse se conduit d'une manière assez équivoque.

Je n'ai appelé que la réserve de cinquante-quatre départements; ce n'est pas que je n'eusse besoin de la réserve entière, mais c'est qu'il y a des départements dont je crains le mauvais esprit. Si le ministre de l'intérieur ne voit pas d'inconvénients à faire l'appel de la réserve des autres départements, qu'il la fasse. Quant au lieu de leur destination, il faut les diriger toutes sur Strasbourg. J'indiquerai au ministre de la guerre les corps dans lesquels je désire que ces hommes soient incorporés.

Je manœuvre contre l'armée russe, qui est en position derrière l'Inn, et assez forte.

Avant quinze jours j'aurai en tête cent mille Russes et soixante mille Autrichiens, venus soit d'Italie, soit des autres corps qui étaient en réserve dans la monarchie. Je les vaincrai, mais probablement cela me coûtera quelques pertes.

J'imagine que le ministre Dejean prend les mesures nécessaires pour assurer l'habillement des conscrits. Notre absence de la France doit lui épargner beaucoup de subsistances et de frais, qu'il était obligé de faire lorsque nous étions au camp de Boulogne. »

Jos. à Nap. Paris, 27 octobre 1805.

« Sire, vendredi, jour de la Toussaint, l'archevêque de Paris fera chanter un *Te Deum* dans toutes les paroisses de son diocèse. Le sénat, le conseil d'État auraient voulu y assister en corps; mais l'article 2 du titre Ier du décret relatif aux cérémonies publiques exige des lettres closes de Sa Majesté. Je n'ai pas cru devoir prendre sur moi de les y autoriser, et nous sommes convenus avec l'archichancelier d'assister au *Te Deum* individuellement, sur l'invitation de l'archevêque. Les membres des autorités nationales pourront y assister, d'après les invitations qui leur seront faites par l'archevêque. Par là, nous éviterons d'enfreindre une disposition formelle du décret, et les embarras des préséances et du cortége. Les princesses y assisteront. Nous savons que l'Impératrice y a assisté à Strasbourg. Paris sera illuminé ce jour-là.

Le ministre du Trésor public vient de me dire qu'il aurait des piastres d'Espagne, et qu'il n'était plus aussi inquiet.

Nous avons reçu aujourd'hui le huitième et le neuvième bulletins; ils ont été lus avec un très-vif intérêt par toutes les classes du public. On ne saurait trop les multiplier; je crois qu'ils aideront beaucoup à la conscription. Les trois articles qui ont été répétés avec le plus de succès et d'admiration, sont : 1° « Je n'ai pas oublié mon premier métier de soldat. — 2° La nouvelle méthode de faire la guerre : se servir plus de nos jambes que de nos baïonnettes. — 3° Mes soldats sont mes enfants. »

« Sire, j'ai reçu aujourd'hui la lettre de Votre Majesté du 30 vendémiaire (22 octobre). Elle m'a été fort agréable, n'en ayant pas reçu depuis longtemps. Je ne savais à quoi attribuer ce silence de Votre Majesté; et, quels que soient les événements qui viennent de se passer, je savais qu'ils ne pouvaient pas vous occuper entièrement. Jos. à Nap. Paris, 29 octobre 1805.

Jérôme part après-demain pour prendre congé de ma mère, et dans la semaine pour Brest. Il est plein d'ardeur et de bonne volonté.

Nous attendons impatiemment des nouvelles du passage de l'Inn. »

« Mon frère, je suis arrivé à Braunau aujourd'hui. Il tombe de la neige à gros flocons. L'armée russe paraît fort épouvantée du sort de l'armée autrichienne. Elle m'a laissé Braunau, qui est une des clefs de l'Autriche; cette place a une belle enceinte, et est munie de magasins de toute espèce. Nous allons voir ce que fera cette armée russe; elle a perdu la tête. On est fort mécontent en Autriche des Russes, qui pillent, volent et violent partout. Ils dédaignent avec mépris les Autrichiens, qui commencent à ne plus se battre qu'à regret, les officiers russes s'entend; car les soldats sont tout à fait bruts, et ne savent pas distinguer un Autrichien d'un Français. » Nap. à Jos. Braunau, 30 octobre 1805.

« Sire, je n'ai pas de lettre de Votre Majesté depuis le 30 vendémiaire. Jos. à Nap. Paris, 30 octobre 1805.

J'ai l'honneur de vous en adresser une de Brême,

dont Votre Majesté connaît peut-être déjà le contenu (1).

Tout ici est tranquille. »

Brême, le 29 vendémiaire an XIV (21 octobre 1805).

Le commissaire des relations commerciales, à Brême, à Son Excellence le ministre de la marine.

« Monseigneur,

Depuis ma dernière, du 22 vendémiaire (14 octobre), le nombre des troupes russes arrivées dans la Poméranie suédoise a considérablement augmenté, et le roi de Prusse a définitivement arrêté de leur accorder le passage par tous ses États. Ce fait ne peut plus être révoqué en doute.

Le duc de Mecklembourg-Schwerin tient la même conduite à l'égard de nos ennemis; car, depuis trois jours, M. Dallopeuz, ministre russe, est à sa cour, pour conférer avec lui sur le passage par ses États de vingt-cinq mille hommes, qui y passeront en trois colonnes.

Le roi de Suède est attendu dans le courant de la semaine à Stralsund; c'est lui qui commandera l'armée russo-suédoise, actuellement sous les ordres du général d'Armfeldt.

D'après le calcul de mon correspondant, l'armée

(1) Cette dépêche de Brême donnant des détails intéressants sur la situation des Russes, des Suédois et des Anglais dans le nord de l'Allemagne, nous avons cru devoir la mettre sous les yeux de nos lecteurs.

se mettra de suite en marche, et pourra avoir pied dans le Hanovre en seize à vingt jours; car il paraît certain que les opérations des Russes et des Suédois sont combinées avec celles de l'Angleterre, et dirigées contre l'électorat de Hanovre; et tous ceux qui craignent le voisinage de nos ennemis pensent, comme ceux qui le désirent, que les Russes s'y rendront par Mecklembourg, que l'Angleterre y débarquera sur les rives du Weser les huit mille hommes de la légion hanovrienne, embarqués et prêts à partir des ports anglais. Telle est, comme je viens de le dire, l'opinion générale sur les opérations de nos ennemis. Elle se trouve cependant en contradiction avec les nouvelles que nous venons de recevoir de Londres. Celles-ci annoncent que les troupes embarquées en Angleterre se rendront en droite ligne à Stralsund pour agir de concert, non avec celles qui y sont arrivées, mais avec un nombre considérable d'autres troupes russes, parties de Cronstadt, et destinées pour Stralsund et différents ports de la Baltique. S'il en est ainsi, les opérations de nos ennemis pourraient être dirigées contre nos côtes et celles de Hollande, pendant que nous nous attendrions à leur exécution dans le Hanovre.

L'amirauté d'Angleterre vient de faire annoncer officiellement au sénat de cette ville que le blocus de l'Elbe et du Weser est suspendu.

Je profite de cette circonstance pour renouveler à Votre Excellence, etc.

LOGARCY. »

Jos. à Nap. Paris, 31 octobre 1805.

« Sire, une députation de l'Institut m'a apporté aujourd'hui une adresse qu'elle m'a chargé de présenter à Votre Majesté.

Les ministres se sont réunis hier mercredi au Luxembourg : le ministre Dejean a témoigné le vif désir que, mercredi prochain, la distribution ordinaire des crédits fût faite entre les divers ministres. J'espère que d'ici à cette époque le ministre du Trésor public aura reçu les ordres de Votre Majesté. Jusque-là, il accordera des fonds partiellement, pour les cas les plus pressants.

J'ai consulté les princes et les ministres sur la convocation que les grands corps de l'État désireraient, pour assister en corps au *Te Deum* qui sera chanté demain ; après une discussion de quatre heures, il nous a paru *à tous* que je ne pouvais pas prendre sur moi cette convocation, qui, en vertu de l'article 2 du titre Ier du décret impérial sur les cérémonies, du 24 messidor an XII, ne peut être faite que par lettres closes de Votre Majesté ; mais nous avons pensé qu'en vertu de la section II du même décret, les princes, ministres, grands officiers de l'empire, grands officiers de la Légion d'honneur et les autorités locales devaient y assister, et c'est ainsi que cela aura lieu : on se réunira à l'évêché à midi et demi, et le *Te Deum* sera chanté à une heure.

Ces détails paraîtront bien minutieux à Votre Majesté ; mais elle sait qu'ils ont beaucoup d'importance pour ceux qui doivent agir, et qui ne voudraient blesser aucune convenance. Si Votre Majesté nous approuve, nous ne serons plus embarrassés une autre fois, et nous espérons que cette autre fois arrivera bientôt. »

« Sire, j'ai reçu la lettre de Votre Majesté du 5; j'ai vu à l'instant même M. de Champagny (1). Il croit que les réserves des autres départements pourront être appelées sans inconvénient; je l'ai engagé à en donner l'ordre conditionnel dès demain aux préfets, en les laissant les maîtres de retarder l'appel jusqu'à une nouvelle décision, s'ils pensaient que l'esprit des conscrits de leur département pouvait n'être pas bon; il ne croit pas qu'il y en ait beaucoup dans ce cas, et peut-être pas un. Jos. à Nap. Paris, 1er sept. 1805.

Le ministre Dejean demande instamment qu'il lui soit ouvert un crédit proportionnel à ses besoins pour le mois courant.

On a célébré aujourd'hui le *Te Deum*, j'ai eu ce soir un cercle très-nombreux; on a témoigné beaucoup de contentement.

Le ministre de Prusse s'est levé de son lit pour venir chez moi; on dit aussi ici cependant que les dispositions de sa cour ne sont pas bonnes pour nous. »

« Sire, je reçois aujourd'hui le treizième bulletin, qui nous apprend le passage de l'Inn sans grands obstacles. Jos. à Nap. Paris, 3 novembre 1805.

La Banque inquiète toujours un peu les habitants de Paris; la confiance est bien entière dans le succès ultérieur des armes de Votre Majesté.

(1) Ministre de l'intérieur.

Ma mère est de retour à Paris ; madame Borghèse est un peu malade. »

Jos. à Nap. Paris, 5 novembre 1805.

« Sire, le ministre de l'intérieur a donné des ordres aux préfets des cinquante-quatre départements dont les réserves n'avaient pas été appelées, pour en ordonner l'appel ; cette réserve sera de neuf à dix mille hommes.

Le ministre Dejean vient de m'adresser par écrit sa réponse sur la situation de son administration ; je l'adresse à Votre Majesté.

Je viens de recevoir le deuxième bulletin de l'armée d'Italie ; elle vient d'obtenir un succès égal à celui contenu dans le premier bulletin.

Le ministre de la marine a rempli un devoir pénible, sans doute, en transmettant à Votre Majesté l'avis qu'il a reçu de Cadix ; je viens de lire la même nouvelle dans une lettre particulière ; il reste l'espérance que les vaisseaux qui ne sont pas rentrés à Cadix pourront avoir gagné quelque autre port ; nous n'avons pas de nouveaux détails sur cet événement (1). »

Nap. à Jos. Lintz, 6 novembre 1805.

« Mon frère, mon avant-garde est à six marches de Vienne. Le temps est plus froid que ne comporte la saison. Il gèle assez fort. Les dernières nouvelles que j'ai de Paris ne sont que du 6 brumaire (28 octobre). J'imagine que Jérôme est parti pour se rendre à bord de son vaisseau (2), et qu'il cherchera

(1) La funeste bataille de Trafalgar, perdue par l'amiral Villeneuve, et où périt le fameux Nelson.

(2) Le vaisseau *le Vétéran*, devenu célèbre par son entrée dans le port de Concarneau, quelques mois plus tard.

à se distinguer et à m'être utile dans sa carrière. »

« Sire, le ministre de la marine m'a informé hier des nouvelles qu'il a reçues de Cadix; il espère encore la rentrée du général Dumanoir avec quelques vaisseaux ; il n'a pas tous les détails de cette malheureuse affaire, dont le résultat actuel est de laisser disponibles les vaisseaux anglais qui bloquaient Cadix. D'un autre côté, il paraît que les autres escadres de Votre Majesté sont au moment de partir; cet événement ne changera-t-il pas leur destination? Si cela était ainsi, il est instant que Votre Majesté fasse parvenir ses ordres. Jos. à Nap. Paris, 6 novembre 1805.

La Banque continue à faire beaucoup de mécontents; les régents disent que leurs affaires ne peuvent se rétablir qu'autant que M. Desprez cesserait de leur demander des escomptes aussi considérables qu'il l'a fait dans les mois de vendémiaire et brumaire.

Nous attendons bien impatiemment les nouvelles de la grande-armée après le passage de l'Inn.

Sur la demande du connétable et du ministre directeur de la guerre, j'ai autorisé ce dernier à faire approvisionner Anvers, à faire réparer la citadelle, à y envoyer de l'artillerie. Il a donné l'ordre au directeur du génie de Bruxelles de s'y rendre, et il a mis à sa disposition une somme de 30,000 fr. Le 65ᵉ est parti pour cette destination depuis quatre jours, ainsi que le général César Berthier. »

« Sire, la lettre ci-jointe du ministre des finances instruira Votre Majesté des mesures qui ont été Jos. à Nap. Paris, 7 novembre 1805.

prises pour diminuer l'affluence qu'attire la Banque; elle était hier de près de deux mille individus.

Nous avons reçu hier le troisième bulletin de l'armée d'Italie. Nous sommes sans nouvelles de Votre Majesté depuis le 6 du courant (28 octobre). »

La lettre du ministre des finances explique à l'Empereur les mesures concertées entre la Banque de France et le gouvernement, aussi bien pour faire cesser l'affluence que pour avoir un motif de ne pas distribuer plus d'une certaine somme par semaine, afin que l'encaisse métallique ne fût pas absorbé par les remboursements. Ces mesures consistaient à faire distribuer par les maires de Paris des cartes sans lesquelles on ne pouvait se présenter pour être remboursé, et de limiter le nombre de ces cartes.

Jos. à Nap. Paris, 7 novembre 1805.

« Sire, j'ai l'honneur d'adresser à Votre Majesté le procès-verbal d'une conférence qui s'est tenue au Luxembourg, conformément aux dispositions de l'ordre de travail prescrit par Votre Majesté, pendant son absence; je désire que V. M. approuve les mesures que j'ai cru devoir prendre (1).

Il est à désirer que Votre Majesté puisse me faire donner de ses nouvelles tous les jours; elle ne saurait se figurer combien l'inquiétude s'élève facilement lorsque le *Moniteur* garde le silence sur Votre Majesté et sur la grande-armée; dans l'absence de nouvelles vraies, l'inquiétude en forge de

(1) Le procès-verbal de cette conférence n'offrant aucun intérêt historique, nous ne le publierons pas.

faùsses. Depuis deux jours, l'opinion est inquiète : les nouvelles de la Prusse, celles de Cadix, l'éloignement progressif de Votre Majesté, le non-payement des fournisseurs et des parties avec lesquelles ont affaire les différents ministres, qui ne leur ont pas encore donné d'avis de payements pour le mois échu ; c'est à toutes ces causes, les unes vraies, les autres fausses, qu'il faut attribuer le resserrement du numéraire, le taux élevé de l'argent. Le billet de 1,000 fr. s'est payé aujourd'hui jusqu'à 60 fr. La queue à la Banque a été jusqu'à près de deux mille personnes, et il y a eu beaucoup de propos et même des voies de fait : nous nous occupons de quelques moyens pour mettre plus d'ordre dans la queue, mais ce ne sont que des palliatifs. Il y a dans la Banque des gens qui voudraient se liquider ; d'autres, et c'est le plus grand nombre, veulent soutenir la Banque, et soutiennent le service du Trésor public : mais ceux-ci viennent de me dire qu'en voulant soutenir ce service, ils sentent bien que la Banque finira par crouler avec eux. M. Desprez paraît décrié ; il continue à demander à la Banque plus de billets qu'elle ne peut lui en donner. M. Perregaux vient de m'avouer que la Banque n'avait plus que 6 millions de billets ; encore appartiennent-ils à des maisons qui auraient le droit de les réclamer. La Banque regorge d'obligations de receveurs qui sont en stagnation ; M. Perregaux pense qu'on pourrait les donner à 1 pour cent, et que, par ce moyen, le Trésor public dégagerait la Banque.

Le ministre du Trésor ne propose aucun parti ;

il dit qu'il a les ordres de Votre Majesté ; il a proposé aujourd'hui de réduire les traitements au quart, ce qui ferait supposer une pénurie qui n'existe pas, puisqu'il a pour plus de 500 millions d'obligations dans ses coffres.

Quelque pénible qu'il soit pour moi d'entretenir de ces objets Votre Majesté, au milieu de ses occupations si variées et si graves de la guerre d'invasion qu'elle fait avec tant de succès, je dois cependant la supplier de donner une heure à l'examen et à la décision de la question de la Banque, qui se lie à celle du Trésor, et par conséquent à la tranquillité publique de la capitale et au bien-être de l'empire.

Ce n'est pas sans peine que nous avons obtenu, dans le conseil des ministres d'aujourd'hui, que M. Barbé-Marbois accorde au directeur de la guerre deux millions à compte sur son service du mois de brumaire. »

Jos. à Nap. Paris, 9 novembre 1805.

« Sire, l'affluence à la Banque a été de deux mille personnes environ aujourd'hui, mais assez agitées ; demain, la police publiera l'ordre à ceux qui veulent échanger des billets à la Banque, de se pourvoir d'un billet chez le maire de leur arrondissement. On ne souffrira plus à la queue que les porteurs des numéros distribués par les maires ; on publiera aussi demain l'extrait d'un rapport du ministre du Trésor, pour tranquilliser tous les hommes de bonne foi.

M. Barbé-Marbois vient de me demander une conférence pour demain, à laquelle il désire qu'assistent les ministres de la guerre et de la marine; il a déjà rendu compte à Votre Majesté de cet objet, dont il nous occupera demain; il s'agit, à ce qu'il vient de me dire, de la compagnie Vanlerberghe, qui est au moment de faire banqueroute.

Il est indispensable que Votre Majesté s'occupe un moment de ces deux objets et nous donne ses ordres; il faut, ou soutenir la Banque, ou l'abandonner sur-le-champ. Dans le premier cas, qui est peut-être préférable, il faut diminuer le nombre de ses billets, pour leur rendre de la valeur, et pour cela, en admettre une partie en payement de contributions, et les échanger ensuite contre les obligations qui sont déposées à la Banque, en veillant à ce qu'ils y soient enfermés, et à ce qu'ils ne rentrent plus dans la circulation que lorsque cela se pourra sans danger.

Si l'on abandonne la Banque, elle se liquidera. Dans ce cas, il faut trouver les moyens de remplacer le signe de la valeur que ses billets nous ont offert jusqu'ici par un autre signe (ce qui ne sera pas facile dans ce moment); sans cela, le service du Trésor public manquera.

Il est indispensable que Votre Majesté donne ses ordres au ministre du Trésor; elle sait mieux que moi le parti qui convient davantage.

Le connétable peut partir à tout moment; tous les ordres ont été donnés pour l'approvisionnement des places fortes de la Belgique et du Rhin.

Tout cela demande de l'argent; je supplie Votre Majesté d'écrire à M. Barbé-Marbois pour qu'il fasse la distribution ordinaire aux différents ministres.

Voici une note qui m'a été adressée par le ministre de la marine. »

Cette note était relative à la sortie du port de Lorient d'une division composée d'un vaisseau de 74, *le Régulus*, de deux frégates de 40, et de deux bricks. Cette division, disait le ministre, avait une destination assignée par l'Empereur, avant son départ.

Jos. à Nap. Paris, 10 nov. 1805.

« Sire, les princes, et les ministres des finances, de l'intérieur, de la guerre et de la marine, se sont réunis chez moi, sur la demande qui m'en a été faite par le ministre du Trésor; ce dernier nous a instruits de sa position relativement à la compagnie Vanlerberghe. Il a désiré que M. Vanlerberghe fût entendu; il nous a dit qu'il avait été payé par le ministre du Trésor, et qu'il n'avait rien à réclamer pour son service de la marine et de la guerre; que le ministre lui avait fait faire une avance de 62 millions, dont il lui avait fourni des nantissements plus que suffisants; que les opérations du subside d'Espagne et celle des grains l'avaient mis dans le cas d'avoir besoin du secours du Trésor, et le laissaient encore aujourd'hui dans la position de demander un secours de 20 millions; que, faute de ce secours, il était menacé d'une faillite inévitable.

Nous avons tous été étonnés de cet état de choses; il n'est aucun de nous qui ne crût cette compagnie créancière du Trésor d'une somme très-considérable. Après une séance de quatre heures, nous nous sommes cependant tous rangés à l'avis du ministre du Trésor, qui doit donner à Votre Majesté tous les détails de cette affaire, et veiller à ce que cette compagnie obtienne encore quelque secours qui la mette dans le cas d'attendre la décision de Votre Majesté. Nous avons engagé M. Barbé-Marbois à ne pas se mettre en avances au delà de 4 à 5 millions. M. le ministre-directeur de la guerre n'a pas cru qu'il fût prudent de laisser tomber cette compagnie, du soir au matin; il n'a pas cru qu'il fût possible d'assurer son service, et de la remplacer convenablement. Je dois ajouter que M. Marbois paraît avoir tous les nantissements nécessaires, et que le Trésor ne se trouve pas à découvert; mais c'est sans doute là une des causes de la gêne dans laquelle on se trouve.

Cette compagnie fait le service du Trésor; elle fait celui de la guerre et de la marine; elle a été chargée d'une opération immense de grains pour l'Espagne; il paraît qu'elle a employé les deniers qu'elle a reçus à l'un de ces titres, pour soutenir ses opérations, comme compagnie française et de commerçants. Votre Majesté doit être frappée de l'inconvénient d'accumuler trop d'affaires sur une même tête ou sur une même maison : je n'ai pas osé prendre sur moi de défendre au ministre du Trésor de continuer de soutenir cette compagnie, dont la chute entraînerait beaucoup de faillites particulières, et me forcerait à faire passer de nouveaux marchés, à créer de nouvelles compagnies; j'ai pensé que, puisque le mal existait déjà, je devais le mettre sous les yeux de Votre Majesté, empêcher qu'il ne s'empirât, en recommandant au ministre de limiter ses avances, et attendre les ordres de Votre Majesté, qui peuvent nous parvenir dans quinze ou seize jours, avant que le ministre du Trésor ait eu le temps de faire d'autres avances que celles de 5 à 6 millions, qui, en comparaison des 62 millions qui ont été donnés et du bouleversement qu'occasionnerait, dans le commerce et dans le service de la guerre et de la marine, la chute de la compagnie Vanlerberghe, ne devaient pas nous faire hésiter longtemps.

Je rappelle à Votre Majesté que je n'ai eu connaissance de cet état de choses que d'hier, et les ministres de la marine et de la guerre que d'aujourd'hui. »

Jos. à Nap. Paris, 12 nov. 1805.

« Sire, la publication des mesures relatives à la Banque, insérées dans le *Moniteur* d'aujourd'hui, a produit un mouvement de hausse très-sensible; le billet de Banque de 1,000 francs perdait jusqu'à 120 francs : il ne perdait plus hier que 40 à 50 francs; mais la nouvelle de la faillite de M. Récamier a produit un mouvement inverse; le billet a perdu ce soir 70 francs. Il est indispensable que Votre Majesté prenne un parti pour les finances; le ministre de la police me l'écrit encore aujourd'hui d'une manière fort pressante.

Le 20, la corvette anglaise *le Biter*, échouée sur la côte de Berck, s'est rendue; elle est armée de 12 canons de 18. »

Jos. à Nap.

« Sire, je reçois la lettre de Votre Majesté du

15 brumaire (6 novembre) de Lintz, et le 19e bulletin; on n'a pas reçu le 18e. Paris, 13 nov 1805.

Les ministres se sont réunis aujourd'hui mercredi chez moi, avec les princes : l'objet le plus important qui nous ait occupés, c'est la situation de la compagnie Vanlerberghe, qui menace d'abandonner le service, à moins qu'on ne lui donne le droit de prendre du blé par réquisition dans les divisions militaires de l'intérieur. C'est le ministre Dejean qui m'a fait ce rapport; je l'ai chargé de faire appeler sur-le-champ les membres de cette compagnie, et de s'assurer de leur position et de leurs intentions; le ministre du Trésor se réunira avec lui. Dès que j'aurai leur rapport, je m'empresserai de l'adresser à Votre Majesté.

Les maires s'acquittent bien de la nouvelle charge que nous leur avons donnée, de distribuer des bulletins pour échanger les billets de Banque; le public se prête aux circonstances avec beaucoup de bonne volonté et de résignation. Cette mesure a détruit la queue à la Banque, et réduit la perte du billet de 1,000 francs à 50 francs; mais le Trésor public demande toujours trop de billets, et tout le monde s'accorde à dire que cet établissement ne peut se relever qu'autant qu'il y aurait 20 millions de ses billets de moins en circulation; mais le ministre dit : Qu'il ne peut pas se passer des escomptes; qu'il fait des obligations contre les billets de Banque, et qu'il ne peut pas les modérer au delà de 3 millions par semaine.

Je suis honteux d'entretenir Votre Majesté de ces

détails, au milieu des occupations qui l'assiégent et de la gloire de ses triomphes. »

Nap. à Jos. Schœnbrunn, 15 nov. 1805.

« Mon frère, vous avez vu par le bulletin tout ce que j'ai trouvé à Vienne. Je manœuvre aujourd'hui contre l'armée russe, et, dans cette circonstance, j'ai été peu content de Bernadotte : peut-être sa santé en est-elle cause. Son entrée à Munich et à Salzbourg, et la gloire que je lui ai donnée par ces belles missions, sans qu'il ait tiré un coup de canon ni fait aucune des corvées de l'armée, ne me mettaient pas dans le cas de m'attendre qu'il manquerait d'activité et de zèle. Il m'a fait perdre un jour, et d'un jour dépend le destin du monde : pas un homme ne m'aurait échappé. J'espère qu'il réparera cela demain, en activant sa marche. Je désire beaucoup voir Junot, car je me convaincs tous les jours davantage que les hommes que j'ai formés sont, sans comparaison, les meilleurs. Je continue à être fort content de Murat, de Lannes, de Davout, de Soult, de Ney et de Marmont. Quant à Augereau, je n'entends pas parler de sa marche (1). Masséna s'est conduit très-médiocrement; il s'est fait battre à Caldiero par de fausses dispositions (2). L'armée du prince Charles vient sur

(1) Augereau commandait le 7e corps de la grande-armée; il se dirigeait sur Huningue, pour former la réserve. Il ne rejoignit l'armée que sur l'Iser, et fit avec Ney la conquête du Tyrol. (Voir, plus loin, la lettre du 25 novembre.)

(2) Napoléon avait ordonné à Masséna de prendre l'offensive, afin d'arrêter les renforts que l'archiduc Charles pouvait envoyer en Allemagne. Mais, après avoir enlevé Vérone (17 octobre), Masséna trouva l'archiduc si bien fortifié dans Caldiero, qu'il ne put le débusquer de cette position (30 octobre). Ce fut seulement à la nouvelle du dé-

moi, et en ce moment le pays vénitien doit être évacué. Il ne serait pas mal que, par des amis communs, vous lui fissiez entendre que je suis médiocrement content, non de sa valeur, mais du talent qu'il a montré. Cela aura l'avantage d'exciter son zèle, et peut-être aussi d'empêcher les désordres qui commencent dans cette armée. Je sais qu'on a imposé une contribution de 400,000 francs à Vérone autrichienne (1). Mon intention est de rendre si riches les généraux et officiers qui m'ont bien servi, que je n'entends pas qu'ils déshonorent par la cupidité le plus noble métier, en s'attirant la déconsidération du soldat. Le général Dejean a mis pour l'armement de la citadelle d'Ancône une emphase vraiment ridicule; les raisons qu'il donne sont des pauvretés. Appuyez le connétable. Toutes les raisons que Dejean peut donner ne signifient rien. C'est l'usage des officiers du génie de faire de l'esprit; mais je veux qu'on arme, et cela suffit. — L'empereur d'Allemagne m'écrit les plus belles lettres du monde; mais il m'a laissé occuper sa capitale, et il n'a pas encore secoué l'influence des Russes. Il doit être à présent avec l'empereur Alexandre; mais un jour ou l'autre il faudra bien qu'il se décide. »

Jos. à Nap. Paris, 15 nov. 1805.

« Sire, sur les 73,844 concrits des levées antérieures à l'an XIV, 68,226 sont partis des départements; on s'occupe à compléter le déficit.

sastre d'Ulm que ce prince battit en retraite, et évacua le pays vénitien.

(1) La moitié de cette ville appartenait à l'Autriche, l'autre moitié était entre nos mains.

21.

Le décret pour la levée de 60,000 conscrits de l'an XIV fixe les départs aux derniers jours de frimaire prochain. 11,411 sont déjà en route; on ne doute pas du succès du reste de la levée.

Les ordres et les instructions ont été expédiés pour la levée des réserves antérieures à l'an XIV dans les 52 départements qui n'avaient pas encore été requis : cette dernière mesure donnera 10,000 hommes.

Voici ma réponse au ministre de la marine, qui désire que l'on publie une relation de l'affaire de Cadix (1) : si Votre Majesté trouve que j'ai tort, je la supplie de donner ses ordres ; il est inutile, dans un moment où tous les conscrits partent de tous les points, et ne voient que les triomphes de la grande-armée, d'arrêter leur pensée sur ce qu'ils ignorent.

La compagnie Vanlerberghe continuera à faire le service sans avoir recours aux réquisitions.

Les billets de Banque perdent aujourd'hui 10 pour cent; les régents continuent à se plaindre que le ministre du Trésor leur demande trop de billets contre des obligations à longues échéances. »

Nap. à Jos. Znaim, 18 nov. 1805.

« Mon frère, j'ai reçu votre lettre du 15 en Moravie. Je suis l'armée russe l'épée dans les reins. Dans les différentes rencontres, elle a éprouvé une perte d'à peu près six mille hommes. Elle marche à grandes journées pour évacuer l'Autriche. Je compte être demain à Brunn. Mes avant-postes sont sur Olmutz, place forte dans laquelle s'est réfugié l'empereur d'Alle-

(1) La bataille navale de Trafalgar.

magne. — Tout ce qui arrive à la Banque était depuis longtemps prévu par les gens sensés. La raison première est qu'elle escompte toute sorte de papiers en circulation ; mais un vice radical et auquel je vois peu de remède, c'est que la plupart des régents ont un intérêt opposé à celui du public et de l'État. Je m'occuperai d'y chercher du remède à mon retour; jusque-là, il faut laisser aller. Vous pouvez annoncer que je serai à Paris avant Noël. »

« Sire, les billets de Banque perdent aujourd'hui 5 pour cent. Nous avons reçu le 21e bulletin du 19 ; cependant l'on débite depuis deux jours l'entrée de Votre Majesté à Vienne, et l'on va jusqu'à dire les articles de la paix dans le plus grand détail. Jos. à Nap. Paris, 19 nov. 1805.

Jérôme est parti hier.

Je me permets de supplier encore Votre Majesté de donner ses ordres à M. Barbé-Marbois, en lui rappelant qu'il fait tous les jours une avance de quatre cent mille francs à la maison Vanlerberghe, et qu'il est dans l'intention de continuer cette avance jusqu'à ce qu'il ait reçu une décision de Votre Majesté. »

« Sire, j'ai l'honneur d'adresser à Votre Majesté un extrait du procès-verbal d'une conférence tenue aujourd'hui chez moi : nous avons tous été du même avis. Le ministre du Trésor a consenti à faire la solde de ces six mille hommes, dont nous avons cru la réunion nécessaire en ce moment. Jos. à Nap. Paris, 20 nov. 1805.

Nous n'avons pas de lettre de Votre Majesté depuis le 15 (6 novembre) du courant; elle doit être à cette heure à Vienne. »

Il n'est pas sans intérêt d'expliquer en peu de mots le sujet de cette conférence.

Le maréchal Brune, qui commandait à Boulogne, ayant adressé au gouvernement une dépêche très-pressante, pour lui faire connaître qu'une réunion considérable de bâtiments ennemis avait lieu devant ce port de mer, on jugea nécessaire d'y envoyer des troupes prises dans les camps des environs. Le connétable, prince Louis, pensa alors qu'il était indispensable de réunir à l'avance un corps de gardes nationales des départements voisins.

Il demanda donc la mobilisation de six mille grenadiers et chasseurs de cette garde, et leur concentration à Saint-Omer, sous la condition que cette réunion momentanée cesserait aussitôt qu'elle ne serait plus jugée nécessaire.

Nap. à Jos. Brunn, 21 nov. 1805.

« Mon frère, vous avez jeté vingt-six millions dans l'eau; mais avec quoi payerez-vous la solde, l'entretien des troupes? Je ne dois rien à Vanlerberghe : tant pis pour lui s'il s'est aventuré avec l'Espagne pour des affaires qui ne me regardent pas. Il me suffit qu'il ne manque point par la faute du Trésor. »

Jos. à Nap. Paris, 23 nov. 1805.

« Sire, nous sommes bien impatients de recevoir des nouvelles de Votre Majesté, dont nous sommes privés depuis le 18 (9 novembre). La conscription va au mieux : plus de soixante mille hommes sont partis sur les levées antérieures à l'an XIV.

Plus de vingt mille sont partis sur la levée de l'an XIV, dont les départs ne devaient, à la rigueur, commencer qu'à la fin de frimaire (22 novembre au 22 décembre).

Tous les esprits sont en suspens en attendant les courriers de Votre Majesté. Aujourd'hui les billets perdent de 6 à 7 pour cent. »

« Mon frère, je vous instruis que l'empereur d'Allemagne vient de m'envoyer M. de Stadion, son ministre en Russie, et M. le lieutenant général comte de Giulay, munis de pleins pouvoirs pour négocier, conclure et signer une paix définitive entre la France et l'Autriche : de mon côté, j'ai nommé M. de Talleyrand pour le même objet. Vous ferez mettre dans le *Moniteur* l'article suivant : « M. de Stadion, ministre de l'empereur d'Allemagne en Russie, et « M. le comte lieutenant général de Giulay, ont été « présentés à Brunn à S. M. l'empereur des Français, comme plénipotentiaires de S. M. l'empereur « d'Allemagne. Ils sont munis de pouvoirs pour négocier, conclure et signer la paix définitive entre « la France et l'Autriche. De son côté, l'empereur « des Français a nommé M. de Talleyrand, son ministre des relations extérieures, qu'il a muni de « pouvoirs à cet effet. Il faut espérer que la paix « sera le résultat de leurs négociations ; mais cela « ne doit en rien ralentir le zèle des administrateurs « de la nation : c'est au contraire un nouveau motif « pour que les conscrits accélèrent leur marche, afin « de justifier cet adage si connu : *Si vis pacem*,

Nap. à Jos. Brunn, 24 nov. 1805.

« *para bellum*. S. M. recommande aux ministres « de la guerre et de l'intérieur de ne ralentir en rien « leurs préparatifs. »

Vous ferez mettre à l'article de Vienne : « Des né-« gociations de paix s'ouvrent. On dit que l'empe-« reur des Français va partir pour l'Italie. D'autres « personnes disent que son projet est de se rendre « à Paris au moment où l'on s'y attend le moins. « Nos habitants ne l'ont pas encore vu. »

Jos. à Nap. Paris, 25 nov. 1805.

« Sire, j'ai reçu dans la soirée les bulletins numéros 24 et 25, et dans le moment je reçois les numéros 22 et 23, qui nous manquaient.

Le canon annoncera demain ces heureuses nouvelles au peuple de Paris.

J'ai reçu la lettre de Votre Majesté, du 24 brumaire (15 novembre). Je vais m'acquitter de la commission qu'elle me donne auprès du maréchal Masséna.

Je reçois la capitulation du corps d'armée du lieutenant général autrichien Jellachich, qui a mis bas les armes devant la deuxième division du corps d'armée du maréchal Augereau. Je ne la fais pas publier dans le *Moniteur* avant qu'elle ne se trouve comprise dans un bulletin officiel de l'armée. »

Nap. à Jos. Brunn, 26 nov. 1805.

« Mon frère, je suis toujours à Brunn; j'ai accordé ces jours-ci quelques conférences à MM. de Stadion et Giulay.

Je reçois demain M. de Haugwitz, ministre du roi de Prusse.

J'espère arriver à conclure la paix sous très-peu

de temps. Vous ne doutez pas du grand désir que j'ai d'être de retour à Paris. Voyez si les Tuileries sont enfin arrangées ; il me semble qu'elles devaient être prêtes le 1er novembre. — Les empereurs d'Allemagne et de Russie sont à Olmutz. L'armée russe reçoit successivement différents renforts. »

Jos. à Nap. Paris, 26 nov. 1805.

« Sire, les bulletins ont excité un vif enthousiasme; la ville a été illuminée ce soir ; tous les citoyens ont donné à l'envi les témoignages de leur allégresse et de leur bon esprit. Les spectacles ont été ouverts gratis au public : on y a chanté quelques couplets de circonstance, qui ont été fort applaudis. Je n'ai pas ordonné de *Te Deum ;* j'ai pensé que Votre Majesté, en ayant donné l'ordre direct une fois, avait semblé prescrire par là qu'il fallait attendre la manifestation expresse de sa volonté à cet égard.

Les billets de Banque ne perdaient plus aujourd'hui que trois et demi pour cent. »

Jos. à Nap. Paris, 28 nov. 1805.

« Sire, jamais le peuple de Paris n'avait témoigné sa joie par des illuminations aussi spontanées et aussi générales que celles qui ont eu lieu avant-hier. Les faubourgs et les quartiers les plus peuplés se sont surtout fait remarquer.

J'ai autorisé aujourd'hui le ministre des cultes à écrire aux évêques pour que les bulletins soient lus par les curés à l'issue de la messe paroissiale, parce que j'ai été instruit qu'il est des départements dans lesquels le peuple ne les connaît pas assez.

J'ai donné hier soir une petite fête au Luxembourg.

Les félicitations étaient aussi générales que sincères.

Nous venons de recevoir le vingt-sixième bulletin. »

Jos. à Nap. Paris, 29 nov. 1805.

« Sire, le ministre directeur de la guerre m'a déclaré qu'il ne pouvait plus répondre de son service, si le ministre du Trésor ne mettait à sa disposition les fonds que Votre Majesté vient de lui affecter par sa dernière distribution. Le ministre des finances et celui du Trésor se sont rendus chez moi hier, avec le connétable et l'archichancelier, et il a été arrêté que M. Marbois tiendrait à la disposition du ministre directeur les fonds qui sont attribués par Votre Majesté à son service; et que pour cela le ministre emploierait les moyens les plus expéditifs, en escomptant des obligations à la Banque ou dans le commerce, pour se procurer les fonds indispensables au service de la guerre.

Le prince Louis est parti hier au soir (1). Je reçois la lettre que Votre Majesté a bien voulu m'écrire de Znaïm, le 27 brumaire (18 novembre). Je me conformerai aux dispositions qu'elle contient. »

Jos. à Nap. Paris, 1er déc. 1805.

« Sire, la députation du Tribunat est arrivée hier; voici la note que vient de me remettre son président; je prie Votre Majesté de me donner ses ordres : je ne pouvais pas prendre sur moi de l'autoriser à remettre au Tribunat douze drapeaux, ignorant si c'est l'intention de Votre Majesté (2).

(1) Pour l'armée du Nord, par ordre de l'Empereur.

(2) Cette note est relative à la cérémonie de la remise des drapeaux,

La conscription va très-bien ; sur les 73,844 conscrits des levées antérieures à l'an XIV, 70,159 sont partis des départements.

Sur les 60,000 appelés pour l'an XIV, 34,741 sont déjà partis.

Je reçois le 28e bulletin ; nous attendons toujours avec une nouvelle impatience le résultat des opérations de la campagne. »

« Sire, je reçois la lettre de Votre Majesté du 1er frimaire (22 novembre). Je la prie de vouloir bien se rappeler que je n'ai été instruit des rapports du ministre du Trésor public avec M. Vanlerberghe, et des avances qui lui avaient été faites, que le 18 brumaire seulement (9 novembre) : tout ce qui s'est passé entre le ministre et le fournisseur m'est absolument étranger ; je n'ai donné aucune décision, je n'ai ouvert aucun avis ; je n'ai pu en donner, puisque toute cette affaire avait été menée à mon insu jusque-là. Jos. à Nap. Paris, 2 décembre 1805.

Au 18 brumaire, le ministre du Trésor m'a instruit de sa position, ainsi que les ministres, et a déclaré qu'il ne demandait aucune décision, mais qu'il désirait que l'on sût où il en était : il a déclaré qu'il avait avancé plus de 30 millions dont il était nanti ; qu'il fallait qu'il continuât à donner 400,000 fr. par jour, pour empêcher cette compagnie de faire banqueroute, et pour ne pas perdre par là le fruit de tant d'avances ; qu'en agissant ainsi, il se donnait

et au nombre de ceux à placer dans la salle des séances du Tribunat ; elle est sans importance.

le temps d'attendre les ordres de Votre Majesté, qui était au courant des affaires de son Trésor. Aucun de nous ne pensa un moment à s'opposer au projet du ministre; dans vingt jours au plus tard, on devait avoir la décision de Votre Majesté; par là, on avançait encore 8 millions, il est vrai, mais on n'exposait pas les services à manquer; on empêchait la faillite de Vanlerberghe, qui, depuis cette époque, a donné en nantissement au Trésor 16 millions de lettres de change et autres valeurs du banquier espagnol Espinosa, valeurs que l'on eût perdues si Vanlerberghe eût fait faillite au 18 brumaire, puisqu'il n'aurait plus eu alors la faculté d'endosser et de passer à l'ordre du ministre du Trésor les traites de 16 millions que celui-ci a reçues depuis trois jours (1). »

Nap. à Jos. Austerlitz, 3 décembre 1805.

« Mon frère, j'imagine que, lorsque ce courrier vous arrivera, mon aide de camp Lebrun, que j'ai expédié du champ de bataille, sera arrivé à Paris. Après quelques jours de manœuvres, j'ai eu hier une bataille décisive. J'ai mis en déroute l'armée coalisée, et commandée en personne par les deux empereurs de Russie et d'Allemagne. Leur armée était forte de quatre-vingt mille Russes et de trente mille Autrichiens. Je leur ai fait à peu près quarante mille prisonniers, parmi lesquels une vingtaine de généraux russes, quarante drapeaux, cent pièces de

(1) Cette lettre ne contribua probablement pas peu à la disgrâce de M. Barbé-Marbois, en faisant, dans le premier moment, soupçonner par l'Empereur ce ministre de trahison.

canon, tous les étendards de la garde impériale de Russie. Toute l'armée s'est couverte de gloire.

L'ennemi a laissé au moins douze ou quinze mille hommes sur le champ de bataille. Je ne connais pas encore ma perte. Je l'évalue à huit ou neuf cents hommes tués, et le double blessés. Une colonne entière s'est jetée dans un lac, et la plus grande partie s'est noyée. On entend encore de ces malheureux qui crient, et qu'il est impossible de sauver. Les deux Empereurs sont dans une assez mauvaise position. Vous pouvez faire imprimer l'analyse de ces nouvelles sans les donner comme extraites d'une lettre de moi, ce qui n'est pas convenable. Vous recevrez demain le bulletin. Quoique j'aie bivouaqué ces huit derniers jours en plein air, ma santé est cependant bonne. Ce soir, je suis couché dans un lit dans le beau château de M. de Kaunitz, à Austerlitz, et j'ai changé de chemise, ce qui ne m'était pas arrivé depuis huit jours. Il y a eu une charge de ma garde et de celle de l'empereur de Russie. La garde de l'empereur de Russie a été culbutée. Le prince Repnin, commandant ce corps, a été pris avec une partie du corps, les étendards et l'artillerie de la garde russe.

L'empereur d'Allemagne m'a envoyé ce matin le prince de Lichteinstein pour me demander une entrevue. Il est possible que la paix s'ensuive assez rapidement. Mon armée sur le champ de bataille a été moins nombreuse que la sienne ; mais l'ennemi a été pris en flagrant délit pendant qu'il manœuvrait. »

Jos. à Nap. Paris, 2 décembre 1805.

« Sire, j'ai reçu hier soir à huit heures la lettre de Votre Majesté du 3 frimaire (24 novembre), par laquelle elle veut bien m'instruire qu'il y a des négociations entamées pour la paix avec l'Autriche. Je ne saurais exprimer à Votre Majesté la joie que j'en ai ressentie ; elle a été bien partagée par le public, à qui je l'ai fait communiquer sur-le-champ aux spectacles. C'est aujourd'hui l'anniversaire du couronnement ; le canon se fait entendre dans Paris ; il y a eu au spectacle beaucoup d'allusions, toutes saisies et applaudies avec le plus vif transport.

Je reçois les nouvelles ci-jointes d'Italie. Votre Majesté les aura reçues bien avant ma lettre : cependant, par précaution, je les adresse à Votre Majesté. »

L'Empereur, en recevant cette lettre, crut que son frère avait fait tirer le canon pour célébrer la nouvelle de l'ouverture des négociations pour la paix; il lui en témoigna son mécontentement dans une lettre en date du 13 du même mois, qu'on trouvera plus loin.

Voici la lettre du cardinal Fesch, qui contient les nouvelles d'Italie dont Joseph parle à son frère :

Le cardinal Fesch à Joseph. Rome, 23 nov. 1805.

« Mon très-cher neveu, mardi matin, 28 brumaire (19 novembre), il arriva dans le port de Naples douze vaisseaux de guerre avec un grand nombre de bâtiments de transport contenant l'armée anglo-russe, une artillerie et des équipages immenses.

Mercredi, tout fut débarqué; les troupes furent casernées dans les vastes magasins qui se trouvent entre la ville et Portici. L'artillerie et les équipages furent placés dans les environs. On dit que l'armée est de trente-deux mille hommes. Telle est la relation qu'a faite ici un courrier qui ne portait, dit-on, que l'avis ci-inclus, qui annonce que la légation française à Naples a fait descendre les armes et a cessé ses fonctions. Le même courrier a ajouté qu'une autre division anglo-russe a débarqué dans la Pouille. Hier, une galère russe s'est approchée de Terracine, et a envoyé deux officiers dans ce port, pour demander si la flotte susdite était débarquée à Naples; n'ayant reçu aucune réponse positive, les officiers sont retournés à leur bord, et la galère a fait voile vers Naples. Cette galère, ainsi que la flotte, venait du côté de l'ouest. Il est néanmoins vraisemblable que c'est la flotte qui était à Syracuse, et qui aura été forcée par le vent à suivre cette marche.

Ne voyant arriver aucun courrier de M. Alquier, et craignant qu'on ne l'empêche d'en expédier, j'ai cru devoir vous faire part de cet événement important.»

« Sire, le ministre du Trésor public rend compte à Votre Majesté du parti qu'il vient de prendre en remplaçant la compagnie Ouvrard et Vanlerberghe par une agence de cinq receveurs généraux, dont il espère de bons services. Jos. à Nap. Paris, 4 décembre 1805.

Cette même compagnie Vanlerberghe, interpellée, par le ministre directeur de la guerre, si elle entendait continuer le service des vivres sans demander de nouvelles avances et sans être autorisée à faire des réquisitions de denrées, a répondu qu'elle avait pris toutes ses mesures, et qu'elle était prête à continuer son service; jusqu'ici elle avait menacé le ministre de tout quitter, si on discontinuait les avances journalières qui lui ont été supprimées depuis quatre jours. Le ministre a été la dupe de cette compagnie; les avances qui lui ont été faites ont occasionné la gêne dans laquelle nous nous trouvons, c'est un grand mal dont nous sommes bien innocents; mais cependant il est à croire qu'à la longue le Trésor rentrera dans ses avances, et qu'il n'essuiera pas de pertes réelles.

Le cardinal Fesch m'écrit de Rome, en date du 24 novembre, que M. Alquier avait couché à Velletri le 23, et qu'il l'attendait le 24 avec toute la légation française. M. de Gallo proteste qu'il ne sait rien de ce qui se passe à Naples; que sa dernière lettre du 12 contenait les plus grandes protestations de fidélité à la neutralité; que le roi avait refusé de laisser exporter des chevaux destinés pour Malte. De quelque manière que les choses tournent, il supplie Votre Majesté de faire en sorte qu'il ne quitte pas la France, où il veut vivre et mourir.

L'ambassadeur batave vient de me dire qu'un corps russe et anglais était passé par Brême, où il avait été accueilli par les Prussiens; que les officiers disaient publiquement qu'ils marchaient sur la Hollande. L'ambassadeur demande que le corps qui est à Anvers s'avance en Hollande. Votre Majesté doit avoir sur tout ceci des notions plus exactes. »

« Sire, j'adresse à Votre Majesté la lettre que je reçois de Rome du cardinal Fesch. M. de Gallo m'a communiqué les dépêches qu'il a reçues de sa cour : on lui donne pour instructions de se conduire selon *ce qui lui sera inspiré par la prudence.* Il désire rester en France, et se recommande à Votre Majesté. Il est indigné de la conduite de la reine. MM. Acton et Damas sont de nouveau à la tête des affaires; il ne pense pas que les troupes débarquées s'élèvent à trente mille hommes; elles marchent sur deux colonnes, l'une sur la Toscane, et l'autre longe la mer Adriatique. La reine lui écrit que, puisque les Français ont violé le territoire prussien (1), les Russes pouvaient bien violer le territoire napolitain. Le roi s'est retiré à la campagne, en disant que : *Qui a fait la tempête la soutienne!* il a abandonné tout aux ennemis de la France. Le prince héréditaire a fait dire à Gallo que son pays est perdu ; qu'il avait en vain essayé de le sauver par son traité de neutralité. M. de Gallo ne croit pas que la reine puisse, dans le premier moment, fournir aux coalisés plus de dix à quinze mille hommes. » Jos à Nap. Paris, 6 décembre 1805.

Voici la lettre du cardinal Fesch :

« Mon très-cher neveu, M. Alquier, ambassadeur de France à Naples, vient d'arriver à Rome (2). Les Le cardinal Fesch à Joseph. Rome, 24 nov. 1805.

(1) On sait que le passage des Français sur le territoire prussien d'Anspach faillit, à cette époque, faire prendre les armes à la Prusse en faveur de l'Autriche.

(2) M. Alquier, dans une longue dépêche en date du 4 décembre, rend compte du débarquement des Russes. Cette lettre est imprimée dans le bel ouvrage de Mathieu Dumas. (*Précis historique*, t. XIV, p. 289.)

Russes débarqués à Naples sont au nombre de treize mille; six mille Anglais ont débarqué à Castel-à-Mare, huit mille cavaliers autrichiens à Tarente. Il paraît que le roi de Naples est dans l'intention de joindre ses forces à cette armée.

Je m'empresse, mon très-cher neveu, de vous donner cette nouvelle, et vous embrasse cordialement.

Lucien partira sous peu pour la Toscane; il laisse sa famille à Rome. On n'est pas ici en sûreté; ils nous feront peut-être le second tome du vôtre. »

Jos. à Nap. Paris, 7 décembre 1805.

« Sire, je reçois la lettre de Votre Majesté du 5 frimaire (26 nov.). On désire bien que le résultat des négociations soit la paix; ce vœu s'est bien manifesté par des signes évidents et communs à toutes les classes de la société, excepté à un petit nombre de familles attachées aux Bourbons, qui n'espèrent que dans la continuation de la guerre. L'immense majorité des habitants de la capitale a montré une unanimité de sentiments qu'aucune circonstance n'avait encore développée; elle attend avec empressement le retour de Votre Majesté, et j'espère qu'elle sera contente de la réception qu'elle recevra de la ville de Paris.

Des 73,844 conscrits des levées antérieures à l'an XIV, il y en a de partis 70,657.

Des 60,000 de la levée de l'an XIV, il y en a de partis 44,730. Ce qui reste à partir sera en marche à la fin du mois qui court.

J'ai invité les ministres à écrire chacun de leur

côté pour stimuler le zèle de leurs administrés en faveur de la conscription, en leur annonçant l'ouverture des négociations. »

« Sire, Louis m'écrit d'Anvers, du 14, que l'ennemi avait passé le Weser. Toutes les troupes disponibles de la garnison de Paris partent ce matin. J'ai engagé le maréchal Moncey à réunir à Paris trois à quatre cents gendarmes à cheval tirés de l'intérieur, pour aider au service de la place. J'ai vu les ministres Dejean et Barbé-Marbois aujourd'hui même; ils expédient les ordres, l'argent et les fournitures de toute espèce qui sont nécessaires à l'armée du Nord. Jos. à Nap. Paris, 8 décembre 1805.

M. de Gallo m'a dit aujourd'hui qu'il y avait quinze cents officiers russes débarqués à Naples, ce qui lui faisait croire que les coalisés avaient l'intention d'y faire des levées considérables. Il veut donner sa démission de toutes ses charges, plutôt que de passer pour un homme sans foi. Il écrit à M. de Talleyrand pour s'assurer que Votre Majesté ne le désapprouvera pas, et lui continuera sa bienveillance; je le crois tout à fait de bonne foi.

La ville de Versailles désire envoyer une députation à Votre Majesté; je voudrais savoir si Votre Majesté le permettra.

La grande salle du conseil qui suit la salle des gardes (1), le corps de garde, le cabinet du conseil d'État, sont terminés. La chapelle ne peut être terminée qu'en janvier. Les grands et petits appartements sont

(1) Aux Tuileries.

prêts, mais ils ne sont pas meublés; il n'y a aucun ordre pour cela. »

Jos. à Nap. Paris, 10 déc. 1805.

« Sire, la dernière lettre de Votre Majesté est du 5 frimaire (26 nov.); le décret impérial pour la levée des 80,000 conscrits de l'an 1806 n'est pas encore parvenu ici; il n'y a pas encore de temps de perdu, mais c'est le moment de s'en occuper.

Le camp d'Évreux étant parti pour l'armée du Nord, sur la demande du ministre de la police, j'ai autorisé le ministre directeur de la guerre à donner l'ordre à douze cents hommes du camp de Poitiers de se porter à Évreux où ils pourront être utiles, et plus à portée de la Belgique, s'il devenait indispensable de les y envoyer. Le connétable m'avait engagé à transporter en totalité le camp de Poitiers à Évreux; mais nous n'avons pas cru qu'il fût convenable de laisser absolument sans troupes ce premier point. Toutes les troupes disponibles de Paris étant parties, j'ai autorisé le ministre de la guerre à faire venir à Paris trois cent vingt-cinq gendarmes à cheval. M. le maréchal Moncey va en donner l'ordre. »

Jos. à Nap. Paris, 10 déc. 1805.

« Sire, le général de division Laval (1) me mande, par le télégraphe, que Votre Majesté a complétement battu les Russes le 11 frimaire (2 décembre); que les débris de l'armée ennemie sont en pleine déroute : j'attends avec impatience le bulletin officiel. Madame Murat vient de recevoir aussi cette nouvelle importante. Agréez toute notre joie. »

(1) Il commandait la division à Strasbourg.

« Sire, le colonel Lebrun est arrivé au Luxembourg il y a quatre heures; il y a trouvé réunie une société nombreuse, qu'il a occupée pendant toute la soirée; il nous a donné tous les détails sur la journée du 11. Il est difficile d'exprimer à Votre Majesté tout le plaisir qu'il nous a fait. Tous les spectacles, tous les salons de Paris, tous les ménages ont, au même instant, été occupés des mêmes événements : la défaite des Russes a excité la plus grande joie; elle me paraît unanime dans toutes les âmes. Jos. à Nap. Paris, 12 déc. 1805.

Les ministres se sont réunis chez moi aujourd'hui. J'ai autorisé le ministre de la marine à faire arrêter provisoirement tous les bâtiments napolitains, sur la proposition qu'il m'en a faite.

Paris est tranquille et content. »

« Mon frère, il était fort inutile d'annoncer avec tant d'emphase l'envoi des plénipotentiaires, et de tirer le canon. C'est un bon moyen d'endormir l'esprit national, et de donner aux étrangers une fausse idée de notre situation intérieure. Ce n'est pas en criant *Paix!* qu'on l'obtient. Je n'avais pas voulu mettre cela dans un bulletin; à plus forte raison, ne fallait-il pas l'annoncer au spectacle. La paix est un mot vide de sens; c'est une paix glorieuse qu'il nous faut. Je ne trouve donc rien de plus impolitique et de plus faux que ce qu'on a fait à Paris à cette occasion. » Nap. à Jos. Schœnbrunn, 13 déc. 1805.

« Mon frère, je reçois votre lettre du 16 (7 décembre). Je n'ai point coutume de régler ma politique sur les rumeurs de Paris, et je suis fâché que Nap. à Jos. Schœnbrunn, 15 déc. 1805.

vous y attachiez tant d'importance. Mon peuple s'est bien trouvé, dans toutes les circonstances, de s'en fier à moi ; et la question est aujourd'hui trop compliquée pour qu'un bourgeois de Paris puisse la connaître. Je vous ai fait connaître que je désapprouvais l'éclat que vous avez donné à la nouvelle de l'arrivée des deux plénipotentiaires autrichiens ; je blâme également les articles que le *Journal de Paris* ne cesse de publier, et qui sont tous des plus sots et du plus mauvais goût. Je ferai la paix lorsque je croirai de l'intérêt de mon peuple de la faire, et les criailleries de quelques intrigants ne l'accélèreront ni ne la retarderont d'une heure. Mon peuple sera toujours unanime quand il saura que je suis content, parce qu'il sentira que c'est la marque que ses intérêts sont à couvert. Le temps où il délibérait dans les sections est passé. La bataille d'Austerlitz aura couvert de ridicule ce grand éclat que je n'avais pas ordonné, et je donnerai, s'il le faut, encore plus d'une bataille pour arriver à une paix qui me donne une garantie. Je ne donne rien au hasard ; ce que je dis, je le fais toujours, ou je meurs. Vous verrez que la paix, tout avantageuse que je pourrai la faire, sera jugée désavantageuse par ces mêmes personnages qui la demandent tant, parce que ce sont des sots et des ignorants qui n'y peuvent rien connaître. Il est bien ridicule qu'ils ne cessent de répéter qu'on désire la paix, comme si la paix voulait dire quelque chose ; ce sont les conditions qui font tout. J'ai lu l'extrait de la lettre de Fesch ; il ne sait ce qu'il dit, ni M. Alquier non plus, quand ils parlent d'un débarquement de *huit mille cavaliers autrichiens*, comme si l'on pouvait embarquer si facilement huit mille hommes de cavalerie! »

« Sire, je ne reçois que dans ce moment, neuf heures du matin, la lettre de Votre Majesté du 12 (3 décembre), par laquelle elle veut bien m'annoncer la mémorable victoire du 11. M. le colonel Lebrun était arrivé depuis quatre jours. Ce courrier a été bien négligent : nous n'avons pas été plus heureux pour l'estafette de la poste; elle ne m'a remis le 30e bulletin qu'à huit heures du matin; il y en a des copies imprimées à Strasbourg, arrivées à Paris depuis hier au soir. Jos. à Nap. Paris, 15 déc. 1805.

Je vais faire placarder et publier le 30e bulletin; cette victoire mérite de clore une campagne aussi merveilleuse. Je désire que le vœu de Votre Majesté pour une paix définitive se réalise bientôt, et que nous soyons dans le cas de célébrer un nouveau *Te Deum* à la suite de celui qui va être chanté pour la journée des trois Empereurs. »

« Sire, les 30e, 31e et 32e bulletins ont été lus à tous les spectacles et publiés dans les rues; l'ivresse publique est à son comble. Jos. à Nap. Paris, 17 déc. 1805.

La Banque a 9 millions de numéraire. J'espère que le jour de la publication de la paix définitive, ou celui de l'arrivée de Votre Majesté, la Banque pourra reprendre ses payements à bureau ouvert.

La conscription va devenir moins utile; elle allait très-bien; la levée de 60,000 hommes se trouvait remplie. »

Jos. à Nap. Paris, 19 déc. 1805.

« Sire, je n'ai pas de nouvelles de Votre Majesté depuis sa lettre du 12 (3 décembre). Le bulletin de l'entrevue de l'empereur d'Allemagne avec Votre Majesté a excité la plus vive admiration ; je suis convaincu qu'il est peu d'individus dans Paris qui n'en aient entendu la lecture.

Aujourd'hui, les ministres se sont réunis au Luxembourg. La tranquillité la plus parfaite règne dans tout l'empire.

Les billets de Banque se sont faits aujourd'hui à 1 pour cent. La faillite de M. Hervas a donné de l'inquiétude sur la place ; on m'a dit qu'il manquait de 4 millions.

J'ai eu aujourd'hui chez moi plus de trois cents personnes, qui ne m'ont toutes témoigné qu'un même sentiment et un même vœu, celui du retour de Votre Majesté. »

Nap. à Jos. Schœnbrunn, 20 déc. 1805.

« Mon frère, j'ai reçu votre lettre du 20 (11 décembre), par laquelle vous m'annoncez la dépêche télégraphique qui vous a appris la nouvelle de la bataille d'Austerlitz. Les négociations continuent ; mon armée se repose et se répare. L'armée du prince Charles est tout près d'ici. Il est probable que si la paix ne se fait pas promptement, il y aura sous un mois une affaire, après laquelle il ne restera plus à la monarchie autrichienne une ombre de ressource. — Il s'en faut de beaucoup que les états de situation des 11 et 20 frimaire (2 et 11 décembre) qu'envoie le maréchal Kellermann, portent un aussi grand nombre de conscrits que l'annoncent les rapports du maréchal Moncey. Il n'y en a pas encore dix mille dans les deux armées de réserve. — Louis a poussé les les choses à l'extrême, en dégarnissant Paris à ce point. J'avais fait venir le 86e et le 5e à Versailles pour les appeler à Paris, si cela était nécessaire. L'inconvénient de faire venir à Paris les autres régiments du camp de Poitiers, tout composé de Belges, est que le voisinage les fera déserter. Il n'y a rien à craindre du côté du nord. Les sujets de refroidissement qui existaient entre la France et la Prusse ont été levés, à la satisfaction commune (1). Cela est inutile à publier, comme de faire de grandes avances à Lucchesini (2). »

Jos. à Nap. Paris, 21 déc. 1805.

« Sire, j'ai l'honneur d'adresser à Votre Majesté l'extrait du procès-verbal de la séance que le sénat a tenue hier (3); j'espère qu'elle l'approuvera. Le vœu a été bien unanime; tous les sénateurs qui sont à Paris se trouvaient à la séance. Nous désirons savoir quand et par où Votre Majesté arrivera à Paris. Si Votre Majesté veut me mettre dans le secret, je crois pouvoir l'assurer que jamais roi de France n'aura fait une entrée aussi triomphale,

(1) Allusion à l'attitude prise d'abord par la Prusse, à la suite de la violation du territoire d'Anspach. Cette puissance commença en effet par faire alliance avec la Russie; elle opéra des mouvements de troupes, elle envoya même un ultimatum à Napoléon; mais l'issue de la bataille d'Austerlitz calma soudain son irritation, et elle dépêcha un courrier spécial à l'Empereur pour le féliciter de sa victoire : « Voilà, répondit-il, un compliment dont la Fortune a changé l'adresse. »

(2) Ambassadeur de Prusse à Paris.

(3) Sans importance historique.

par l'immense population qui se portera au-devant d'elle.

Demain, il y aura une fête pour célébrer la bataille d'Austerlitz. Sur les soixante mille conscrits de l'an XIV, cinquante et un mille cinq cent cinquante-neuf sont partis.

L'escadre de Brest est partie le 22, avec un très-bon vent. Le 33e bulletin a été lu avec beaucoup d'avidité par toutes les classes de citoyens. »

Jos. à Nap. Paris, 22 déc. 1805.

« Sire, j'ai reçu la lettre de Votre Majesté du 22 frimaire (13 décembre). J'ai eu tort de me laisser aller au mouvement qui m'a porté à communiquer sur-le-champ une bonne nouvelle, j'en conviens. On était tellement affamé de nouvelles, le soir que je reçus celle de l'armistice; c'était au moment du spectacle, je ne crus pas que ce fût un grand mal que de la laisser publier. Mais il n'est pas vrai, Sire, que le canon ait été tiré pour cette nouvelle; il l'a été pour l'*anniversaire du couronnement*, et c'est ainsi que cela a été annoncé dans tous les journaux, excepté dans un seul, qui a frappé plus particulièrement Votre Majesté.

J'ai reçu les deux lettres par lesquelles Votre Majesté me témoigne son mécontentement, au moment où nous allions au *Te Deum*. J'ai ce soir tout Paris chez moi; elles ont un peu gâté la fête pour moi; j'espère que les premières lettres seront plus consolantes. Je prie Votre Majesté de croire que je fais tout ce que je puis pour répondre à sa confiance. Je n'ai pas trouvé son indulgence ordinaire dans ses lettres d'aujourd'hui : si elle savait combien j'en suis affecté, je ne doute pas qu'elle ne pensât que la punition est plus forte que la faute. »

« Sire, j'ai reçu aujourd'hui seulement l'instruction sur la distribution des drapeaux dont les tribuns ont été porteurs; cet avis est heureusement arrivé à temps : les intentions de Votre Majesté seront remplies entièrement le premier de l'an. Jos. à Nap. Paris, 22 déc. 1805.

Les tribuns et les sénateurs sont enchantés de faire une fête à cette occasion; elle aura lieu de la manière qui est prescrite. Le procès-verbal de la remise des quarante premiers n'a pas été publié; ils seront montrés au peuple avec les quatorze autres drapeaux que Votre Majesté donne aujourd'hui au sénat ; en tout cinquante-quatre (1).

Votre Majesté sent que je ne pouvais pas de mon autorité ordonner la réunion du tribunat au sénat pour cette solennité, sans des ordres précis; et, d'un autre côté, le sénat était fort pressé d'avoir ses quarante drapeaux. Devant y avoir une cérémonie publique pour la présentation des drapeaux à l'hôtel de ville, il était indispensable qu'il y en eût aussi une au sénat. Tout cela sera exécuté à la lettre, et avec grande satisfaction par les corps de l'État et les citoyens.

Le *Te Deum* a été chanté avec beaucoup d'affluence de peuple.

(1) Ces cinquante-quatre drapeaux sont ceux sauvés lors de l'entrée des alliés à Paris, et qui doivent être placés aux Invalides dans le reliquaire du tombeau de l'empereur Napoléon Ier.

Lorsque Votre Majesté sera au moment de faire son entrée à Paris, je la prie de me donner ses ordres à l'avance; tous les corps et le public désirent lui témoigner leur reconnaissance et leur admiration, et je puis l'assurer qu'ils seront enchantés que Votre Majesté leur permette de la recevoir comme ils désirent. »

Nap. à Jos. Schœnbrunn, 23 déc. 1805.

« Mon frère, je vous envoie une lettre ouverte dont vous prendrez connaissance, et que vous remettrez à M. Barbé-Marbois, après l'avoir cachetée. Je doute si je dois attribuer à la trahison ou à l'ineptie la conduite de ce ministre. Il a avancé aux fournisseurs 85 millions de l'argent du Trésor. Si j'avais été battu, la coalition n'avait pas un allié plus puissant. Je suspends mon jugement, jusqu'à ce que j'aie pu éclaircir par moi-même la nature d'un si énorme déficit; causez-en confidentiellement avec le ministre des finances, et veillez autant qu'il vous sera possible à ce qu'il ne sorte pas un sou du Trésor sans ordonnance, et à ce que le mal ne s'aggrave pas. M. Barbé-Marbois a trahi son devoir. Il est inutile de lui parler de cela et de trop l'alarmer jusqu'à mon arrivée, qui est imminente. Vous pouvez montrer cette lettre au ministre des finances, et faire venir secrètement le caissier qui tient les obligations, pour savoir ce qu'il en est sorti de sa caisse, et vous assurer qu'il n'en sortira pas davantage. Je vous dirai franchement que je crois que cet homme m'a trahi. Ne dites rien de cela à M. Cambacérès, parce que les frères Michel y sont pour quelque chose, et que je ne sais pas jusqu'à quel point ses intérêts peuvent s'y trouver mêlés. Dites seulement légèrement à M. Marbois que ceci est l'avant-coureur d'un orage; qu'il n'y a qu'un moyen de le conjurer : c'est que les obligations soient rétablies au Trésor à mon arrivée; qu'il fera bien de s'arranger avec Desprez pour faire tout rentrer dans l'ordre accoutumé, sans quoi l'orage éclatera. Il ne serait pas étonnant que Desprez et les deux ou trois meneurs de Barbé-Marbois, dans la crainte de ce qui leur arrivera, ne prissent le parti de faire rétablir les sommes. »

« Sire, je reçois la lettre de Votre Majesté du 24 (15 déc.). J'ai écrit à M. le ministre de la police, pour qu'il fasse surveiller la rédaction des journaux, et surtout celle du *Journal de Paris*, dont Votre Majesté n'est pas satisfaite : le ministre m'a assuré qu'il ne négligerait aucun soin; il va en redoubler encore. Votre Majesté sent que je ne puis pas être autrement responsable de ce qui s'imprime qu'autant que je négligerais de transmettre les ordres de Votre Majesté quand je les reçois, ou si je ne m'empressais de saisir toutes les occasions qui se présentent de recommander aux ministres d'augmenter encore de moyens de surveillance et de répression, si cela devient nécessaire.

Jos. à Nap. Paris, 23 déc. 1805.

Je viens de leur recommander de nouveau d'écrire à tous leurs subordonnés, afin que leur zèle ne s'attiédisse pas, et qu'ils continuent à presser par tous les moyens imaginables le départ des conscrits, les succès de la guerre dépendant toujours du succès de cette mesure, et le bien-être de l'État dépendant d'une paix glorieuse et solide; ce qui ne s'obtient que par de grands succès, et par la possibilité bien démontrée à nos ennemis que nous pourrions en obtenir de plus grands encore; que c'est le seul moyen que nous ayons de nous associer aux travaux de Votre Majesté.

La Banque a aujourd'hui 10 à 11 millions de numéraire. »

Nap. à Jos. Schœnbrunn, 27 déc. 1805.

« Mon frère, la paix a été signée à Presbourg, capitale de la Hongrie, ce matin, à quatre heures, entre M. de Talleyrand et MM. les princes de Lichteinstein et le général Giulay. Je vais avoir une entrevue avec le prince Charles. Je n'ai pas le temps de vous en écrire davantage. En fait de paix, il ne faut tirer le canon que lorsqu'elle est faite : vous pouvez donc la faire annoncer par quarante coups de canon. »

Jos. à Nap. Paris, 27 déc. 1805.

« Sire, par l'extrait ci-joint d'une lettre du ministre de la police (1), Votre Majesté verra que les journaux de Paris copiés, qui s'impriment à Vienne, regardent ce qui se publie dans cette ville comme ayant l'assentiment des autorités françaises, que l'on suppose avoir les instructions convenables. L'on m'a fait la même réponse chez les journalistes. Depuis deux jours Votre Majesté remarquera qu'ils sont rédigés dans un meilleur esprit.

J'ai aussi écrit au secrétaire général de la guerre

(1) Sans importance.

et au ministre de l'intérieur; l'un et l'autre me donnent les meilleurs renseignements sur les levées des conscrits. Sur les 60,000 de la levée de l'an XIV, plus de 58,000 sont partis; sur les 73,844 des levées antérieures, 71,685 sont partis. Ces deux opérations tendent incessamment à leur complément. Nous attendons le résultat des travaux actuels de Votre Majesté; et quel qu'il soit, elle a raison d'être convaincue qu'il sera reçu avec entière confiance et avec reconnaissance. »

« Sire, j'ai reçu la lettre de Votre Majesté du 29 frimaire (20 décembre); j'ai renouvelé auprès des ministres toutes mes instances pour le complément des levées ordonnées. Jos. à Nap. Paris, 30 déc. 1805.

L'escadre de Rochefort est rentrée sans avoir éprouvé d'avaries, et ayant fait beaucoup de mal au commerce anglais.

Je prie Votre Majesté d'agréer mes vœux au renouvellement de l'année qui se rattache à l'ancien calendrier et commence une nouvelle ère.

Le maréchal Lannes est arrivé à Paris avec Madame; il m'a donné beaucoup de détails de la bataille d'Austerlitz; d'après ce qu'il m'a dit, j'espère que Votre Majesté aura été satisfaite des renseignements qu'elle aura pris de la conduite de mon régiment, qui a été le sien. »

« Mon frère, je suis arrivé à Munich. J'y resterai quelques jours, pour recevoir la ratification de la paix et donner les derniers ordres relatifs à mon armée; après quoi je me rendrai à Paris. — Mon in- Nap. à Jos. Munich, 31 déc. 1805.

tention est de m'emparer du royaume de Naples. Le maréchal Masséna et le général Saint-Cyr sont en marche avec deux corps d'armée sur ce royaume. Je vous ai nommé mon *lieutenant commandant en chef l'armée de Naples.*

Partez quarante heures après la réception de cette lettre pour vous rendre à Rome, et que votre première dépêche m'apprenne votre entrée à Naples; que vous en avez chassé une cour perfide, et rangé cette portion de l'Italie sous nos lois.

Vous trouverez au quartier général de ladite armée vos instructions, et les décrets relatifs à votre mission.

Vous prendrez l'uniforme de général de division. Le titre de mon lieutenant vous donne le commandement sur les maréchaux. Votre commandement ne s'étend pas au delà de l'armée et du territoire de Naples. Si ma présence n'était pas nécessaire à Paris, j'aurais marché en personne sur Naples; mais avec les généraux que vous avez, et les instructions que je vous donnerai, vous ferez ce que j'aurais pu faire. Ne dites pas où vous allez; qu'on ne l'apprenne que par vos premières lettres de l'armée : n'en prévenez que l'archichancelier seul. »

Nap. à Jos. Munich, 31 déc. 1805.

« Mon frère, j'ai demandé la princesse Auguste, fille de l'électeur de Bavière, qui est une très-jolie personne, en mariage pour le prince Eugène. Le mariage est arrêté. J'ai demandé une autre princesse pour Jérôme. Comme vous l'avez vu le dernier, faites-moi connaître si je puis compter que ce jeune homme fera ce que je voudrai. J'ai également arrangé un projet de mariage de votre fille aînée avec un petit prince qui deviendra un jour un grand prince. Comme ce dernier mariage n'aurait lieu que dans quelques mois, j'aurai le temps de vous en entretenir. Je vous charge de faire connaître de ma part à maman le mariage du prince Eugène avec la princesse Auguste. Je ne désire pas qu'on en dise rien publiquement. »

Jos. à Nap. Paris, 1er janvier 1806.

« Sire, je vous prie d'agréer mes vœux au commencement de l'année, et ceux de ma femme et de mes enfants. Ma femme vous prie de plus d'agréer ses regrets, si elle ne peut pas vous écrire elle-même; elle en est empêchée par suite d'une attaque qu'elle a éprouvée il y a dix jours, et qui ne lui permet ni de lire ni d'écrire.

La cérémonie d'aujourd'hui a été très-brillante; les acclamations et la joie du peuple ont été complètes; toutes les maisons des rues par lesquelles sont passés les drapeaux étaient tapissées, et couvertes de lauriers. Je ne pourrai envoyer que demain le procès-verbal de la séance du sénat à Votre Majesté; tous les spectateurs ont été touchés de ce qui s'y est passé. »

Jos. a Nap. Paris, 1er janvier 1806.

« Sire, j'ai reçu la lettre de Votre Majesté du 2 nivôse (23 décembre). J'ai remis à M. Barbé-Marbois celle qui lui était destinée; je lui ai fait sentir qu'il devait faire tous ses efforts pour rétablir les choses dans leur état naturel au Trésor. Je lui ferai parvenir les mêmes conseils par d'autres personnes : je pense bien qu'il va s'y employer de tout son pouvoir.

Je lui ai communiqué les lettres ci-jointes : il n'a pas cru devoir accorder le secours demandé par le ministre directeur ; si Votre Majesté en ordonnait autrement, je la supplie de lui donner ses ordres.

Je viens de voir le ministre des finances ; je ne pourrai voir que demain le caissier du Trésor ; j'aurai l'honneur de faire connaître à Votre Majesté ce que j'aurai appris. »

Jos. à Nap. Paris, 2 janvier 1806.

« Sire, par les pièces ci-jointes, Votre Majesté verra ce qui m'a été écrit par M. Barbé-Marbois. Il m'a répété aujourd'hui les mêmes choses, en m'assurant qu'il ne ferait plus sortir un sou du Trésor sans ordre de Votre Majesté ; qu'il ferait son possible pour y faire rentrer partie de ce qui en était sorti.

Votre Majesté verra le bordereau des obligations de l'exercice an XIV qui sont sorties de la caisse à trois clefs. Votre Majesté sachant la quantité dont elle a autorisé la sortie, se fera bientôt une idée positive de celles qui en ont été extraites sans son ordre.

C'est l'un des dépositaires de l'une des trois clefs, administrateur des recettes, qui a fourni à M. Gaudin les renseignements que j'adresse à Votre Majesté. Ce caissier lui a dit que la caisse s'ouvre sur l'ordre du ministre, qui ne communique ni à lui ni à son collègue le décret impérial qui ordonne la sortie. Le ministre du Trésor restant seul nanti de cette pièce, il n'a pas coutume de la communiquer à des subordonnés contre lesquels seulement paraissent dirigées les formalités des trois clefs, et qui pour le ministre deviennent uniformément obéissants.

Dans cet état de choses, et jusqu'à ce qu'il en soit autrement ordonné par Votre Majesté, voici le parti auquel je me suis arrêté. Le ministre des finances sera averti journellement des sommes qui sortiront de la caisse en obligations de receveur, je le serai sur-le-champ par lui; et si j'aperçois une sortie qui ne soit pas autorisée par les décrets de Votre Majesté, dont je la prie de m'envoyer copie, j'en demanderai raison au ministre. Je ne pense pas cependant qu'il manque désormais à la parole qu'il m'a donnée, en conséquence des ordres qu'il a reçus de Votre Majesté.

Si Votre Majesté ne pense pas que la mise en activité des six mille gardes nationales à Saint-Omer soit nécessaire, elle pourrait donner l'ordre pour qu'ils soient congédiés: ce serait une diminution de dépenses.

Le ministre a écrit pour faire surveiller les Belges du camp d'Évreux; on n'a pas à s'en plaindre jusqu'ici.»

Rapport de M. Barbe-Marbois à Joseph. Paris, 1er janvier 1806.

« Quand l'Empereur aura examiné les détails de l'affaire touchant laquelle il m'a écrit le 2 nivôse (23 décembre), il reconnaîtra qu'un mal qu'il ne dépendait pas de moi d'empêcher, et qui tient à des causes forcées, a été complétement réparé par des ménagements, une persévérance et une activité soutenus; des maux qui seraient irréparables ont été prévenus, et toute ma conduite a eu pour mobile un dévouement sans bornes à son service.

La compagnie Vanlerberghe et Ouvrard a reçu, dans le mois de fructidor dernier (du 19 août au 18 septembre 1805), les fonds nécessaires pour faire le service du Trésor pendant les trois premiers mois de l'an XIV. Cette avance était régulièrement faite. A la même époque, de grands embarras survenus dans les affaires de l'Espagne privèrent cette compagnie des remises qui lui avaient été promises. La guerre lui ôtait ses autres moyens de crédit, et elle se servit pour ses propres affaires des valeurs que le Trésor lui avait avancées, et pour lesquelles elle lui avait remis ses engagements.

Dès vendémiaire, elle fut hors d'état de les acquitter, et dès que j'en fus averti, je me fis rendre compte de sa situation : je reconnus qu'un éclat compromettrait les intérêts du Trésor, et que ceux de la Banque de France seraient également compromis. Les billets de cet établissement formaient alors presque tout le numéraire circulant à Paris, et perdaient 6 à 8 pour cent. Un événement qui les eût totalement discrédités laissait Paris sans numéraire, et sans signe propre à le représenter. Le service des vivres eût été arrêté, il y aurait eu des faillites sans nombre; et ces circonstances réunies eussent été plus fâcheuses que jamais, au moment où l'Empereur ouvrait la campagne. On n'aurait négocié d'obligations à aucun prix, et tous les services sans exception eussent été arrêtés. La faillite d'une compagnie qui faisait le service du Trésor et des vivres de terre et de mer eût frappé sur toute la France; et si la confiance que le public avait mise *en eux*, par suite de celle du gouvernement, eût été trompée, un semblable malheur eût été pour longtemps irréparable. Il y avait au contraire un avantage inappréciable, soit pour la guerre, soit pour les négociations, soit pour la tranquillité intérieure et pour toutes les affaires, à gagner du temps; je ne doutais pas que si l'Empereur eût été à portée de donner ses ordres, il aurait voulu à tout prix empêcher les malheurs qui nous menaçaient. Plusieurs fois je voulus aller lui rendre compte de l'état des affaires; mais j'étais retenu par la violence de la crise, qui augmentait chaque jour (1).

Je considérai que si la situation de la compagnie était bonne, quoique embarrassée, s'il ne lui fallait que du temps, on ne m'excuserait pas un jour de lui avoir refusé des secours qui pouvaient prévenir tant de maux. Je m'assurai que cette situation était bonne, et c'est alors que j'aidai la compagnie, en même temps que je garantissais le Trésor en y faisant entrer tous les nantissements nécessaires.

Tel est l'état des choses, et j'espère fermement que les recouvrements s'effectueront exactement.

Trois mois et demi se sont déjà écoulés sans trouble, et la compagnie se montre en état de continuer son service des vivres. Le billet de la Banque est à très-peu de chose près au pair. En même

(1) Mais pourquoi ne pas en informer l'Empereur? En huit jours on pouvait avoir sa réponse.

temps, cependant, d'immenses faillites ont eu lieu; mais les plus malveillants n'ont pu les imputer qu'à la mauvaise conduite des faillis.

Je suis bien convaincu que les ménagements dont j'ai usé, et les déterminations que j'ai prises, nous ont préservés d'une secousse intérieure. Je ne me prévaudrai jamais de ce que les princes et les ministres, témoins eux-mêmes de l'état des choses, ont été d'avis d'accorder un supplément de secours à cette maison jusqu'à concurrence de dix millions; et cette détermination fut prise après la plus mûre délibération. Cette somme doit rentrer au Trésor, ainsi que celles qui ont été auparavant avancées à cette maison. Je reconnais d'ailleurs que je suis seul responsable.

Une longue expérience de cinq années m'a fait connaître que je ne m'exposerai jamais à déplaire à Sa Majesté Impériale, en lui disant la vérité. Je supplie donc Son Altesse Impériale de lui faire connaître que la guerre nous a privés de 60 à 70 millions de crédit, qu'il faut remplacer par des ressources effectives. Le comité des receveurs généraux montre du zèle et de la capacité, mais ses efforts n'ont pu jusqu'à présent ramener la confiance.

J'ai réglé et conduit les affaires de la manière la plus avantageuse, eu égard à la difficulté des circonstances. Si Sa Majesté, à la vue de ce que j'ai fait pour réparer des maux que je n'avais pu ni prévoir ni empêcher, daigne encourager ma conduite par son approbation; si elle veut bien remarquer les avantages qui ont résulté de la fermeté et des ménagements dont j'ai en même temps usé, je suis persuadé que le Trésor sera définitivement couvert de ses avances.

Je prie aussi Votre Altesse Impériale d'observer que je me suis borné, dans mes rapports à S. M., à lui faire connaître dans la plus grande vérité l'état des choses; personne ne fera sur mes opérations des rapports plus exacts que les miens : il n'en est pas une seule dont je ne sois prêt à rendre compte. »

État de situation des obligations de toute nature souscrites par les receveurs généraux pour l'exercice an XIV, au 1er janvier 1806.

Il est entré en obligations dans la caisse à trois clefs 362,000,000; il en a été tiré :

Escompté à la Banque de France	24,372,000	
Remis aux *négociants réunis*	109,000,000	
Remis au sieur Desprez	36,980,000	
A la nouvelle agence des receveurs généraux	19,000,000	
A Doyen et compagnie, pour le service des ports	831,000	
Au payeur de la guerre	236,000	200,275,000
Aux sieurs Cataire et Duquesnoy, pour service	1,074,000	
Total	191,493,000	
Envois à des payeurs à régulariser	6,843,000	
Remis aux négociants réunis	1,692,000	
Envois aux payeurs	247,000	
Reste en caisse		161,725,000

« Sire, je reçois la lettre de Votre Majesté du 6 nivôse (26 décembre), par laquelle elle veut bien m'annoncer la paix signée le même jour ; je la fais annoncer au public, comme Votre Majesté me le prescrit.

Jos. à Nap. Paris, 4 janvier 1806.

Je prie Votre Majesté d'agréer mes félicitations sur ce grand événement. »

Jos. à Nap. Paris, 5 janvier 1806.

« Sire, le transport des drapeaux que Votre Majesté a donnés à la ville de Paris, s'est fait aujourd'hui avec beaucoup de solennité; le public a montré beaucoup de joie.

La Banque a actuellement 15 millions en numéraire; je crois qu'elle sera bientôt en état de reprendre ses payements à bureau ouvert.

Je désire bien connaître les intentions de Votre Majesté sur son entrée à Paris; tous les fonctionnaires publics me demandent sans cesse quand et par où reviendra Votre Majesté. »

Napoléon à la princesse Joseph. Munich, 9 janvier 1806.

« Madame ma belle-sœur, j'avais arrêté depuis longtemps le mariage de mon fils le prince Eugène avec la princesse Auguste, fille du roi de Bavière. L'électeur de Ratisbonne, archichancelier de l'Empire, les marie à Munich le 15 janvier, ce qui m'a retenu quelques jours de plus dans cette ville.

La princesse Auguste est une des plus belles et des plus parfaites personnes de son sexe. Je pense qu'il est convenable que vous lui fassiez un présent de 15 à 20 mille francs. Elle partira le 20 janvier, pour aller en Italie. Le roi de Bavière vous écrira pour vous notifier le mariage. Sur ce, je prie Dieu qu'il vous ait, madame ma belle-sœur, en sa sainte et digne garde. »

Jos. à Nap. Paris, 7 janvier 1806.

« Sire, je reçois la lettre de Votre Majesté du 10 nivôse (31 décembre). Je me suis acquitté auprès de maman de la commission que Votre Majesté m'a donnée, de lui annoncer le mariage du prince Eugène avec la princesse Auguste; elle m'a chargé de remercier Votre Majesté. Quant à Jérôme, il m'a paru être dans les dispositions de faire tout ce qui pourra vous être agréable; il me l'a dit souvent. Cependant je n'ose rien prendre sur moi, de crainte d'induire involontairement en erreur Votre Majesté. »

« Sire, j'ai reçu la lettre de Votre Majesté du 10 nivôse (31 décembre). Je la remercie de la confiance qu'elle me témoigne; je partirai sous quarante-huit heures. Comme je ne m'attendais pas à ce voyage, j'ai tout à préparer. Je désirerais que Votre Majesté m'envoyât le général Dumas (1) et le colonel du 10e, Cavaignac, et le colonel Blagnac, les trois seuls officiers militaires que Votre Majesté m'ait donnés. Je ne mène avec moi que MM. de Jaucourt et Girardin; je prie Votre Majesté de trouver bon que le premier porte son uniforme de général, et le second celui de chef d'escadron. » Jos. à Nap. Paris, 7 janvier 1806.

« Sire, je pars dans la nuit pour remplir la mission que Votre Majesté m'a confiée. Mon départ a transpiré, mais personne n'en connaît le but. Jos. à Nap. Paris, 8 janvier 1806.

Je désire que Votre Majesté permette que Marius Clary, jeune homme que j'ai élevé, aide de camp de Bernadotte, vienne me joindre, ainsi que Rœderer fils,

(1) Mathieu Dumas.

aide de camp du général Saint-Hilaire. Je n'ose pas en écrire au ministre de la guerre.

Je n'ai pas osé emmener M. Salicetti, ne voulant pas le mettre dans la confidence de mon voyage; mais si Votre Majesté le trouve bon, j'en serai bien aise.

Je n'ai pris congé de personne; j'ai laissé ma femme qui a été un peu indisposée, avec mes enfants. »

FIN DU PREMIER VOLUME.

TABLE DES MATIÈRES

CONTENUES DANS LE PREMIER VOLUME.

SOMMAIRE DU FRAGMENT.

FIN DE LA TABLE.

www.ingramcontent.com/pod-product-compliance
Ingram Content Group UK Ltd.
Pitfield, Milton Keynes, MK11 3LW, UK
UKHW020302230726
13925UKWH00001B/170

9 782013 490306